JN015474

ライフイベント別に読み解く中小企業

―創業・承継・廃業の変化と社会背景―

日本政策金融公庫総合研究所 編

刊行に当たって

　人は生まれてから入学、就職、結婚、出産、退職といった人生の節目となるライフイベントを経験する。そうしたイベントを経て人生の新たなステージに進み、人として成長を重ねていく。

　企業においても、人のライフイベントと同じような節目が存在する。なかでも、事業の始まりとなる「創業」と終わりとなる「廃業」に加えて、経営者が交代する「承継」が大きなライフイベントといえるだろう。特に中小企業では経営者が経営に及ぼす影響は大きく、経営者の意欲や能力、あるいは価値観などが事業のパフォーマンスを左右する。後継者が先代経営者とは異なる考え方で新たな事業に取り組み成長を果たすこともあるし、逆に後継者の能力が低いために順調に推移していた事業が他社との競争に敗れて失速してしまうこともある。経営者の交代によって、まさに企業は新たなステージに移行し、次代の歴史を紡いでいく。

　これら創業、承継、廃業といった企業のライフイベントは、中小企業の実態を観察するうえでも重要な切り口であるが、その様相は時代によって変化する。代表的な例としては、開業率と廃業率の推移が挙げられる。1980年代の前半までは開業率が廃業率を上回っていたが、その後は現在まで廃業率の方が高い時代が続いており、多くの関係機関が開業率を高めるための施策に取り組んでいる。事業の承継についても、かつては経営者の子どもが後を継ぐケースが一般的だったが、昨今は子どもが継がなくなってきており、親族以外の人が承継したり残念ながら廃業したりするケースが増えている。

　人々の意識や考え方は、その時代あるいは各人が育ってきた時代の経済社会の影響を受ける。その結果として、人の手によって営まれている企業のあり方や行動様式も、その時々の経済社会の影響を受けたものとなる。企業のライフイベントにおける変化の要因を、経済社会の変化に求めることに違和感はないだろう。本書は、こうした企業のライフイベントの変化と経済社会の変化の関係を、日本政策金融公庫総合研究所が実施している調査のデータを用いて探ることを目的としている。

　当研究所は、前身の国民金融公庫や中小企業金融公庫の時代から、中小企業に関する調査研究を続けてきた。長年にわたって実施してきた調査研究のなかには、時系列で分析できるものも少なくない。力を入れて取り組んでいる創業に関する調査はその代表で、「新規開業実態調査」は1991年度から毎年実施している。ほかにも、新規開業した企業を5年間追跡して調査する「新規開業パネル調査」は2001年度に開始しており、起業した人以外に起業していない人も調査の対象としている「起業と起業意識に関する調査」は2013年度から行っている。

　また、調査対象を固定して中小企業の景気動向を尋ねる「全国中小企業動向調査」は四半期ごとに実施しており、分析可能なデータが豊富にある。さらに、昨今の中小企業の大きな課題である事業の承継に関する動向を把握する「中小企業の事業承継に関するインターネット調査」は2015年度以降4年おきに実施している。2016年度に行った「経営資源の譲り渡しに関するアンケート」と「経営資源の譲り受けに関するアンケート」、2019年度に行った「経営者の引退と廃業に関するアンケート」の廃業の実態に関する三つの調査は、2023年度に2回目の調査を実施している。

　こうした当研究所がこれまでに蓄積してきた複数時点の調査のデータを使用して、創業、承継、廃業の経年変化を分析することで、わが国の経済社会の変化が中小企業に及ぼしている影響を読み解こうと試みた。序章と終章を含めて全11章から成る本書の分析と執筆を担当したのは、当研究所の副所長である藤井辰紀のほか、研究主幹の深沼光、主席研究員の井上考二、桑本香梨、主任研究員の尾形苑子、研究員の長沼大海、星田佳祐、青木遥、原澤大地、客員研究員の山田佳美、中島章子である。

　また、第8章の計量的手法を用いた分析を行う際には慶應義塾大学商学部の山本勲教授にご指導いただいた。編集については株式会社同友館の神田正哉氏をはじめ編集部の皆さまに丁寧に進めていただいた。そして、本書の分析は多くの中小企業の経営者や廃業した中小企業の元経営者の方々に回答していただいたアンケートの結果を利用している。皆さまからいただいたご協力に対して、この場を借りて改めて御礼申し上げたい。もちろん、内容におけるあり得べき誤りは、すべて執筆者の責に帰するものである。

　最後に、2024年元日に起きた能登半島地震で被害を受けた皆さま方に、心よりお見舞い申し上げる。いまだ復旧・復興の見通しが立っているとはいえない状況にあり、多くの被災者が避難生活を余儀なくされている。1日も早く元の生活を取り戻せることを願ってやまない。

2024年6月

日本政策金融公庫総合研究所
所長　大沢 明生

目　　次

目　次

序章

日本経済のなかでの
中小企業の構造変化

藤井 辰紀

第1節　はじめに

　企業は、社会を映す鏡である。社会が絶えず変化するなかで、構成員である企業もその変化の影響を受ける。自明のように聞こえるかもしれないが、その実相を明らかにするのは簡単ではない。理由は、少なくとも三つある。

　第1に、変化の多様性である。変化と一口に言っても、経済のグローバル化のような構造的なものもあれば、リーマン・ショックのようなイレギュラーなものもある。少子高齢化のように広範に及ぶものもあれば、豪雨のような局所的なものもある。新型コロナウイルス感染症（以下、コロナ禍）のように急激なものもあれば、高学歴化のように緩慢なものもある。

　第2に、企業の多様性である。企業と一口に言っても、均質かつ単一の「点」ではない。大企業もあれば、中小企業もある。中小企業にしても、一つとして同じ企業はない。業種や地域によっても性質は違う。個々の企業を取り出しても、それぞれは無機質な「点」ではなく、経営者や従業員らによって構成された組織構造がある。つまり企業は、ヒト、モノ、カネといった経営資源の集合と、個々の企業の集合という二つの構造をもち合わせた多元的な群としての性質をもっている。

　第3に、経路の多様性である。変化も企業も多様であるがゆえに、それらをつなぐ経路もまた複雑になる。コロナ禍や自然災害などのように、一定の範囲の企業群が一斉に影響を受けるパターンがある。業種構成や地域分布の変化のように、企業群の構成が変化するパターンもある。あるいは、従業員の増加や年齢構成の変化などのように、個々の企業の構造が変化するパターンもある。

　このように多岐にわたる変化の影響を構造的にとらえるには、何らかの切り口が要る。そこで本書で着目するのが、企業のライフサイクルである。当研究所ではこれまでに、開業や事業承継、廃業といった、企業のライフサイクルにおける節目となる「ライフイベント」に関する調査を多く実施してきた。本書では、これまで蓄積してきたデータを用いて、各ライフイベントでの定点観測を行い、わが国におけるさまざまな変化が中小企業にどのような影響をもたらしたのかを検証する。

　その序章に当たる本章の構成は、以下のとおりである。第 2 節では、本書の構成と、各章で用いる調査の概要を紹介する。第 3 節で企業サイドにおける構造変化に関する基礎的なデータを整理したうえで、第 4 節で企業のライフイベントに影響を与え得るさまざまな変化をデータによって示す。第 5 節はそれらによって得られたインプリケーションを提示する。

第 2 節　本書の構成

　本書の構成と分析に用いるデータは、以下のとおりである。序章では、主に官公庁が公表しているマクロ統計を用いて、わが国における構造変化を概観し、第 1 章以降に登場する論点との関係を整理する。

　第 1 章から第 3 章では、企業の誕生、すなわち開業をテーマとして取り上げる。第 1 章では、当研究所が2013年度から実施している「起業と起業意識に関する調査」[1]に加え、起業に関する国際的な調査「Global Entrepreneurship Monitor（GEM）」などの結果を用いて、開業予備軍における属性や考え方の変化を明らかにする。

　第 2 章では、当研究所が1991年度から30年以上にわたって実施している「新規開業実態調査」の長期時系列データを用いて、開業前後の企業における変化を分析する。

　第 3 章では、当研究所が2001年度から20年以上にわたって実施してきた「新規開業パネル調査」のデータを用いる。同調査は、2001年、2006年、2011年、2016年を起点として、それぞれの年に開業した企業を 5 年間追跡したパネル調査である。5 年間の調査結果の集合を「コーホート」という。各コーホートのなかで、企業が誕生してから 5 歳を迎えるまでの成長の軌跡を追うことができる。さらに、第 1 コーホートから第 4 コーホートまでを束ねることで、開業初期の企業の動向について、通算20年間の長期的な分析が可能となる。

　第 4 章と第 5 章では、企業の代替わり、すなわち事業承継を取り上げる。経営者は年齢を重ね、いずれは後進に道を譲るときを迎える。どれくらいの企業

---

[1]　2013年度は「起業意識に関する調査」という名称で実施。

が事業を次の代に承継しているのか。その承継の相手は誰なのか。第4章では、こうした事業承継の実態の変化について、当研究所が2015年、2019年、2023年と4年おきに3回実施してきた「中小企業の事業承継に関するインターネット調査」の結果を用いて明らかにする。

　第5章では、中小企業における主な後継者である、経営者の子どもに関する調査結果を紹介する。継ぐ人と継がない人の違いは、どこにあるのか。当研究所が2021年に実施した「子どもの事業承継意欲に関する調査」の結果を用いて、承継予備軍側の視点から、中小企業の事業承継問題をとらえ直す。

　第6章では、経営資源の引き継ぎを取り上げる。事業全体を次代に承継する企業は限られている。しかし、承継せずに廃業する企業は何も引き継がないのかといえば、そうではない。従業員や設備、取引先とのネットワークといった経営資源の一部を他社に譲り渡している。当研究所が2017年と2023年の2回、それぞれセットで実施した「経営資源の譲り渡しに関するアンケート」と「経営資源の譲り受けに関するアンケート」の結果を用いて、経営資源の引き継ぎの状況がこの10年の間にどのように変化したかを確認する。

　第7章から第9章では、廃業と引退を取り上げる。第7章では、第4章で紹介した「中小企業の事業承継に関するインターネット調査」から廃業企業に関するデータを抽出し、それをマクロ統計と組み合わせることで、中小企業の廃業が日本経済全体にもたらすインパクトの大きさを推計する。さらに2019年と2023年の2時点を比較することにより、そのインパクトがどのように変化したかを検証する。

　第8章では、新型コロナウイルス感染症の拡大前後における廃業企業の経営状況を分析する。当研究所が1万社の小企業を対象に四半期ごとに実施している「全国中小企業動向調査・小企業編」の結果を用いた。同調査は、サンプルを固定した景況調査である。ただし、なかには廃業や倒産により、サンプルから離脱する企業が出てくる。こうした企業のデータをプールし、存続企業との違いや、廃業時期による違いなどについて分析した。

　第9章では、引退廃業を取り上げる。事業を承継せずに退出する企業のなかには、業績が悪化して経営が行き詰まるようなケースだけではなく、健康上の理由や家族の都合など、経営者の事情によって廃業を選ぶケースも少なくな

い。その後者を経営者の引退による廃業として分析したものである。分析には、2019年と2023年に当研究所が実施した「経営者の引退と廃業に関するアンケート」の結果を用いた。

そして終章は、各章の分析から得られた結果のまとめである。

第3節　企業の構造変化

社会構造の変化について論じる前に、その変化を映し出す鏡である企業サイドについて、マクロ統計や他機関の調査結果を参照しつつ、基礎的なデータを整理しておこう。その変化の背景については次節に譲り、本節では基本的に事実のみを示すにとどめる。

1　企業の数と属性

まずは企業数と属性である。ここでの企業とは、会社と個人事業者を合わせたものをいう。企業数は企業に関する最も基本的な指標だが、人口と違い、完全に把握するのは容易ではない。登記を要する会社だけではなく、フリーランスや副業のようなかたちで事業を営む個人も多いためである。全企業を対象とする悉皆(しっかい)調査には総務省と経済産業省が実施する「経済センサス」があるが、店舗や事務所のように外観で存在が把握できる事業所でなければ、調査対象から漏れてしまう場合がある。実際、総務省「労働力調査」における自営業主の数は、「経済センサス」における個人事業者の数を大きく上回っている[2]。本書の目的はあくまで社会構造の変化と企業のライフイベントの変化を比較することにある。そのため、こうした統計間の細かな違いには立ち入らず、中小企業庁が毎年公表する『中小企業白書』に掲載されている数値を用いる。

総務省「事業所統計調査」や「事業所・企業統計調査」、総務省「経済センサス－基礎調査」、総務省・経済産業省「経済センサス－活動調査」によると、わが国における企業数（会社数と個人事業者数の合計）は、戦後からしばらく

---

[2] 総務省「労働力調査」（2023年）における自営業主（農林漁業を含む）は512万人で、総務省・経済産業省「2021年経済センサス－活動調査」における個人事業者数（非農林漁業）の162万人を大きく上回っている。

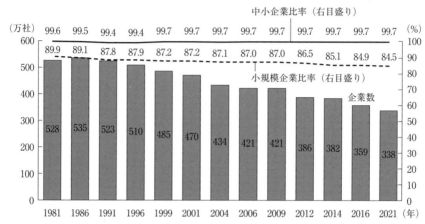

図序-1　企業数および企業規模別構成比の推移（民営、非1次産業）

出所：中小企業庁編『中小企業白書』各年版、中小企業庁ホームページ
資料：総務省「事業所統計調査」「事業所・企業統計調査」「経済センサス‐基礎調査」、総務省・経済
　　　産業省「経済センサス‐活動調査」を中小企業庁が再編加工
（注）　1　企業数＝会社数＋個人事業者数（会社数には、会社以外の法人を含まない）
　　　　2　中小企業および小規模企業の定義は、中小企業基本法に基づく。
　　　　3　中小企業および小規模企業の構成比は、全企業数に占める割合。

　の間は増加してきたが、1986年に535万社とピークをつけた後は、一転して減
少傾向にある（**図序-1**）。このピークのタイミングは、わが国における総人
口のピーク[3]（2008年・1億2,808万人、後掲**図序-11**参照）に比べて20年以上
も早い。最新の調査時点である2021年は、338万社だった。1986年から35年の
間に、企業の数は実に3分の2にまで減少した計算である[4]。
　前掲**図序-1**には、中小企業と小規模企業の割合も併せて掲載している[5]。
途中、1999年に中小企業の定義が変更されたため、その前後で多少変化してい
るが（99.4％→99.7％）、それを除けば、中小企業の割合は極めて安定して推移

---

[3]　なお、生産年齢人口（15～64歳）のピークは、1995年（8,717万人）であった。その後、2008年ま
　で総人口の増加が続いたのは、65歳以上の人口が増加していたためである。
[4]　2006年までの「事業所・企業統計調査」と2009年以降の「経済センサス」では、調査対象企業の名
　簿や調査手法が異なる。いずれも悉皆調査ではあるものの、後者の方が調査対象の捕捉率が向上し
　たことから、両者間のデータは厳密には連続しない。
[5]　大企業の比率は、100％から中小企業比率を差し引いた値となる。

表序-1　業種構成の推移（全規模計、民営、非1次産業）

（単位：%）

調査年	1981	1991	2001	2009	2012	2014	2016	2021
建設業	9.7	10.4	11.6	12.3	12.1	11.9	12.0	12.6
製造業	14.9	14.2	11.7	10.6	11.2	10.9	10.7	10.0
卸売業	6.0	6.3	5.5	5.8	5.9	6.0	5.8	6.0
小売業	29.1	24.6	22.5	19.2	18.0	17.6	17.4	15.7
宿泊業、飲食サービス業	14.0	14.6	15.8	14.4	14.1	14.3	14.2	12.6
教育、学習支援業			2.5	2.6	2.7	2.8	2.8	2.8
医療、福祉			3.7	4.6	5.1	5.5	5.8	6.1
複合サービス事業			0.1	0.1	0.1	0.1	0.1	0.1
学術研究、専門・技術サービス業	19.7	22.2		4.8	4.8	4.9	5.1	6.0
生活関連サービス業、娯楽業			16.9	9.6	9.9	10.0	10.1	9.8
サービス業（他に分類されないもの）			3.5	3.8	3.6	3.7	4.0
情報通信業			0.7	1.2	1.2	1.2	1.2	1.7
運輸業，郵便業			1.8	1.9	1.9	1.9	1.9	1.9
鉱業、採石業、砂利採取業			0.1	0.0	0.0	0.0	0.0	0.0
電気・ガス・熱供給・水道業	6.6	7.6	0.0	0.0	0.0	0.0	0.0	0.0
金融業、保険業			0.7	0.8	0.8	0.8	0.8	0.9
不動産業、物品賃貸業			6.3	8.4	8.4	8.4	8.4	9.6
合　計	100.0	100.0	100.0	100.0	100.0	100.0	100.0	100.0

出所：図序-1に同じ

資料：図序-1に同じ

（注）1 図序-1（注）1に同じ。

　　　2 業種分類が改訂され、細分類業種では連続しない年がある。

　　　3 1986、96、99、2004、06年は、記載を省略。

　　　4 小数第2位で四捨五入しているため、合計が100％にならない場合がある（以下同じ）。

している。ただし、小規模企業比率をみると、1981年以降ほぼ一貫して低下している。小規模企業がそれ以外の企業よりも速いペースで減少しているからである。企業数のピークだった1986年から直近の2021年までの減少率を比べると、全規模計の36.9％に対して、小規模企業は40.1％と3ポイントほど大きい。

　全規模計（非1次産業）における業種構成をみると、直近の2021年時点では「小売業」の割合が15.7％と最も高く、次いで「建設業」（12.6％）、「宿泊業、飲食サービス業」（12.6％）、「製造業」（10.0％）という順となっている（**表序-1**）。途中で業種分類が何度か変わっており、厳密には連続していない

図序-2　企業数の地域別構成比の推移（全規模計、民営、非1次産業）

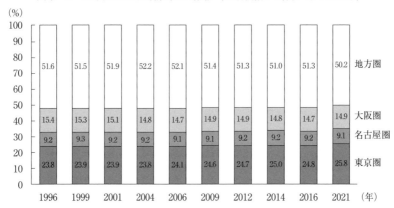

出所：図序-1に同じ
資料：図序-1に同じ
（注）　1　図序-1（注）1に同じ。
　　　　2　地域区分は以下のとおり。
　　　　　　東京圏：埼玉県、千葉県、東京都、神奈川県
　　　　　　名古屋圏：岐阜県、愛知県、三重県
　　　　　　大阪圏：京都府、大阪府、兵庫県、奈良県
　　　　　　地方圏：三大都市圏（東京圏、名古屋圏、大阪圏）以外の地域

ものの、1981年以降の変化をみると、「小売業」や「製造業」は低下傾向にある。この40年間で「小売業」は13.5ポイント、「製造業」は4.9ポイント低下した。一方、上昇傾向にあったのは、「建設業」「教育、学習支援業」「医療、福祉」「学術研究、専門・技術サービス業」「情報通信業」「不動産業、物品賃貸業」などである。表中の「教育、学習支援業」から「サービス業（他に分類されないもの）」までをまとめた広義のサービス産業の割合は、上昇傾向にある。

　全規模計（非1次産業）における地域構成の推移を三大都市圏と地方圏に分けてみたのが、**図序-2**である。直近の2021年では「地方圏」が50.2％、「東京圏」が25.8％、「大阪圏」が14.9％、「名古屋圏」が9.1％となっている。1996年以降の変化をみると、「東京圏」がわずかに上昇傾向にあり、「大阪圏」と「地方圏」は若干の低下傾向にある。なお、図には示していないが、企業の数はいずれの地域も1996年から2021年にかけて減少している。この期間の減少率は、

「東京圏」で28.2％、「名古屋圏」で34.6％、「大阪圏」で36.0％、「地方圏」で35.7％となった。この期間を通して企業数が増加した都道府県はなく、減少率が小さかったのは、順に神奈川県（23.8％）、千葉県（27.5％）、奈良県（28.3％）、埼玉県（28.5％）、福岡県（28.9％）である。東京都（30.1％）は8番目だった。一方、減少率が大きかったのは、秋田県（44.4％）、山口県（42.5％）、島根県（41.7％）、高知県（40.8％）、新潟県（40.7％）などであった。

2　誕生と退出

① 定義と算出方法

次は、企業の誕生と退出に関するデータをみてみよう。

企業の誕生とは、開業のことである。企業の誕生を意味する言葉には、「開業」のほか、「起業」や「創業」などがある[6]。明確な定義の違いがあるわけではなく、中小企業基本法や小規模企業基本法、産業競争力強化法やまち・ひと・しごと創生法などでは「創業」が、不動産登記法や知的財産基本法などでは「起業」が、法人税法や商業登記規則などでは「開業」が使われている。本書ではいずれかに絞ることはせず、文脈や語感などに応じて使い分けることとする。

一方、企業の退出とは、廃業のことである。原因のいかんにかかわらず、市場から退出し、消滅することを指す。似た概念に「倒産」があるが、これは経済的な破綻に限ったものであり、かつ企業が消滅せずに再生を目指すケースを含むことから、必ずしも企業の退出を意味しない[7]。本項では、企業の誕生と退出に着目することから、倒産ではなく、主に廃業に関するデータをみていくことにする[8]。

人口でいう出生率と死亡率に当たる指標に、開業率と廃業率がある。もっとも、先述のとおり、人口とは異なりその実態を把握するのは容易ではない。開

---

[6]　安田（2007）は、辞書に掲載された定義を引きつつ、「企業が新たに発足するという面に着目する場合、『開業』という言葉を用い、新たな事業を企てる者の登場という人の側面に力点を置く場合、『起業』という言葉を用いる」（p.37）と整理している。

[7]　本庄（2007）では、廃業と倒産の類型について詳しく整理している。

[8]　倒産に関するデータは、㈱東京商工リサーチ（後掲図序-10参照）や㈱帝国データバンクが公表している。

業と廃業を完全に把握している統計が存在しないためである。中小企業庁編
（2011）では、開廃業率の算出方法として、以下の三つを提示している。

　一つ目は、総務省「事業所・企業統計調査」および総務省「経済センサス」
を用いる方法である[9]。同調査はすべての事業所や企業を対象としている悉皆
調査であり、開廃業率についても、網羅的に把握することが可能である。ただ
し、調査間隔が3〜5年ほど空くため、毎年の動きを把握することができず、
また2時点間に開業し廃業に至った企業は把握できないという限界がある。ま
た、先述のとおり、店舗や事務所を構えず自宅の一室などで仕事をするフリー
ランスやSOHOのような形態の企業は、把握しきれないこともある。

　二つ目の算出方法は、厚生労働省「雇用保険事業年報」を用いる方法であ
る。雇用保険の適用事業所として新規に登録のあった事業所を開業とみなし、
開業率を計算する。この方法の場合、年単位での計算が可能である。ただし、
企業単位ではなく事業所単位の調査である、対象が従業員を雇っている事業所
に限られるなどの短所がある。つまり、従業員を雇わず一人で開業するような
ケースを把握できないことに加え、経営者一人で事業を継続していた者が従業
員を雇い入れ、雇用保険の適用事業所となった場合も開業とカウントされてし
まう。

　三つ目の算出方法は、法務省「民事・訟務・人権統計年報」および国税庁
「国税庁統計年報書」を用いる方法である。前者により毎年の会社設立登記件
数を、後者により毎年末の法人数を把握し、開業率を計算することができる。
こちらも年単位での計算が可能であるが、対象が会社に限定されてしまう、分
母と分子で異なる調査に基づく値を用いたものとなるなどの短所がある。

　いずれの方法にも一長一短があるため、留意点を踏まえながら目的に応じて
使い分ける、というのが現実的な対応となるだろう。本項では、雇用のない企
業や個人事業者を含めた企業の全体像にできるだけ近いデータを把握するた
め、第1の算出方法による開廃業率を示すことにする[10]。

---

[9]　2006年までは「事業所・企業統計調査」という名称で実施されていたが、2009年からは他の調査と
　　統合され、「経済センサス」となった。両者の調査方法は同じではないため、結果は連続しない点
　　に留意する必要がある。
[10]　第2、第3の算出方法による開廃業率の推移は、章末（**参考図序-1**、**参考図序-2**）に掲載した。

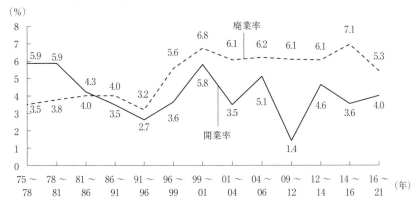

図序- 3　開業率・廃業率の推移（全規模計、民営、非 1 次産業）

出所：図序- 1 に同じ（2016〜2021年は筆者が算出）
資料：図序- 1 に同じ
（注）　1　図序- 1（注）に同じ。
　　　　2　開業率および廃業率は、年率の値（以下同じ）。

② 開業率と廃業率の比較

　開業率と廃業率を比較すると、1986年までは開業率が廃業率を上回っていたが、その後は逆転している（**図序- 3**）。前項（前掲**図序- 1**）で示した企業数の減少傾向とも整合的な動きである。開業率は、1970年代から80年代にかけて 6 ％近くと高い水準にあったが、90年代に 2 ％台にまで低下し、その後は 3 〜 5 ％台で上下動を繰り返している[11]。他方、廃業率は70年代には 3 ％台だったが、2000年代には 6 ％台となり、2014〜2016年には7.1％にまで上昇した。同期間の開業率と廃業率の差は3.5ポイントにまで拡大した。直近の2016〜2021年には廃業率が低下したため、開業率と廃業率の差は1.3ポイントに縮小している。

　続いて、開廃業率を業種別にみると、二つの特徴を指摘できる。第 1 に、開業率が廃業率を上回っている業種と下回っている業種がある（**表序- 2**）。前者であれば企業数は純増し、後者であれば純減していることになる。直近の

---

[11]　途中で「事業所・企業統計調査」（2006年以前）から「経済センサス」（2009年以降）への切り替えがあり、連続性が失われている点には留意が必要である。

表序-2　開業率の推移（業種別、民営、非1次産業）

（単位：%）

調査年	2009～12		2012～14		2014～16		2016～21	
	開業率	廃業率	開業率	廃業率	開業率	廃業率	開業率	廃業率
非農林漁業（公務を除く）	1.4	6.1	4.6	6.1	3.6	7.1	4.0	5.3
鉱業、採石業，砂利採取業	0.5	5.9	3.9	4.6	2.1	6.8	3.5	3.9
建設業	0.6	5.5	3.3	4.9	2.7	5.9	4.2	4.5
製造業	0.6	5.6	2.7	5.3	1.8	6.0	2.3	4.5
電気・ガス・熱供給・水道業	—	—	—	—	8.6	6.7	80.3	3.6
情報通信業	1.8	9.9	9.4	9.3	6.7	10.9	12.5	6.6
運輸業、郵便業	0.6	5.9	4.3	5.8	2.6	6.7	4.2	4.9
卸売業	0.9	5.7	4.5	6.2	2.7	6.5	4.2	4.7
小売業	1.3	6.3	4.4	7.0	3.5	7.7	2.5	5.8
金融業、保険業	1.7	8.5	6.8	7.8	4.5	8.8	7.0	5.9
不動産業、物品賃貸業	0.6	5.0	2.9	5.0	2.2	5.9	6.1	4.8
学術研究、専門・技術サービス業	1.6	7.0	6.1	6.6	4.9	7.5	7.7	5.5
宿泊業、飲食サービス業	2.9	8.1	6.3	7.7	5.2	9.1	3.3	6.9
生活関連サービス業、娯楽業	1.6	5.0	4.3	5.0	3.5	6.3	3.0	4.9
教育、学習支援業	1.9	6.8	6.9	6.9	5.2	8.3	4.8	6.5
医療、福祉	3.0	4.9	7.6	5.2	5.3	6.4	4.5	4.8
複合サービス事業	—	—	2.9	—	—	3.3	1.3	2.5
サービス業（他に分類されないもの）	1.2	5.9	5.0	5.3	3.7	6.8	5.5	4.7

資料：総務省「経済センサス‐基礎調査」、総務省・経済産業省「経済センサス‐活動調査」
（注）1　企業（会社＋個人事業者）について算出したもの。
　　　2　会社は単独事業所及び本所・本社・本店の新設（廃業）事業所を合算。
　　　3　個人事業者は単独事業所、本所、支所・支社・支店を合算。
　　　4　「電気・ガス・熱供給・水道業」および「複合サービス事業」について、数字が得られなかった年度は「―」と表示した。

　2016～2021年をみると、「電気・ガス・熱供給・水道業」「情報通信業」「学術研究、専門・技術サービス業」「金融業、保険業」などが純増、「製造業」「小売業」「宿泊業、飲食サービス業」などが純減となっている。結果として、開廃業のダイナミズムが働くことにより、業種間での経営資源の再配分が行われていると解釈することができよう。

　第2に、開業率が高い業種は廃業率も高い傾向にある。例えば、2016～2021年をみると、「情報通信業」「金融業、保険業」「学術研究、専門・技術サービス業」などで開廃業率がともに高く、「製造業」「鉱業、採石業、砂利採取業」「複合サービス事業」などで開廃業率がともに低い。開業率が80.3％となった

「電気・ガス・熱供給・水道業」[12]を外れ値として除いて開業率と廃業率の相関係数を計算すると0.53となっており、両者の間に正の相関があることがわかる。つまり、参入の多い業種では退出も多く発生し、業種内で新陳代謝が活発に行われている様子がうかがえる。

　さらに業種別で時系列の推移をみると、2009〜2012年にはすべての大分類業種で開業率が廃業率を下回っていたが、2012〜2014年には「医療、福祉」「情報通信業」「教育、学習支援業」、2014〜2016年には「電気・ガス・熱供給・水道業」と一部の業種で開業率が廃業率を上回った。その後、2016〜2021年には、開業率が廃業率を上回る業種が増加している。

　次に、**表序‑3**で開廃業率を都道府県別にみると、三つの特徴を指摘できる。

　第1に、ほとんどの都道府県で、開業率が廃業率を下回っている。2001年以降で開業率が廃業率を上回っているのは、2004〜2006年の沖縄県（開業率9.9％、廃業率8.2％）、2012〜2014年の宮城県（同5.8％、5.5％）、2016〜2021年の東京都（同6.1％、6.1％）[13]のみである。言い換えれば、2001年以降、ほとんどの期間、ほとんどの地域で、企業は減少している。

　第2に、開業率が高い都道府県は廃業率も高い傾向にある。業種における構図と同様に、参入が激しい地域では競争が生まれ、退出も増えることを示唆している。2016〜2021年における両者の相関係数は0.74であった。なお、大都市圏の方が地方圏よりも開業率が高い傾向にある。2016〜2021年で開業率の上位5県をみると、東京都（6.1％）、大阪府（4.8％）、神奈川県（4.8％）、沖縄県（4.7％）、福岡県（4.7％）となっている。東日本大震災の復興需要があった2012〜2014年、2014〜2016年には宮城県や岩手県で開業率が高くなっているが、それ以外の期間は総じて三大都市圏の都府県が上位に来ている。三大都市圏以外では、北海道や沖縄県、福岡県、宮崎県などが高い水準を維持している。

　第3に、廃業率より開業率の方が、都道府県間でのばらつきが大きい。デー

---

[12]　「電気・ガス・熱供給・水道業」の開業率が突出して高かったのは、期首の時点での企業数が1,020社と少なかったところに、期中で4,093社の開業があったためである。これを小分類業種の内訳でみると、3,919社は太陽光発電事業を含む「電気業」である。その急増の背景には、2012年の「再生可能エネルギーの固定価格買取制度」（FIT制度）の導入があるものと考えられる。

[13]　2016〜2021年の東京都における開業率と廃業率はともに6.1だが、小数第2位以降でわずかに前者が上回った。

表序-3　開業率の推移（都道府県別、民営、非1次産業）

（単位：%）

調査年	2001~04		2004~06		2009~12		2012~14		2014~16		2016~21	
	開業率	廃業率	開業率	廃業率	開業率	廃業率	開業率	廃業率	開業率	廃業率	開業率	廃業率
北海道	3.8	6.5	5.9	6.8	1.6	6.2	4.7	6.3	3.5	7.1	3.9	5.4
青森県	3.2	5.8	5.0	6.1	1.1	6.3	4.1	5.5	3.4	6.1	3.0	5.1
岩手県	3.4	5.3	4.0	5.2	1.4	7.5	4.4	5.1	3.9	6.0	2.8	5.1
宮城県	3.6	5.9	5.1	6.1	1.5	9.1	5.8	5.5	4.5	6.8	4.2	5.4
秋田県	3.0	5.4	3.9	5.7	1.1	5.7	3.5	5.4	2.8	5.8	2.4	4.9
山形県	2.8	5.0	3.7	5.1	0.9	5.0	3.1	4.9	2.5	5.3	2.4	4.6
福島県	3.1	5.5	4.3	5.5	1.1	6.0	4.0	4.9	2.8	5.5	3.0	4.9
茨城県	2.8	5.1	4.1	5.2	1.1	5.1	3.6	5.0	2.9	6.0	2.9	4.6
栃木県	2.7	5.2	4.2	5.4	1.1	5.5	3.8	5.4	3.1	6.2	2.8	5.0
群馬県	3.2	5.3	4.0	5.4	1.1	5.7	3.9	5.6	3.2	6.3	2.9	4.9
埼玉県	3.3	5.7	4.9	5.8	1.4	5.7	4.4	5.9	3.2	6.8	3.8	5.3
千葉県	3.6	6.0	5.1	6.0	1.4	5.7	4.4	5.8	3.3	6.9	4.2	5.4
東京都	4.3	7.3	6.7	7.6	1.5	7.1	6.2	7.5	4.4	9.0	6.1	6.1
神奈川県	4.0	6.3	5.3	6.3	1.5	6.2	4.9	6.4	3.6	7.3	4.8	5.4
新潟県	2.6	5.0	3.7	5.1	1.0	5.2	3.4	5.2	3.1	6.0	2.7	5.1
富山県	2.8	5.2	4.0	5.2	1.0	5.1	3.5	5.4	3.1	6.2	3.0	4.9
石川県	3.0	5.2	4.1	5.6	1.2	5.4	3.7	5.4	3.1	6.2	2.8	4.7
福井県	2.5	5.2	4.2	5.5	1.0	5.3	3.6	5.2	3.2	5.9	3.0	4.7
山梨県	2.7	5.4	4.3	5.3	1.0	5.5	3.5	5.2	3.2	6.4	3.5	5.1
長野県	2.9	5.3	4.2	5.5	1.2	5.5	3.9	5.3	3.2	6.1	3.0	4.9
岐阜県	2.9	5.4	3.8	5.6	1.1	5.3	3.8	5.4	3.2	6.0	2.8	4.7
静岡県	2.9	5.4	4.1	5.5	1.2	5.6	4.1	5.7	3.3	6.6	3.1	5.0
愛知県	3.4	6.0	4.4	6.0	1.5	6.0	4.7	6.1	3.6	6.8	3.9	5.2
三重県	2.7	5.3	4.1	5.4	1.2	5.3	3.6	5.1	2.9	6.3	2.9	5.0
滋賀県	3.4	5.3	4.2	5.4	1.4	5.5	4.4	5.5	3.6	6.8	3.8	5.3

タのばらつきを示す変動係数を計算すると、2016～2021年では、開業率が0.21、廃業率が0.07となった。係数の水準は期間によって異なるものの、2001年以降のいずれの期間においても、同様の傾向がみられる。先に、開業率と廃業率には正の相関があると述べたが、相対的にみて開業率の方が地域差は大きいということだ。その理由は定かではないが、事業継続や事業承継に対する支援に比べて創業支援の方が、地域差は大きいのかもしれない。あるいは、開業時は拠点とする場所を開業者が自由に選ぶことができるため、地域間で差が出やすいのかもしれない。

表序-3（続き）　開業率の推移（都道府県別、民営、非1次産業）

（単位：％）

調査年	2001~04		2004~06		2009~12		2012~14		2014~16		2016~21	
	開業率	廃業率	開業率	廃業率	開業率	廃業率	開業率	廃業率	開業率	廃業率	開業率	廃業率
京都府	3.2	6.0	4.7	6.2	1.2	6.0	4.2	6.2	3.0	7.0	3.8	5.0
大阪府	4.1	7.4	5.7	7.2	1.6	6.8	5.2	7.1	3.6	8.0	4.8	5.7
兵庫県	4.4	6.7	5.7	6.7	1.8	6.5	5.2	6.4	3.9	7.5	3.8	5.4
奈良県	2.9	5.4	4.9	5.8	1.3	5.7	4.9	5.7	3.4	6.6	4.0	5.1
和歌山県	3.2	5.2	4.3	5.6	1.2	5.5	3.1	5.3	3.3	6.2	3.4	5.0
鳥取県	3.3	5.9	4.6	6.1	1.4	5.5	4.1	5.7	3.4	6.7	3.3	5.2
島根県	2.3	4.9	4.1	5.3	1.2	5.5	3.7	5.3	3.2	6.2	2.6	5.0
岡山県	3.0	5.4	4.2	5.4	1.3	5.4	3.9	5.5	3.0	5.9	3.9	4.9
広島県	3.6	6.1	5.5	6.0	1.4	6.0	4.4	6.0	3.5	6.5	3.7	5.0
山口県	3.2	5.9	4.5	5.9	1.3	5.9	4.1	6.0	3.5	6.4	3.4	6.0
徳島県	2.9	5.5	4.1	5.5	1.3	5.6	3.9	5.7	3.3	6.6	3.2	4.9
香川県	3.0	5.6	4.4	5.8	1.3	5.6	4.2	5.7	3.3	6.5	3.5	5.0
愛媛県	2.9	5.7	4.1	5.8	1.2	5.7	3.7	5.5	3.4	6.3	3.1	4.9
高知県	3.1	5.8	5.0	6.2	1.3	5.6	4.0	5.7	3.3	6.3	3.0	5.2
福岡県	4.3	6.7	5.7	7.2	1.8	6.5	5.6	6.4	4.2	7.4	4.7	5.5
佐賀県	3.3	5.7	4.6	5.9	1.3	5.3	4.5	5.6	3.6	5.9	3.4	4.8
長崎県	3.3	5.7	4.6	6.1	1.2	5.5	4.0	5.8	3.3	5.8	3.2	5.0
熊本県	3.4	5.6	5.2	6.1	1.6	5.9	4.6	5.8	3.2	8.3	4.4	4.9
大分県	3.5	6.1	4.7	6.0	1.5	5.9	4.4	5.8	4.2	7.2	4.1	5.8
宮崎県	3.9	6.1	5.7	6.5	1.9	6.0	4.4	5.9	4.3	7.4	3.8	5.6
鹿児島県	3.5	5.8	5.5	6.4	1.6	5.9	4.4	5.8	3.7	6.7	3.6	5.4
沖縄県	5.6	8.2	9.9	8.2	2.4	7.4	6.3	7.0	5.7	8.3	4.7	6.1

資料：総務省「事業所・企業統計調査」、総務省「経済センサス－基礎調査」、総務省・経済産業省「経済センサス－活動調査」

（注）1　表序-2　（注）1~3に同じ。
　　　2　濃い網かけは上位10県、薄い網かけは下位10県。

3　経営者の属性

　次は、経営者の属性について確認する。

　経営者の性別をみると、一貫して男性の方が女性よりも多い。総務省「就業構造基本調査」によると、自営業主（非農林漁業）に占める女性比率は、1956年の28.0％から上昇し、82年に35.7％にピークとなった後は緩やかに低下している（図序-4）。2012年には28.1％と、82年から7ポイントほど低い水準となっている。

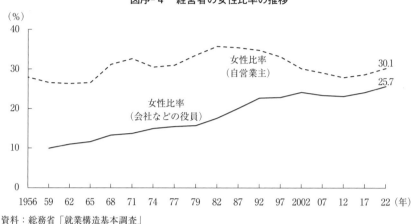

図序-4　経営者の女性比率の推移

資料：総務省「就業構造基本調査」
（注）自営業主は非農林漁業。

　ここまでの期間で上昇から低下に至った主な原因は、自営業主における内職者比率の変動によるところが大きい。内職における女性比率は、ほぼ一貫して90％台で推移していた。その内職が自営業主に占める比率は、1968年の12.1％から徐々に上昇し、82年に15.1％とピークを迎え、その後は低下傾向をたどっている[14]。つまり、自営業主に占める女性比率と、自営業主に占める内職者比率の動きは、ほぼ重なっている。

　ただし、2017年以降の動きは、それまでとは少し異なる。内職者比率は低下が続く一方で、自営業主の女性比率は上昇に転じた。2022年の女性比率は、30.1％であった。この動きの理由は、次のように説明できる。実は、内職者以外の自営業主に占める女性比率は、70年代以降、上昇傾向にあった。しかしその動きは自営業主に占める内職者比率の低下により打ち消され、目立たなかった。その内職者比率も2000年代には1割を切り、影響力が限定的となったため、それ以外の自営業主に占める女性比率の上昇の動きが顕在化したわけだ。

　では、会社の経営者における女性比率はどうか。社長ではない役員を含んだデータではあるが、同じく総務省「就業構造基本調査」によると、女性比率は

---

[14]　2012年の自営業主に占める内職者の割合は3.9％である。なお、1965年以前の内職者数は公表されていない。

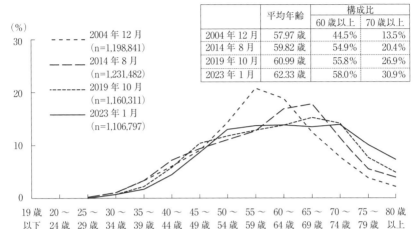

図序- 5　経営者の年齢分布の推移

	平均年齢	構成比	
		60 歳以上	70 歳以上
2004 年 12 月	57.97 歳	44.5％	13.5％
2014 年 8 月	59.82 歳	54.9％	20.4％
2019 年 10 月	60.99 歳	55.8％	26.9％
2023 年 1 月	62.33 歳	58.0％	30.9％

資料：帝国データバンクの企業情報データベースをもとに筆者作成
(注)　1　帝国データバンクがそれぞれの時点に保有していた企業情報をもとに集計したもの。大企業
　　　を含む。
　　　2　経営者の年齢が不明の企業を除く。

長期的にみて上昇傾向にある。1959年には9.9％と1割にも満たなかったが、2022年には25.7％となっている（前掲**図序-4**）。㈱帝国データバンク「全国『女性社長』分析調査」においても、女性社長比率は上昇傾向にある。1990年の4.5％が2023年には8.3％と、約30年の間に2倍近い水準となっている。

　経営者の年齢はどう変化しているのか。当研究所が㈱帝国データバンクの企業情報データベースを基に作成した経営者の年齢分布をみると、2004年12月時点で、ピークは55〜59歳のレンジであった（**図序-5**）。しかし、そのボリュームゾーンは徐々に右側にシフトしていき、2023年1月時点では、ついにピークが70〜74歳のレンジとなった。つまり、経営者は高齢化している。これは平均年齢の推移にも表れている。2004年12月時点では57.97歳だったが、2014年8月には59.82歳、2019年10月には60.99歳と上昇し、2023年1月には62.33歳となった。

　しかも、高齢化のペースが加速しているようにもみえる。2004年12月から2014年8月の約10年間での平均年齢の上昇幅が1.85歳だったのに対し、2019年

10月から2023年１月の３年あまりの間の上昇幅は1.35歳に達する。㈱帝国データバンク「全国『社長年齢』分析調査」（2022年）によると、社長の引退時の平均年齢は68.8歳となっている。このままのペースで経営者の高齢化が進めば、そう遠くないうちに、多くが引退期を迎えることになる[15]。

第4節　企業のライフイベントに影響を与え得る変化

　前節では、企業サイドの基礎的データを整理しつつ、その変化を確認した。本節では、企業のライフイベントに影響を与える可能性があるバックグラウンドの変化について概観する。本章の第１節でも触れたように、変化と一口で言っても多岐にわたる。そこで、変化の性質によって大まかに分類しつつ、順にみていくことにしよう。

　まず、連続的な変化と非連続的な変化の二つに分ける。前者はデータによって定量的に可視化しやすいが、後者はある時点に起きた単発の出来事であるため、データで示すことは難しい。そこで、前者についてはトレンドが確認できるよう長めのスパンで取ったグラフで示し、後者についてはグラフの代わりに年表の形式でまとめることにした。

　なお、バックグラウンドの変化といっても、対象となり得る範囲は極めて広く、当然ながらすべてを網羅することは難しい。以下では、先行研究を参照しつつ演繹的かつ探索的に、項目をピックアップする。そのうえで、第３節で示したマクロ統計との関係性について、可能な限り言及する。他方、次章以降で紹介する当研究所が実施した調査結果との関係性については、該当する図表を示したうえで、結論を簡潔に述べるにとどめる。それぞれの詳細は、各章の分析を参照願いたい。

1　連続的な変化

　まずは連続的な変化について、もう少し細かく分類しよう。構造的に分類するために、既存のフレームワークで用いられる切り口にヒントを求めた。参照

---

[15]　ただし、経営者の高齢化に伴い、引退年齢も徐々に高齢化している（第９章図9-1）。

したのは、フィリップ・コトラーが提唱した外部環境を分析するためのフレームワークである PEST（Political：政治的要因、Economical：経済的要因、Society：社会的要因、Technology：技術的要因）である。

　このうち政治的要因（Political）は、トレンドが確認できるような連続的な変化というより、非連続な変化をもたらす要因であると考えられることから、「制度・政策の変更」として、次項の非連続的な変化に分類した。

① 経済的な変化

　一つ目は、経済的な変化である。そのなかには、経済成長のような傾向変動（Trend variation）のほか、景気の浮き沈みのような循環変動（Cyclical variation）、ハイシーズンとオフシーズンのような季節変動（Seasonal variation）、リーマン・ショックのような不規則変動（Irregular variation）などが含まれる。そのうち季節変動は短サイクルでの変化であるため本書での分析対象からは除外し、不規則変動は連続的な変化ではないため、次項の非連続的な変化に譲る。

　傾向変動のうち、企業の誕生と退出に影響を与えると考えられる主な指標を三つ挙げよう。

　第 1 は、潜在経済成長率である。将来にわたって需要が拡大することが見込まれる状況であれば、事業機会がみつかりやすいことから、開業率は高くなると考えられる。内閣府が推計した潜在成長率の推移をみると、1980年代に 4 ％台だったが、90年代初めのバブル崩壊とともに低下し、その後は 1 ％未満で推移している（**図序-6**）。前掲**図序-3**で示した「経済センサス」による開業率は数年おきにしか計算できないことから、代わりに厚生労働省「雇用保険事業年報」による開業率を重ねてみると、似た動きをしていることがわかる。両者の相関係数は0.83だった。

　第 2 は、産業構造である。名目 GDP に占める経済活動別構成の推移をみると、第 1 次産業である「農林水産業」、第 2 次産業である「製造業」や「建設業」の比率が1994年から2022年にかけて徐々に低下し、代わりに「専門・科学技術、業務支援サービス業」や「保健衛生・社会事業」の比率が上昇している（**表序-4**）。経済の発展や成熟に伴い、第 1 次産業から第 2 次産業、第 3 次産

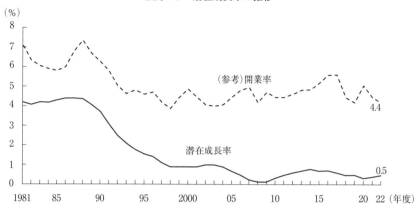

図序-6　潜在成長率の推移

出所：中小企業庁編『2023年版中小企業白書』（開業率）
資料：内閣府ホームページ（潜在成長率）、厚生労働省「雇用保険事業年報」（開業率）
(注)　1　開業率＝当該年度に雇用関係が新規に成立した事業所数／前年度末の適用事業所数×100
　　　2　適用事業所とは、雇用保険に係る労働保険の保険関係が成立している事業所。

業へとウエイトが移っていく「ペティ＝クラークの法則」として知られる現象
がみてとれる。

　付加価値のウエイトの変動は、企業数や就業者のウエイトの変動とも基本的
には相関するはずである[16]。そして、ストックである企業数が変化するという
ことは、フローである開業率や廃業率もまた変化していることを意味する。実
際、「製造業」の開業率は他の業種と比べて低く、廃業率を大きく下回ってい
る（前掲**表序-2**）。他方、「学術研究、専門・技術サービス業」や「医療、福
祉」は開業率が相対的に高く、期間によっては廃業率を上回っている。また、
開業企業の業種構成については、「新規開業実態調査」でも確認することがで
きる（第2章**表2-2**参照）。

　第3は、勤務者の相対所得である。これまでに多くの先行研究で、自営業者

---

[16]　ただし、付加価値と企業数の比率は完全に一致するわけではない。1企業当たりの付加価値も変動
するためである。例えば、前掲**表序-1**をみると、企業数に占める「建設業」の比率は上昇し、「小
売業」の比率は低下している。これは付加価値に占める「建設業」と「小売業」の比率とは逆の動
きである。この結果から、「建設業」では1企業当たりの付加価値が減少し、「小売業」では1企業
当たりの付加価値が増加していると推測できる。

表序- 4　名目 GDP の経済活動別構成の推移

（単位：%）

暦　　年	1994	2000	2010	2020	2022
農林水産業	1.9	1.5	1.1	1.1	1.0
製造業	23.5	22.5	20.8	20.1	19.2
建設業	7.9	6.7	4.6	5.7	5.2
情報通信業	3.1	4.7	5.0	5.1	4.9
運輸・郵便業	5.4	4.9	5.1	4.2	4.7
卸売業	8.1	8.2	8.2	6.7	8.0
小売業	5.4	4.8	5.2	6.0	6.3
宿泊・飲食サービス業	3.1	3.1	2.6	1.7	1.6
保健衛生・社会事業	4.0	5.1	6.7	8.2	8.3
教　育	3.6	3.6	3.7	3.5	3.4
専門・科学技術、業務支援サービス業	4.5	5.5	7.2	8.7	9.1
その他のサービス	5.4	5.2	4.6	3.7	3.9
不動産業	10.3	10.8	12.3	12.2	11.6
その他	13.2	13.4	12.9	12.7	12.2
合　計	100.0	100.0	100.0	100.0	100.0

資料：内閣府「国民経済計算年次推計」
（注）　1 「その他」は、「鉱業」「電気・ガス・水道・廃棄物処理業」「金融・保険業」「公務」。
　　　　2 「保険衛生・社会事業」や「教育」などには、政府や非営利団体による活動を含む。
　　　　3 統計上の不突合があるため、合計は100%にならない。

と雇用者[17]の相対所得が開業率の決定要因となることが指摘されている（安田、2007；鈴木、2021、中小企業庁編、2005など）。開業して自営業者となる方が被雇用者にとどまるよりも高い所得を得られる場合、開業は増加する、という理屈である。

　総務省「個人企業経済調査年報」と厚生労働省「賃金構造基本統計調査」を用いて、業種別の事業者対被雇用者収入比率を算出すると、いずれの業種も1を割り込み、低下傾向にある（**図序-7**）。自営業者の年収を被雇用者の年収で除したもので、値が小さいほど自営業者の相対所得が低いことを意味する。言い換えれば、自営業者になることの金銭的な魅力が低下するということだ。これが開業率の低下（前掲**図序-3**）の一因となっている可能性が高い。

　次に、循環変動のうち、参入と退出に影響を与えると考えられる指標を三つ

---

[17]　**図序-7**のタイトルは原典に合わせて「被雇用者」と表記したが、雇用者と同義である。

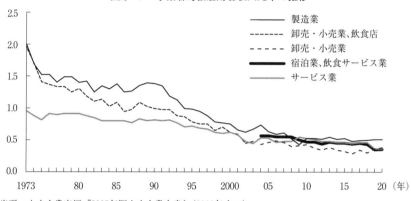

図序-7　事業者対被雇用者収入比率の推移

出所：中小企業庁編『2005年版中小企業白書』（2003年まで）
資料：総務省「個人企業経済調査年報」、厚生労働省「賃金構造基本統計調査」再編加工（2003年まで
　　　は中小企業庁、2004年以降は筆者が算出）
（注）　1　事業者対被雇用者収入比率＝自営業者年収／被雇用者年収
　　　　2　自営業者年収は年度、被雇用者年収は暦年。
　　　　3「宿泊業、飲食サービス業」は、2004〜2007年度は「飲食店、宿泊業」。
　　　　4　被雇用者年収の「卸売・小売業、飲食店」は、2004年以降、「卸売・小売業」と「飲食店、宿
　　　　　泊業」（2009年以降は「宿泊業、飲食サービス業」）に分かれている。
　　　　5「サービス業」における被雇用者年収は、2004〜2008年は「サービス業（他に分類されないも
　　　　　の）」、2009年以降は「生活関連サービス、娯楽業」のデータを用いた。

挙げよう。

　第1は、景気変動である。景気が良いと需要が拡大し、事業機会が増えるた
め、開業を選択する人が増える可能性がある。これを「プル効果」という（鈴
木、2021）。横軸に実質GDP増減率、縦軸に開業率[18]を取り、各年度の値をプ
ロットした散布図を描くと、正の相関がみてとれる（**図序-8**）。両者の相関
係数は0.66であった。景気の動向は、開業後のパフォーマンスや廃業の意向に
も影響を与える。景気が良ければ開業企業の売上状況や採算状況は良くなる
し、既存企業は廃業よりも事業を承継することに前向きになるだろう。これら
の関係性については、第2章や第8章で分析する。

　第2は、失業率である。景気が悪化すると失業者が増え、希望どおりの仕事

---

[18]　ここでも年度ごとのデータがある厚生労働省「雇用保険事業年報」による開業率を用いた。

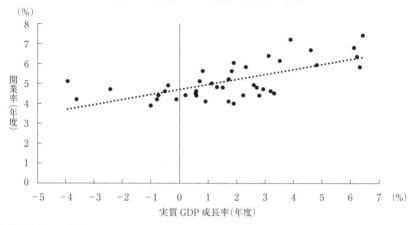

図序-8　実質GDP成長率と開業率の関係

出所：図序-6に同じ。
資料：内閣府「国民経済計算年次推計」（実質GDP成長率）、図序-6に同じ（開業率）
（注）図序-6（注）に同じ。

に就くことが難しくなるため、やむを得ず開業を選択するケースが増える可能性がある。これを「プッシュ効果」という（鈴木、2021）。総務省「労働力調査」から勤務先都合による失業者数の推移をみると、2002〜2003年と2009〜2010年に山をつけている（**図序-9**）。これと「新規開業実態調査」における「勤務先都合」で勤務先から離職した人の割合を比較すると、後者の方がやや遅れてはいるものの、似た動きをしていることがわかる（第2章**図2-6**参照）。

　第3に、資金調達のしやすさである。金融機関から資金を調達しやすいと、開業のハードルが下がるほか（鈴木、2021）、既存企業にとっても事業を継続しやすくなる。当研究所が原則従業者数20人未満の小企業を対象に四半期ごとに実施している「全国中小企業動向調査・小企業編」で、借入DI（借り入れが前期比で「容易になった」割合−「難しくなった」割合）の推移をみると、景気が悪化した1998年、2001〜2002年、2008〜2009年のあたりで大きく低下している（**図序-10**）。反対に、景気が回復していた1994〜96年、2004〜2006年、2016〜2018年のほか、コロナ禍への対策として無担保無保証融資が実行された

図序-9　勤務先都合による失業者数の推移

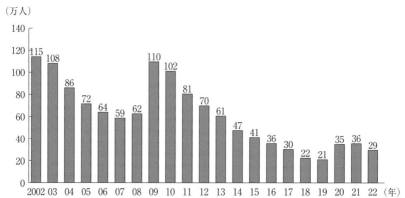

資料：総務省「労働力調査」
(注)　1　「勤め先や事業の都合による者」の値。
　　　2　2011年は東日本大震災の影響により、岩手県、宮城県、福島県で調査が一時困難となったため、総務省が補完的に推計。

図序-10　借入 DI（小企業、年平均）および倒産件数の推移

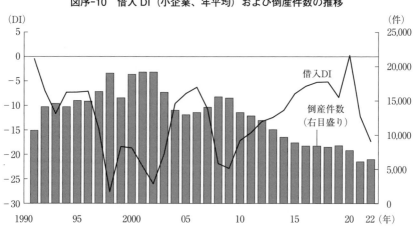

資料：日本政策金融公庫総合研究所「全国中小企業動向調査・小企業編」（借入 DI）、東京商工リサーチ「全国企業倒産状況」（倒産件数）
(注)　借入 DI は、前期比で「容易になった」と回答した企業割合から「難しくなった」と回答した企業割合を差し引いた値。四半期ごとの値を年平均に換算した。

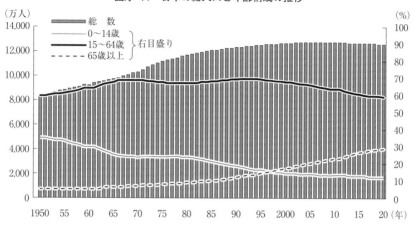

図序-11　日本の総人口と年齢構成の推移

資料：総務省「人口推計」
（注）　1　毎年10月1日現在の値。
　　　　2　1950〜1971年は沖縄県を含まない。

2020年には、DIの水準が高くなっている。DIの水準が高い時期は、開業初期に苦労したこととして「金融機関からの借り入れが難しい」を挙げる人の割合が低下する傾向にある（第3章**表3-4**参照）ほか、倒産企業数も減少する傾向にある（前掲**図序-10**）。

② 社会的な変化

　二つ目は、社会的な変化である。ここでは、人口動態的な変化、地理的な変化、心理的な変化の三つに分けてデータを紹介しよう。

　第1は、人口動態的な変化である。このうち最も重要な変化は、少子高齢化であろう。日本の総人口は戦後増加傾向にあったものの、2008年にピークを迎え、その後はゆっくりと減少しつつある（**図序-11**）。「0〜14歳」「15〜64歳」「65歳以上」の構成比をみると、「15〜64歳」の比率は戦後上昇を続け、1992年（69.8％）をピークに低下に転じた。一方、「0〜14歳」はほぼ一貫して低下し、「65歳以上」は上昇を続けている。図には示していないが、平均寿命もその間上昇しており、1950年に男性58.0歳、女性61.5歳だったのが、2022年には

図序-12　世帯構造の推移

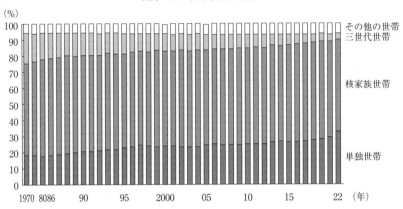

資料：厚生労働省「国民生活基礎調査」
(注)　1　1971〜74年、76〜79年、81〜85年、2020年は、調査を実施していない。
　　　2　1994年は兵庫県、2011年は岩手県、宮城県、福島県、2012年は福島県、2016年は熊本県をそ
　　　　れぞれ除いた数値。

　それぞれ81.05歳、87.09歳と、いずれも20年以上も伸びた。この結果、開業者
も高齢化が進んだ。開業時の平均年齢は上昇し、開業者のうち60歳以上が占め
る比率も上昇傾向にある（第2章図2-1）。また、長く事業を続けられるよ
うになり、引退年齢も高齢化した（第9章図9-1）。
　厚生労働省「国民生活基礎調査」で世帯構造の推移をみると、1970年に
19.2％を占めていた三世代世帯の比率は低下し、2022年には3.8％となった
（図序-12）。代わりに上昇したのが単独世帯で、1970年の18.5％から2022年に
は32.9％となった。単独世帯が増えた背景には、未婚割合の上昇がある。総務
省「国勢調査報告」によると、50歳時の未婚割合は、1950年の男性1.5％、女
性1.4％から、2020年にはそれぞれ28.3％、17.8％にまで上昇した（図序-13）。
　また、前掲図序-12で核家族世帯は60％前後でほぼ安定しているものの、人
員構成には変化が起きている。1世帯当たりの子どもの減少である。国立社会
保障・人口問題研究所「出生動向基本調査」で結婚持続期間15〜19年の夫婦に
おける出生こども数をみると、「0人」または「1人」の割合は、1977年の
14.0％から2021年には27.4％にまで上昇した（図序-14）。一方、「3人」または

図序-13　50歳時の未婚割合の推移（性別）

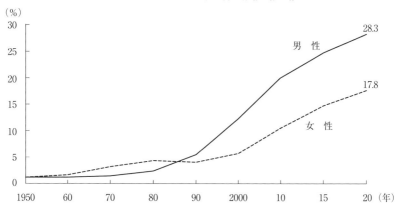

出所：国立社会保障・人口問題研究所「人口統計資料集」
資料：総務省「国勢調査報告」
（注）45〜49歳と50〜54歳における割合の平均値。

図序-14　夫婦の出生こども数分布の推移（結婚持続期間15〜19年）

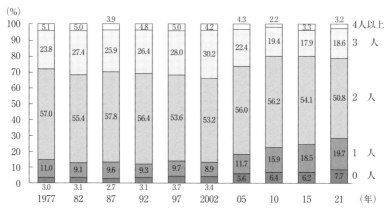

資料：国立社会保障・人口問題研究所「出生動向基本調査」

　「4人以上」の割合は、同じ期間に28.9％から21.8％に低下している。
　こうした家族構成の変化は、事業承継の動向に影響を与え得る。中小企業の場合、主たる後継者は実子、とりわけ男の子どもである（第5章**表5-1**）。そのため、男の子どもが多い経営者は、後継者が決まっている割合が高い（村

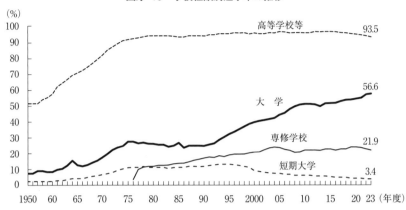

図序-15　学校種類別進学率の推移

資料：文部科学省「学校基本調査」
(注)　1　高等学校等とは、中学校卒業者および中等教育学校前期課程修了者のうち、高等学校等の本
　　　　科・別科、高等専門学校に進学した者の占める割合。ただし、進学者には、高等学校の通信
　　　　制課程（本科）への進学者を含まない。
　　　2　大学には、過年度高卒者等を含む。ただし、大学または短期大学の通信制への入学者を含ま
　　　　ない。

上、2017）。裏を返せば、未婚割合の上昇や１世帯当たりの子どもの減少は、後継者探しには逆風となる。三世代世帯の比率の低下も、親族内承継にとってはマイナスだろう。祖父母世代が自営業者だった場合、父母世代が同居していれば、多少なりとも事業を手伝い、身近に感じるようになるかもしれない。ところが、互いが核家族世帯として離れて暮らしていると、父母世代が家業と接点をもつ機会は限られてしまう。

　これらの結果、とりわけ規模の小さい企業で、後継者が決定している企業の比率が低下傾向にある（第４章**図４-３**）。そして、後継者決定企業における後継者は、実子の比率が低下し、代わりに親族以外の人の比率が上昇している（第５章**表５-１**）。

　学歴や勤務キャリアの変化についてもみてみよう。文部科学省「学校基本調査」で学校種別進学率をみると、「大学」は1960年代には２割に満たなかったが、2009年度には５割を超えた（**図序-15**）。また、「専修学校」は1970年代後半から90年代にかけて上昇し、2000年代以降は20％前後を占めている。こうした高学歴化と実務教育の広がりは、開業者の最終学歴にも表れている（第２章

図序-16　非正規職員・従業員の割合の推移

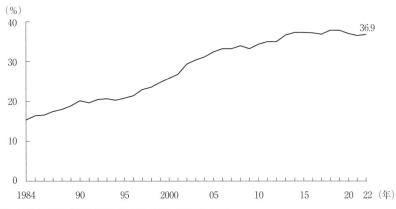

出所：厚生労働省『2020年版厚生労働白書』（2019年まで）
資料：総務省「労働力調査特別調査」（2001年以前）、「労働力調査　詳細集計」（2002年以降）
（注）　1「非正規の職員・従業員」が役員を除く雇用者に占める割合。
　　　　2「非正規の職員・従業員」は、2008年以前は「パート・アルバイト」「労働者派遣事業所の派
　　　　　遣社員」「契約社員・嘱託」「その他」の合計、2009年以降は新たにこの項目を設けて集計し
　　　　　た数値。

図2-3）。一方、勤務キャリアについては、非正規化の動きがみてとれる。総務省「労働力調査」によると、非正規職員・従業員の割合は1984年の15.3％から2022年には36.9％と2倍以上の水準となっている（**図序-16**）。そしてこの変化は、開業直前の職業にも表れている（第2章**図2-4**）。開業者本人の人的資本という観点でいえば、高学歴化は質を高める方向に働くが、雇用の非正規化は質を低下させる方向に働く。こうした相反する動きが開業後のパフォーマンスに与える影響については、今後の研究課題の一つとなりそうだ。

　次は、第2の社会的変化、地理的な変化について確認する。**図序-17**は、東京圏、名古屋圏、大阪圏、地方圏における人口の転入超過者数の推移である。時期によって波はあるものの、一貫して東京圏がプラス（転入超過）、地方圏がマイナス（転出超過）となっている。名古屋圏と大阪圏は、1970年代半ばまではプラス幅が比較的大きかったが、それ以降はプラス幅が縮小し、マイナスとなる時期もみられるようになった。

　人口の規模は、その地域の需要の規模を左右し、ひいては開業率にも影響を与える可能性がある（岡室、2006）。横軸に2016〜2021年の人口増減率、縦軸

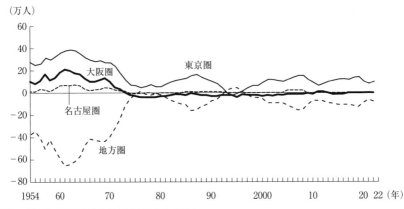

図序-17　三大都市圏・地方圏の転入超過者数の推移

資料：総務省「住民基本台帳人口移動報告年報」
（注）　1　図序-2の（注）2に同じ。
　　　　2　日本人移動者の値。

　に同期間の開業率を取り、各都道府県の値をプロットした散布図を描くと、正
の相関がみてとれる（**図序-18**）。両者の相関係数は0.75であった。
　最後が第3の社会的変化、心理的な変化である。ここまで説明してきたさま
ざまな変化は、人々の価値観や世界観など、物事の見方にも影響を与える。例
えば、若者の職業観である。㈱マイナビが毎年大学3年生と大学院1年生を対
象に実施している「大学生就職意識調査」によると、就職先を選択する際のポ
イントとして「安定している会社」を挙げる人の割合は、2003年卒の19.6％か
ら、2024年卒の48.8％へと、大幅に上昇している（**図序-19**）。「給料の良い会
社」も、同期間に8.0％から21.4％と2倍以上の水準になっている。反対に、
「自分のやりたい仕事（職種）ができる会社」や「働きがいのある会社」の割
合は、低下傾向にある。これらの変化は、自ら開業したり家業を継いだりする
若年層の減少（第2章図2-1）の一因となっている可能性がある。
　こうした安定志向の背景には、先行きへの不安がありそうだ。内閣府「国民
生活に関する世論調査」によると、今後の生活の見通しが「良くなっていく」
と答えた人の割合は半世紀にわたって低下傾向にあり、「悪くなっていく」と
完全に逆転してしまっている（**図序-20**）。「悪くなっていく」と「同じような

図序-18　都道府県別にみた人口増減率と開業率の関係（2016～2021年）

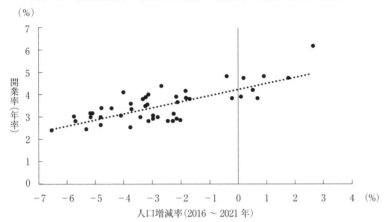

資料：総務省「人口推計」（人口）、表序-2に同じ（開業率）
（注）　1　表序-2（注）1～3に同じ。
　　　　2　開業率は2016～2021年の間の年率、人口増減率は2016～2021年の5年間について算出。

図序-19　大卒者の企業選択のポイントの推移（二つまでの複数回答）

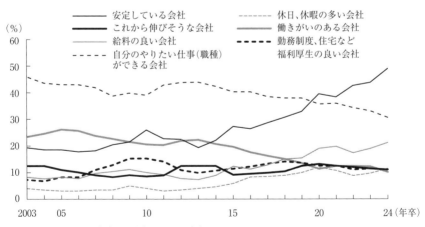

資料：マイナビ「2024年卒大学生就職意識調査」
（注）選択肢は全部で20項目あるが、2024年卒の回答における上位7項目まで表示した。

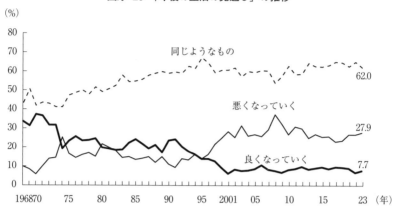

図序-20　「今後の生活の見通し」の推移

資料：内閣府「国民生活に関する世論調査」
(注)　1　「あなたのご家庭の生活は、これから先、どうなっていくと思いますか」と尋ねたもの。
　　　2　1998年、2000年、2020年は調査を実施していない。1974〜1976年は年に2回調査を実施しているが、それぞれ1回目の結果を掲載した。
　　　3　2015年までは20歳以上、2016年以降は18歳以上を対象として実施。
　　　4　2019年までと2021年以降は調査方法が異なるため、連続しない。
　　　5　1980年までは「不明」、1981〜2019年は「わからない」、2021〜2022年は「無回答」との選択肢もあるが、表示は省略した。

もの」を合わせた約9割が、生活の先行きに期待をもっていない。これは先述した潜在成長率の低下（前掲**図序-6**）や人口の減少（前掲**図序-11**）などが影響しているものと考えられる。

　一方で、安定志向と相反する動きもある。個人主義の広がりである。内閣府「社会意識に関する世論調査」では、「社会志向か個人志向か」という大きなくくりで、人々の考え方について尋ねている。これによると、「個人生活の充実をもっと重視すべきだ」と答えた人の割合は、1980年代から足元にかけて、10ポイントほど上昇している（**図序-21**）。こうした動きに合わせて、自己実現を目的としたような開業がゆっくりと広がっている。筆者はこれらの起業家や開業のあり方を「マイクロアントレプレナー」や「個のための創業」と呼んだのだが（藤井、2017、2019）、その増加は外形的には、開業時の従業者数や開業費用の小規模化というかたちで表面化している（第2章**図2-9**、**図2-10**）。

図序-21　「社会志向か個人志向か」の推移

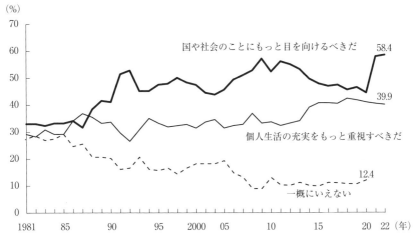

国や社会のことにもっと目を向けるべきだ　58.4

個人生活の充実をもっと重視すべきだ　39.9

一概にいえない　12.4

資料：内閣府「社会意識に関する世論調査」
（注）　1 「『国や社会のことにもっと目を向けるべきだ』という意見と、『個人生活の充実をもっと重視
　　　　すべきだ』という意見がありますが、あなたは、どのように思いますか」と尋ねたもの。
　　　2 1999年、2001年、2003年は調査を実施していない。
　　　3 2016年までは20歳以上、2017年以降は18歳以上を対象として実施。
　　　4 2019年までと2021年以降は調査方法が異なるため、連続しない。
　　　5 2020年までは「わからない」、2021年以降は「無回答」との選択肢があるが、表示は省略した。
　　　6 2021年以降は「一概にいえない」の選択肢はない。

　もっとも、前掲図序-21をみると、「国や社会のことにもっと目を向けるべ
きだ」と回答した人の割合も上昇している。SDGs（Sustainable Development
Goals：持続可能な開発目標）やソーシャルビジネス、エシカル消費[19]などへの
注目度が高まっていることからもわかるように、社会的な課題に関心をもつ人
は増えている。内閣府「社会意識に関する世論調査」では、社会への貢献意識
についても尋ねており、社会のために役立ちたいと「思っている」との回答割
合は、1974年の35.4％から上昇し、2000年代半ば以降は60％台で推移している
（図序-22）。社会貢献への意識の高まりは、開業動機にも表れている。「社会
の役に立つ仕事がしたかった」を挙げる人の割合をみると、上昇傾向にある
（第2章表2-1）。

---

[19]　消費者庁のホームページでは、「消費者それぞれが各自にとっての社会的課題の解決を考慮したり、
　　そうした課題に取り組む事業者を応援しながら消費活動を行うこと」と定義されている。

図序-22　「社会への貢献意識」の推移

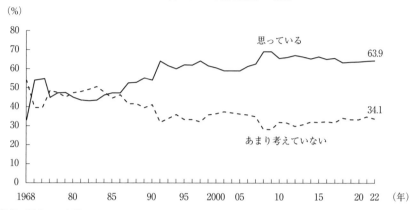

資料：図序-21に同じ
(注)　1「あなたは、日頃、社会の一員として、何か社会のために役立ちたいと思っていますか。それ
　　　とも、あまりそのようなことは考えていませんか」と尋ねたもの。
　　　2　1994年、1999年、2001年、2003年は調査を実施していない。
　　　3　図序-21（注）3〜5に同じ。

③ 技術的な変化

　三つ目は、技術的な変化である。急進的なイノベーションは突然変異のよう
に生まれることから、連続的な変化ではなく非連続的な変化ではないかとの見
方もあるかもしれない。とはいえ、大半の技術はそれまでの技術をベースとし
て開発されるものであり、過去の蓄積と無関係に生まれるものは例外といって
よいだろう。また、誕生の瞬間だけをみれば非連続的な飛躍があったとして
も、その技術が世の中にある程度普及しないことには目に見える変化にはつな
がらない。

　例えば、インターネットの技術が誕生したからといって、次の日から急に何
かが変わるわけではない。回線が整備され、対応するパソコンやソフトウエア
が普及してはじめて、目に見える変化につながるわけだ。例えば、1990年代に
ウィンドウズが登場して以降、パソコンが普及していった。世帯保有率は2000
年には5割を超え、2005年には8割に達した（**図序-23**）。その後は、スマー
トフォンが急速に普及していく。2010年にはわずか9.7％だった世帯保有率が
2013年には6割に達し、2022年には90.1％にまで上昇した。

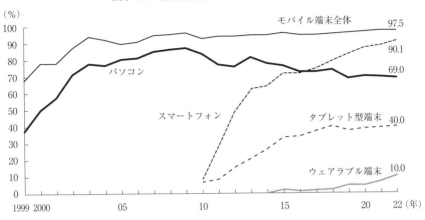

図序-23　情報通信機器の世帯保有率の推移

資料：総務省「通信利用動向調査」
(注)「モバイル端末全体」には、携帯電話のほか、2009〜2012年は携帯情報端末（PDA）、2010年以降はスマートフォン、2020年までは PHS を含む。

　ハードウエアの普及と歩調を合わせるように、インフラとなるインターネット回線も整備されていく。個人単位でみたインターネットの利用率は1997年の9.2％から5年後の2002年には57.8％、25年後の2022年には84.9％にまで上昇した（**図序-24**）。インターネット回線の契約数は、ISDN から DSL、さらにはFTTH へと、より高速なタイプに移行しつつ増加している（**図序-25**）。

　これらの技術的な進歩は、新たなビジネスモデルの実現を可能にする。総務省「家計消費状況調査」によると、ネットショッピング利用世帯割合は2002年の5.3％から2022年の52.7％へと上昇している（前掲**図序-24**）。アマゾンのような EC はインターネットがなければ実現しなかったし、ウーバーのような CtoC のシェアリングサービスはスマートフォンがなければここまで手軽にはならなかっただろう。「情報通信業」の開業率が相対的に高くなっている背景にも（前掲**表序-2**）、こうした変化があるのは間違いない。

　技術の進歩によって設備の価格が下がり、事業への参入がしやすくなるケースも多い。EC を始めるにしても、かつてはサーバーの利用に高額な費用がかかり、ウェブサイトの構築は専門業者に依頼するのが一般的だった。今では、

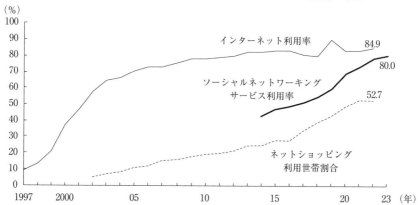

図序-24　個人におけるインターネット関連サービスの利用率の推移

資料：総務省「通信利用動向調査」（インターネット利用率、ソーシャルネットワーキングサービス利用率）、総務省「家計消費状況調査」（ネットショッピング利用世帯の割合）
（注）インターネットとソーシャルネットワーキングサービスの利用率は個人単位、ネットショッピングの利用率は世帯単位（二人以上の世帯）。

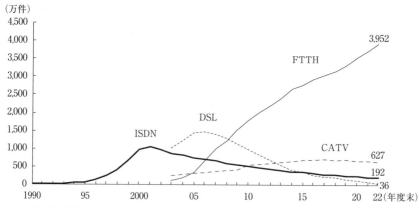

図序-25　固定系ブロードバンドサービス等の契約数の推移

出所：総務省『情報通信白書』
資料：総務省「電気通信サービスの契約数及びシェアに関する四半期データの公表」
（注）　1　2019年度以前は『情報通信白書』、2020年度以降は総務省「電気通信サービスの契約数及びシェアに関する四半期データの公表」による。
　　　　2　FTTHは、光ファイバー回線でネットワークに接続するアクセスサービス。DSLおよびISDNは、電話回線でネットワークに接続するアクセスサービス。CATVは、ケーブルテレビ回線でネットワークに接続するアクセスサービス。

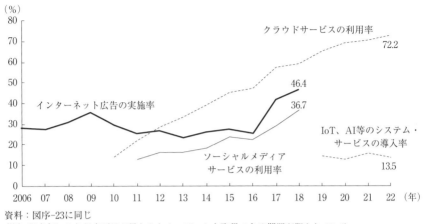

図序-26　企業におけるインターネット関連サービスの利用率の推移

資料：図序-23に同じ
（注）調査年により調査項目が異なるため、データを取得できる期間が限られている。

専門的な知識がなくても無料で EC サイトを開設できるサービスがいくつも登場している。高額なソフトウエアを購入することなく、インターネット経由で手軽に利用できるクラウドサービスも、企業の間で広がっている（**図序-26**）。

　また、全国の消費者に対してアプローチしようとすれば、かつては莫大な広告費が必要だった。しかし今では、SNS を使えば、コストをかけずにプロモーションを行うことができる。データは2018年までのものだが、企業におけるソーシャルメディアやインターネット広告の利用率は上昇傾向にあった（前掲**図序-26**）。こうした変化が、開業費用の少額化の背景にある（第 2 章**図 2 -10**）。そして多くの資金を用意する必要がなくなったことで、趣味を生かしたプチ起業や副業のような小規模な開業の増加を後押しすることにもつながった。

2　非連続的な変化

　続いて非連続的な変化についても、少し細かく分類しよう。こちらは連続的な変化とは異なり、イレギュラーな出来事ばかりであるため、構造的に分類することは難しいが、変化をもたらす原因に着目し、①制度・政策の変更、②経済的ショック・自然災害・パンデミックの二つに分けた（**表序- 5**）。

表序-5　1980年代以降の主な制度変更および各種ショック

	制度・政策の変更	経済的ショック・自然災害・パンデミック
1980～89年	男女雇用機会均等法施行（86年） 労働者派遣法施行（86年）	
1990～94年	最低資本金制度創設（90年） 外国人技能実習制度創設（93年）	バブル崩壊（91～93年）
1995～99年	中小企業創造活動促進法施行（95年） 個人投資家投資促進税制創設（97年） 特定非営利活動促進法施行（98年） 新事業創出促進法施行（99年） 男女共同参画社会基本法施行（99年） 中小企業基本法改正（99年） 中小企業技術革新制度創設（99年）	阪神・淡路大震災（95年） アジア通貨危機（97年）
2000～04年	大規模小売店舗立地法施行（00年） 介護保険制度創設（00年） 開業創業倍増プログラム発表（01年） IT基本法施行（01年） 厚生年金保険法改正（02年） 新創業融資制度創設（02年） 中小企業挑戦支援法施行（03年）	ITバブル崩壊（00年） 重症急性呼吸器症候群感染拡大（03年） 新潟県中越地震（04年）
2005～09年	中小企業新事業活動促進法施行（05年） 最低資本金制度廃止（06年） 経営承継円滑化法施行（08年） 中小企業金融円滑化法施行（09年）	リーマン・ショック（08年） 欧州債務危機（09年） 新型インフルエンザ感染拡大（09年）
2010～14年	日本再興戦略決定（13年） 産業競争力強化法施行（14年） まち・ひと・しごと創生法施行（14年）	東日本大震災（11年） 中東呼吸器症候群感染拡大（12年）
2015～19年	女性活躍推進法施行（15年） 特例事業承継税制度創設（18年） モデル就業規則改訂（副業解禁）（18年） J-Start upプログラム創設（18年） 特定技能制度創設（19年）	熊本地震（16年） 大阪北部地震（18年） 西日本豪雨（18年） 北海道胆振東部地震（18年）
2020～24年	スタートアップ育成5か年計画決定（22年）	新型コロナウイルス感染拡大（20年） 能登半島地震（24年）

資料：筆者作成

① 制度・政策の変更

　まずは、創業支援に関する政策の大まかな流れについて整理しよう。鹿住（2009）によると、「日本の産業政策において、創業に対して政策的な支援を行

い、促進することが明確に位置付けられたのは、1991年のバブル崩壊後のこと」（p.61）である。経済の停滞を打開するうえで、ベンチャー企業への期待が高まった。当時の支援は、事業化に成功し急成長するベンチャー企業が直接金融で資金調達するための環境整備が中心となっていた。

　創業支援が中小企業関連の法律において盛り込まれるようになったのは、1995年に施行された「中小企業の創造的事業活動の促進に関する臨時措置法（中小企業創造活動促進法）」からである（鹿住、2009）。同法の主な支援対象は研究開発型の中小企業で、個人投資家が投資した場合に損失控除を認めるエンジェル税制や、ベンチャー財団を通じた資金支援策などが盛り込まれた。

　そして1999年の中小企業基本法改正を境に、創業支援の動きが本格化した。1963年の制定当初、同法では、中小企業を過小過多な弱者とみなし、設備の近代化や組織化により、大企業との規模間格差を是正することを主眼としていた。それが99年の改正では、中小企業を多様で活力あるダイナミズムの源泉ととらえ直し、基本的施策の一つとして創業の促進を盛り込むこととなった。

　その後は折に触れ、開業の増加が政府の目標として打ち出されるようになる。2001年に発表された「開業創業倍増プログラム」では、開業を5年間で倍増する目標が掲げられた。2013年に決定された「日本再興戦略」では、「米国・英国並みの開業率10％台を目指す」目標が掲げられた。2022年に決定された「スタートアップ育成5か年計画」では、将来にユニコーン（時価総額1,000億円超の未上場企業）を100社創出し、スタートアップを10万社創出する目標が掲げられている。

　開業を促す施策の中心は、資金制約の緩和であった。2002年には、一定の要件を満たした場合に無担保・無保証人で融資を受けることのできる新創業融資制度を、国民生活金融公庫（現・日本政策金融公庫）が創設した。同制度における適用条件の一つである自己資金要件（開業資金総額に占める自己資金の割合）は、制度導入当初は2分の1以上であったが、その後徐々に緩和され、2024年4月には制度自体が廃止（自己資金要件が撤廃）となった。2003年に施行された中小企業挑戦支援法では、新たに創業する場合に最低資本金規制[20]の

---

[20]　株式会社は1,000万円、有限会社は300万円。

適用を受けない会社設立を認めるとともに、設立後5年間は当該規制を適用しない特例を設けた。2006年には商法が改正され、最低資本金制度は廃止となった。開業の小規模化が進んだことは先述したが、背景にはこうした施策の存在もあったものと考えられる。

　もちろん、創業支援のメニューは資金以外にもある。1999年に施行された新事業創出促進法では、地域における新事業創出の総合的な支援体制（プラットフォーム）の整備が掲げられた。2014年に施行された産業競争力強化法では、市町村が民間事業者と連携して策定した創業支援計画を国が認定するスキームが導入された。同年に施行されたまち・ひと・しごと創生法では、自治体ごとに地方版総合戦略の策定を求めており、多くの自治体がその戦略のなかで、雇用創出の方策として創業支援を掲げている。2018年に創設された「J-Startup」プログラムでは、認定された企業に対し、国内外における大規模イベントへの出展支援や規制緩和の特例措置などを行っている。

　創業支援以外の分野における政策の変更にも、新規開業の構造変化に影響を与えるものは少なからず存在する。例えば、男女雇用機会均等法（1986年施行）や男女共同参画社会基本法（1999年施行）、女性活躍推進法（2016年施行）である。女性の雇用機会が拡大し、キャリアアップが進んだことで、開業者に占める女性比率の上昇につながったものと考えられる（第2章図2-2）。また、労働者派遣法（1986年施行）は非正規雇用者の開業、年金開始年齢の65歳への引き上げを定めた厚生年金保険法改正（2002年施行）は高齢者の開業を、それぞれ増加させる要因となった可能性が高い（第2章図2-4、図2-1）。データ上はまだ確認できないものの、2018年のモデル就業規則改訂に伴う副業解禁や、2019年の外国人材の特定技能制度創設も、今後、開業者の属性や雇用戦略に変化をもたらすだろう。

　このほか、開業業種の変化に影響を与えた出来事もある。大規模商業施設の出店規制を緩和した大規模小売店舗立地法（2000年施行）は、小売業の廃業を増やし、開業を抑えた可能性が高い[21]（第2章表2-2）。2000年の介護保険制度の創設は、その後の介護事業者の開業増加につながったものと考えられる。

---

[21]　結果として、企業数に占める「小売業」の割合は低下している（前掲**表序-1**）。

　ここまでは開業についてみてきたが、事業承継に関する法律もある。2008年に施行となった経営承継円滑化法では、事業承継を促進するため、事業承継税制や金融支援などのメニューが整備された。一定の条件のもとで、贈与税・相続税の納税を猶予または免除したり、後継者が自社株式や事業用資産を買い取るための資金を融資対象としたりするものである。同法は2015年の改正で親族外への承継にも適用できるようになり、2018年の改正で納税猶予割合が拡大されるなど、内容が拡充されている。こうした支援策の広がりが、親族外承継の増加を後押ししている（第5章**表5-1**）。

② 経済的ショック・自然災害・パンデミック

　次は、経済的ショックや自然災害、そしてパンデミックである。基本的にこれらのショックは、企業経営に対して業績の悪化というかたちでマイナスの影響を与える。結果として、退出を迫られるケースもあるだろう。既存企業において、事業承継を見込んでいたものの、先行きを悲観し、廃業を選択するようなケースも出てきている（第4章**表4-5**）。

　事業継続にマイナスの影響が及んでいるのは、新規開業企業においても同様である。「新規開業パネル調査」の結果をみると、リーマン・ショックや東日本大震災、コロナ禍のいずれにおいても、売り上げ状況や採算状況などのパフォーマンス指標は悪化している（第3章**図3-8**、**図3-9**）。

　深沼・藤田（2014）は、震災をきっかけに開業した企業では、予定どおり開業した企業に比べて黒字基調の割合が低いことを明らかにした。また深沼・西山・山田（2022）は、2019年に開業した企業を対象に2020年7月と2021年7月に実施したアンケート調査により、約8割の企業が新型コロナウイルス感染症によるマイナスの影響を受けたことを確認している。

　インパクトの大きさは、ショックの影響が及んだ範囲や影響が持続した期間によっても異なる。津波の被害に加えて原発事故による風評被害も大きかった東日本大震災や、地域を問わず影響が及んだリーマン・ショック、数年にわたって経済活動が停滞することとなったコロナ禍は、特にマイナスのインパクトが大きかった出来事といえるだろう。

　また、影響の受け方は、業種によっても異なる。外需の低迷が中心だった

リーマン・ショックにおいては製造業で業績の落ち込みが目立ったが、移動制限や営業自粛などで消費が停滞したコロナ禍においては飲食店・宿泊業も深刻なダメージを負った。先に、景気変動が開業に与える影響にはプル効果とプッシュ効果の二つがあると述べたが、これらはいずれもプル効果を減退させたと考えられる。

　一方で、建物や家財道具、道路などが直接的な被害を受けた東日本大震災では、その直後に被災地である岩手県や宮城県において開業率の上昇がみられた（前掲**表序-3**）。これは、復興需要の拡大によるプル効果と、勤め先を失いやむを得ず開業を選ぶ人が増えたプッシュ効果の両方が働いたためと考えられる。このように、欠けてしまった部分を補おうとする、いわば反作用のような力は、コロナ禍における飲食店の開業行動にもみられた。その意味で開業は、ショックによる落ち込みからの復元を支える力ともいえるかもしれない。

第5節　おわりに

　本章では、社会の構造変化が企業のライフイベントにどのような変化をもたらしてきたのかを、類型化しつつ探索的に確認してきた。第1節の冒頭では、変化の多様性、企業の多様性、経路の多様性という三つの多様性があると述べた。改めてさまざまなデータを並べ、企業を取り巻く変化の数々を眺めてみると、また新たな気づきがある。三つ挙げよう。

　第1に、影響は一方向でも単階層でもないことである。例えば、経済成長率と開業率の間には、相関は確認できるが、因果関係は必ずしも明確ではない。経済が成長すると事業機会が広がり開業が増えるという関係が考えられる一方で、開業が増えるとイノベーションが促進されて経済が成長するという関係もあり得る。つまり両者は相互補完的な関係にあるといえる。

　あるいは、若者の間で就職先として大企業を重視する姿勢が強まっている背景には安定志向の広がりがあると考えられるが、その背景には先行きへの不安があり、さらにその背景には経済成長の停滞がある。その背景には人口減少があり、その原因をたどると先行き不安から結婚や出産に二の足を踏む状況があるというように、要因が複層的に重なりつつ、場合によっては循環していることである。

ともある。

　このように複雑な関係にあるため、その因果の連鎖が望ましくないものだったとしても、軌道修正は容易ではない。

　第2の気づきは、企業や個人の単位では対処のしようがない変化と、ある程度は対処できる変化があることである。例えば、人口減少や大震災などの大きな変化を前にすると、1企業や1個人はあまりにも無力な存在であろう。しかし一方で、コロナ禍のようなパンデミックに対しては、リモートワークの環境を整えたりECサイトを導入したりすれば、マイナスの影響を抑えることができる。高齢化に対しては、シニアや女性、外国人労働者など、それまで就業機会の少なかった層に活躍の場を用意することが対策の一つとなり得る。

　このことは第3の気づきにも関係している。それは、大抵の変化は受け止める側の考え方によって、プラスにもマイナスにもなり得るということである。本章で示した変化のなかには、人口減少やパンデミックなど、歓迎せざるものも少なからず含まれている。ただ、これらを一つの事業機会ととらえて、新たなサービスにつなげている企業も存在するのもまた事実である。

　現代は、VUCA（Volatility：変動性、Uncertainty：不確実性、Complexity：複雑性、Ambiguity：曖昧性）の時代であるといわれる。変化は少なからず、企業経営に影響を与える。社会の一員である以上、変化から逃げることはできない。だとすれば、マクロの視点で変化をとらえたうえで、企業や個人の単位、すなわちミクロの視点から対処し得る方策を探る。それが、変化に直面したときにわたしたちが採るべき一つのスタンスではないだろうか。

　本書が提示する、企業の構造とバックグラウンドの変化の連動性という視点は、社会を俯瞰するうえでの一つの手がかりとなるはずだ。それではいよいよ次章から、企業のライフイベントという鏡を通じて、社会の変化をとらえることにしよう。

参考文献

岡室博之（2006）「開業率の地域別格差は何によって決まるのか」橘木俊詔・安田武彦編『企業の一生の経済学―中小企業のライフサイクルと日本経済の活性化―』ナカニシヤ出版、pp.87-131

鹿住倫世（2009）「創業支援政策の成果と課題―中小企業基本法改正10年を振り返って―」日本政策金融公庫総合研究所編『2009年版新規開業白書』中小企業リサーチセンター、pp.59-104

鈴木正明（2021）「中小企業の誕生」安田武彦編著・鈴木正明・土屋隆一郎・水村陽一・村上義昭・許伸江・杉浦慶一・鶴田大輔著『中小企業論―組織のライフサイクルとエコシステム―』同友館、pp.29-87

中小企業庁編（2005）『2005年版中小企業白書』ぎょうせい

深沼光・西山聡志・山田佳美（2022）「新型コロナウイルス感染症が新規開業企業に与えた影響―新規開業追跡調査の分析から―」日本政策金融公庫総合研究所『日本政策金融公庫論集』第55号、pp.21-39

深沼光・藤田一郎（2014）「東日本大震災が開業行動に与えた影響―震災をきっかけにした開業を中心に―」日本政策金融公庫総合研究所『日本政策金融公庫論集』第22号、pp.17-32

藤井辰紀（2017）「『新規開業白書』の歴史と創業の新たな動き」日本政策金融公庫総合研究所編『2017年版新規開業白書』佐伯印刷、pp.107-150

―――（2019）「広がる『個のための創業』」日本政策金融公庫総合研究所編『2019年版新規開業白書』佐伯印刷、pp.1-25

本庄裕司（2007）「中小企業の退出・廃業」安田武彦・高橋徳行・忽那憲治・本庄裕司著『テキスト ライフサイクルから見た中小企業論』同友館、pp.209-234

―――（2010）『アントレプレナーシップの経済学』同友館

村上義昭（2017）「中小企業の事業承継の実態と課題」日本政策金融公庫総合研究所『日本政策金融公庫論集』第34号、pp.1-20

安田武彦（2007）「中小企業の誕生」安田武彦・高橋徳行・忽那憲治・本庄裕司著『テキスト ライフサイクルから見た中小企業論』同友館、pp.37-87

参考図序-1 有雇用事業所数による開廃業率の推移

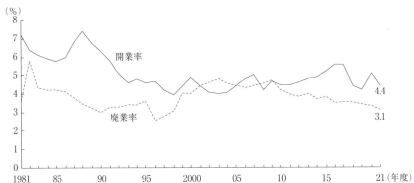

出所：中小企業庁編『2023年版中小企業白書』
資料：厚生労働省「雇用保険事業年報」のデータをもとに中小企業庁が算出
（注）図序-6（注）に同じ。

参考図序-2 会社の設立登記数及び会社開廃業率の推移

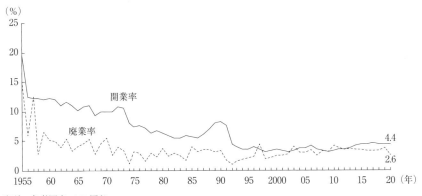

出所：参考図序-1に同じ
資料：法務省「民事・訟務・人権統計年報」、国税庁「国税庁統計年報書」
（注）1 会社開業率＝設立登記数／前年の会社数×100
　　　2 会社廃業率＝会社開業率－増加率（＝（前年の会社数＋設立登記数－当該年の会社数）／前年の会社数×100）
　　　3 設立登記数については、1955年から1960年までは「登記統計年報」、1961年から1971年は「登記・訟務・人権統計年報」、1972年以降は「民事・訟務・人権統計年報」を用いた。
　　　4 1963、1964年の会社数は国税庁「会社標本調査」による推計値。1967年以降の会社数には協業組合も含む。2006年以前の会社数は、その年の2月1日から翌年1月31日までに事業年度が終了した会社の数。2007年から2009年の会社数は、翌年6月30日現在における会社の数。2010年以降の会社数は、確定申告のあった事業年度数を法人単位に集約した件数。

第1章

起業予備軍の質的変化

桑本 香梨／尾形 苑子／青木　遥

第1節　はじめに

1　開業前の層に着目

　序章でみたとおり、わが国の開業率は、1980年代後半以降、廃業率を下回る低い水準が続いている。開業には、雇用の創出や新市場の開拓、産業の新陳代謝などの面から期待が寄せられており、経営者の高齢化に伴う廃業の一層の増加が予想される今、開業率を上げることは差し迫った課題となっている。

　開業の実態を把握し、開業支援を充実させていくために、当研究所では三つの調査を実施している。最も歴史が長いのは、1991年度から毎年実施している「新規開業実態調査」である。当公庫国民生活事業から借り入れをした開業後1年以内の企業を対象としている。2001年度からは同じく当公庫国民生活事業から借り入れをした新規開業企業を対象に、「新規開業パネル調査」を開始した。同一の開業者を5年にわたって追跡調査するもので、開業からの成長過程を観察することができる。当研究所では、長らくこの二つの調査を用いて、新規開業についてさまざまな分析を行ってきた。

　しかし、これらの調査では、調査対象が開業前後に当公庫国民生活事業から融資を受けた開業者に限られ、近年増えているフリーランスなど、費用をあまりかけず、小さな規模で起業する人を捕捉し切れない。また、開業率の底上げには、起業の阻害要因や起業予備軍の実情を把握することも必要になる。そこで、調査対象を広げることを目的に、2013年度から三つ目となる「起業と起業意識に関する調査」（以下、本調査）を開始した。

　第1章では、本調査のなかでも主に開業前の層に焦点を当てて、わが国の起業予備軍の実態と足元における質的変化について、詳しくみていきたい。

2　調査の概要

　本調査は、インターネット調査会社を経由したアンケートである。調査会社に登録しているモニターに対して行うため、起業や借り入れの有無にかかわらず、幅広い層に対して質問することができる。

　本調査で対象とするのは、「起業家」「パートタイム起業家」「起業関心層」

「起業無関心層」の 4 類型である。対象の具体的な要件については後述することとして、先に調査の流れを説明したい。まず、18〜69歳のモニターに対して簡単な事前調査を行い、抽出した調査対象に、詳細調査を実施する。事前調査のサンプルは、性別、年齢層、居住する地域の割合がわが国の人口構成に準拠する A 群と、調査対象を確保するための B 群で構成される。そのため、サンプルがインターネット調査会社に登録している人に限られるという制約はあるものの、事前調査 A 群による回答の分布から、わが国の起業家や起業関心層の割合を推計することができる。

　事前調査 B 群は、人口に占める割合が低く、A 群だけでは十分な観測数を確保できない起業家のサンプルを補うために追加したものである。インターネット調査会社に登録している職業が「経営者・役員」「自営業」「自由業」といった人たちで構成する。なお、詳細調査の結果には、事前調査 A 群で算出した類型別の性別と年齢によるウエイトをかけ合わせることで、わが国全体の実態により近い結果を得ようとしている。

　本調査の対象は、前述のとおり四つの類型から成るが、2018年度までは「起業家」「起業関心層」「起業無関心層」の 3 類型としていた。2019年度から、起業家としてひとくくりにしていた層を、事業に携わる時間の長短で「起業家」と「パートタイム起業家」に分けたのである。さらに、起業したという意識をもたないまま、起業家と同様に請負などの仕事をしている「意識せざる起業家」も、起業家、パートタイム起業家に含めることとした。

　調査対象を大きく変更した背景には、起業の多層化がある。通信技術の発達により、勤務や家事の隙間時間に小さく起業したり、インターネットを使い小規模な商売をしたりする人が増えている。また、インターネットを通じて単発の仕事を請け負うギグワーカーのように、誰もが簡単に仕事を請け負える環境になった。こうした自営と雇用の中間のような働き方をする人のなかには、自営していると自覚していない人も少なくない。起業の裾野が広がりつつあるなか、生計のために事業を営むという従来の起業家像を前提に、多様な起業家をひとくくりに分析しようとすると、実態がぼやけてしまう。起業家をその働き方に応じて分析する必要があるという問題意識のもと、起業家の範囲を拡大、再編したのである。

表 1 - 1　調査対象の選別方法および類型化（事前調査 A 群）

					回収数（件）	構成比（%）	＜詳細調査の対象＞
事業経営者	自分が起業した事業か	自分が起業した事業である	起業年	2019～2023年 事業に充てる時間 35時間以上／週	106	0.5	起業家
				事業に充てる時間 35時間未満／週	76	0.4	パートタイム起業家
			2018年以前		707	3.5	調査対象外
		自分が起業した事業ではない			352	1.8	調査対象外
事業経営者以外	勤務収入以外の収入の有無	あり ＝ 事業経営者	起業年	2019～2023年 事業に充てる時間 35時間以上／週	76	0.4	起業家
				事業に充てる時間 35時間未満／週	941	4.7	パートタイム起業家
			2018年以前		954	4.8	調査対象外
		なし	起業への関心	起業に関心あり	2,346	11.7	起業関心層
				以前も今も起業に関心なし	12,252	61.3	起業無関心層
				以前は起業に関心があったが今はない	2,190	11.0	調査対象外
合　計					20,000	100.0	

（「2019～2023年」の「あり」区分は「意識せざる起業家」）

資料：日本政策金融公庫総合研究所「2023年度起業と起業意識に関する調査」
（注）　1　事前調査 A 群の結果（図 1 - 1 ～ 3、図 1 - 5 も同じ）。
　　　　2　対象は全国の18～69歳の男女。
　　　　3　「勤務収入以外の収入がある」とは、過去 1 年間に年間20万円以上の収入（年金や仕送りからの収入、不動産賃貸による収入、太陽光発電による収入、金融や不動産などの投資収入、自身が使用していた既製品の販売による収入は除く）があり、今後も継続してその収入を得ていく場合のことをいう。
　　　　4　構成比は小数第 2 位を四捨五入して表示しているため、合計は100％にならない場合がある（以下同じ）。

3　各類型の要件

　表 1 - 1 に、 4 類型の要件と、2023年度の事前調査 A 群における各類型の分布を示した。 5 年以内に自ら起こした事業を現在経営している人のうち、事業に充てる時間が週35時間以上の人を「起業家」、同35時間未満の人を「パートタイム起業家」とする。基準の35時間は、総務省「労働力調査」における短時間勤務の定義（週35時間未満）に倣っている。

　前述のとおり、「意識せざる起業家」も労働時間に応じて起業家、パートタイム起業家に分類する。意識せざる起業家は、現在の職業が事業経営者ではない人に対し、過去 1 年間に勤務収入や事業収入以外に年間20万円以上の収入（経費を除いた所得）があるか、かつ今後もその収入を継続して得ていく予定かを尋ねて抽出する。事業の内容として想定される項目を32個列挙し、いずれかに該当

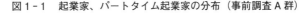

図 1 - 1　起業家、パートタイム起業家の分布（事前調査 A 群）

（単位：%）

<1 週間当たりの事業に充てる時間(n=1,199)>

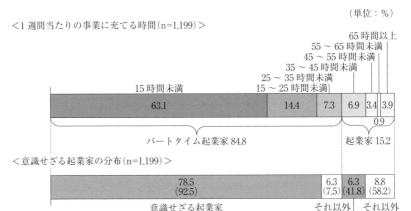

<意識せざる起業家の分布(n=1,199)>

資料：表1-1に同じ
(注)　1　n は回答数（以下同じ）。
　　　2　意識せざる起業家の分布の棒グラフにおける（　　）内は、パートタイム起業家、起業家それぞれを100％とした場合の内訳。

する人を意識せざる起業家としている[1]。事業の内容を選択肢にしているのは、年金や仕送り、不動産賃貸、太陽光発電などによる収入や、金融や不動産などの投資収入、自身が使用していた既製品の販売収入を除くためである。収入の水準は、給与所得のほかに所得がある場合に、確定申告が必要となる金額（20万円超）を参考にした。このほか、その仕事を始めてから 5 年以内であることも要件としている。意識せざる起業家の概要は、第 4 節で詳述する。

　起業家、パートタイム起業家に該当せず、かつ事業経営者ではない人のうち、起業に関心がある人を「起業関心層」、以前も今も起業に関心がない人を「起業無関心層」とする。表 1 - 1 で 4 類型の分布をみると、起業無関心層が61.3％と最も多く、起業関心層は11.7％にとどまる。起業家は0.9％とごくわずかであり、それに比べればパートタイム起業家は5.1％と多いが、二つを合わせても起業した人は 1 割に満たない。また、図 1 - 1 で起業した人全体に占める

---

[1]　「その他」を選択した場合は自由記述の内容を確認して、意識せざる起業家に該当するかどうかを判断する。

図 1 - 2　類型別構成比の推移（事前調査 A 群）

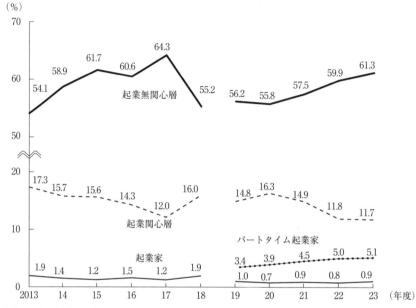

資料：日本政策金融公庫総合研究所「起業と起業意識に関する調査」（以下断りのない限り同じ）
（注）1　2019年度に調査対象を変更している。2018年度まで「起業関心層」「起業無関心層」および調
　　　　査対象外に分類されていた回答者の一部が「意識せざる起業家」として、「起業家」「パート
　　　　タイム起業家」に分類されているため、類型別構成比は2018年度以前とは連続しない。
　　　2　縦軸について、一部表示を省略している。

　起業家とパートタイム起業家の分布をみると、パートタイム起業家の割合は
84.8％と高く、起業家は15.2％にとどまる。さらに、意識せざる起業家は、パー
トタイム起業家のうち実に92.5％を占めており、起業家のなかにも41.8％存在
する。

第 2 節　低い起業への関心

1　起業関心層、起業無関心層の分布

　図 1 - 2 は、表 1 - 1 でみた 4 類型の分布を、調査を開始した2013年度から
時系列で並べたものである。前述のとおり、2019年度から調査対象の抽出方法

を変更しているため、その前後でデータは連続しないが、類型別構成比の傾向はどの年度もあまり変わらない。起業無関心層が約6割と大半を占める一方、起業関心層は15%前後と少ない。起業家は1%前後、パートタイム起業家は約5%である。起業した人全体で1割に満たないが、意識せざる起業家を組み入れたことで、2%に満たなかった2018年度以前に比べると上昇した。

　2019年度以降の各類型の構成比の推移を細かくみると、起業無関心層は、2020年度の55.8%を底にして、以降は漸増し、2023年度は61.3%にまで上昇している。反対に、起業関心層は、2020年度の16.3%をピークに3年連続で低下し、2023年度は11.7%となった。パートタイム起業家は、割合は低いものの年々上昇しており、2019年度の3.4%から2023年度には5.1%となっている。一方、起業家は、2019年度から1%程度の水準を維持している。

　コロナ禍以降、起業への関心は低くなり、起業する人も短時間だけ事業を行う人に偏っているようである。どのような層で変化が起きたのかをみるために、各類型の性別や年齢、家庭の状況、職業について、感染症の流行が始まる前の2019年度と直近の2023年度の結果を**表1-2**にまとめた。

　類型ごとの性別の割合をみると、起業無関心層は「女性」が、それ以外は「男性」が過半となっている。「女性」の割合は、特に起業家で約2割と低い。性別の構成比は、コロナ禍前後で大きく変わらない。

　年齢（起業家とパートタイム起業家は起業時の年齢）は、起業家はコロナ禍前の2019年度では「29歳以下」「30歳代」「40歳代」が3割弱と同程度だったが、2023年度では「29歳以下」が4割弱と最も多くなった。そのほかでは年齢の分布に大きな変化はなく、どちらの年度でも、「29歳以下」は起業家、パートタイム起業家、起業関心層に多く、「60歳代」は起業無関心層に多い傾向がある。ただ、「29歳以下」と「60歳代」について、各年齢層全体を100%とした類型の分布を2019年度と2023年度で比較すると、「29歳以下」では、起業関心層が6.6ポイント低下し（2019年度23.0%→2023年度16.5%）、起業無関心層が2.4ポイント上昇している（同51.0%→53.4%）（**図1-3**）。つまり、若年層でも起業への関心は、コロナ禍を経て低くなっている。一方、「60歳代」では、起業家、パートタイム起業家、起業関心層の割合はほぼ横ばいで、起業無関心層は3.4ポイント上昇している（同63.4%→66.8%）。これらを考え併せると、起業無関心層の増加

表1－2　類型別の属性

（単位：％）

		起業家		パートタイム起業家		起業関心層		起業無関心層	
		2019年度	2023年度	2019年度	2023年度	2019年度	2023年度	2019年度	2023年度
性別	男　性	76.8	78.6	57.9	61.3	59.8	54.4	41.0	43.4
	女　性	23.2	21.4	42.1	38.7	40.2	45.6	59.0	56.6
年齢	29歳以下	27.8	36.0	40.6	38.4	28.3	26.1	16.5	16.2
	30歳代	26.6	19.5	22.3	22.5	25.5	23.2	16.7	17.1
	40歳代	26.6	19.8	16.9	18.6	24.0	26.9	22.9	23.3
	50歳代	13.5	15.4	12.0	11.3	15.2	15.9	20.2	22.0
	60歳代	5.5	9.3	8.1	9.2	6.9	7.8	23.6	21.4
家庭の状況	配偶者がいる	47.7	37.6	47.3	41.3	56.6	54.8	62.3	58.5
	未就学児がいる	12.6	11.7	16.8	15.6	21.4	19.6	12.0	13.7
	小学生の子どもがいる	9.3	11.8	9.5	12.7	13.7	15.8	7.1	12.9
	主たる家計維持者である	74.3	71.4	61.0	60.4	63.3	61.7	46.4	47.6
現在の職業	勤務者（役員）	0.3	0.7	1.3	1.1	4.1	1.4	2.0	1.3
	勤務者（正社員）	4.4	14.1	43.8	37.7	59.9	54.2	47.2	39.3
	勤務者（非正社員）	1.7	1.1	15.7	11.9	19.2	19.3	26.3	26.1
	学　生	0.4	2.6	4.1	6.8	4.0	7.8	1.1	3.3
	主婦・主夫	0.9	0.0	4.2	2.5	8.5	10.0	14.5	16.5
	無　職	0.0	0.0	0.0	0.0	3.5	7.3	5.2	11.5
	現役は引退した	0.3	0.0	1.0	0.3	1.8	0.6	4.2	3.1
n		567	566	1,034	942	874	526	1,095	541

（注）　1　数値は詳細調査によるデータに事前調査A群で算出したウエイト値で重みづけを行ったもの。ただし、nは原数値を示す（図1－3を除き表1－7まで同じ）。
　　　　2　起業家、パートタイム起業家の年齢は起業時のもの。
　　　　3　現在の職業は複数回答で尋ねている。残りの選択肢は「事業経営者」で、起業家とパートタイム起業家は100.0％、起業関心層と起業無関心層は0.0％。

には、幅広い年齢層で起業への無関心が進んだことが背景にあると考えられる。

　表1－2に戻り、家庭の状況をみると、2019年度、2023年度ともに、「配偶者がいる」割合は起業無関心層で最も高く、「未就学児がいる」や「小学生の子どもがいる」割合は起業関心層で最も高い。「主たる家計維持者である」割合は、起業家で最も高く、起業無関心層ではほかの類型に比べて10ポイント以上低い。現在の職業をみると、いずれの年度でも、「勤務者（役員）」と「勤務

図1-3　年齢別の調査対象の分布（事前調査A群）

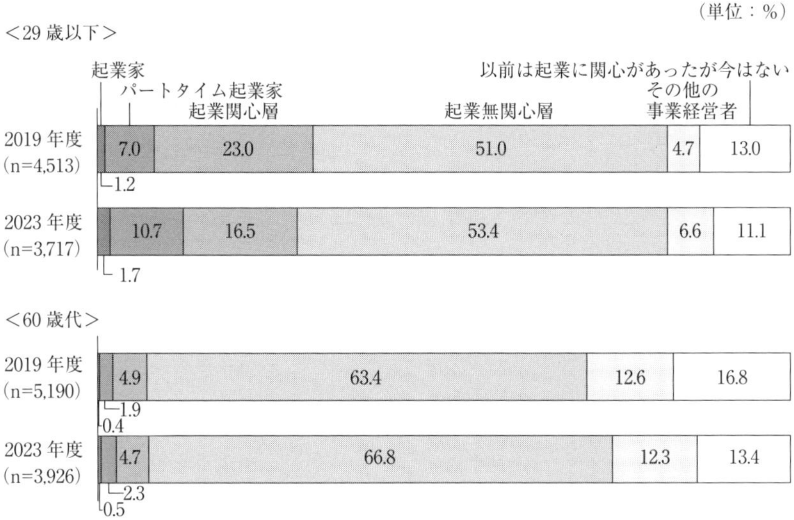

（単位：％）

＜29歳以下＞

＜60歳代＞

（注）その他の事業経営者は、調査時点から5年より前に起こした事業を現在経営している人、自分以外が起こした事業を現在経営している人、意識せざる起業家のうちその仕事を始めたのが調査時点から5年より前の人の合計。

者（正社員）」は起業関心層で割合が高く、「勤務者（非正社員）」「主婦・主夫」「無職」などは起業無関心層で相対的に高い。ただ、「勤務者（正社員）」の起業家における割合は、2019年度の4.4％から2023年度の14.1％へと10ポイント近く上昇している。

　通信技術の発達により起業しやすい環境が整ってきていることに加えて、コロナ禍で在宅勤務や副業を許可する企業が増えた。ITになじみ深く、副業やフリーランスといった働き方が比較的浸透している若年層や、働き方の選択肢が増えた勤務者の一部が、起業家やパートタイム起業家に移行したのではないか。ただ、若年層では起業無関心層も増えていることから、コロナ禍に苦しむ経営者の様子を見聞きして、将来のキャリアとして自営より勤務に魅力を感じるようになった若者が一定数いたのだと思われる。シニア層にそもそも起業無関心層が多いのは、生活が安定している分、変化を嫌う傾向にあるからだと考えられるが、コロナ禍においては、感染による重症化リスクをおそれて起業を敬

表1-3　起業関心層が起業に関心をもった理由（三つまでの複数回答）

（単位：％）

	2019年度	2020年度	2021年度	2022年度	2023年度
収入を増やしたい	① 62.3	① 64.7	① 61.6	① 56.9	① 59.8
自由に仕事がしたい	② 48.2	② 41.7	② 48.9	② 42.8	② 45.6
自分が自由に使える収入が欲しい	③ 22.9	③ 25.1	③ 17.5	③ 21.3	③ 22.9
仕事の経験・知識や資格を生かしたい	15.8	11.7	14.2	13.6	14.0
時間や気持ちにゆとりが欲しい	15.5	14.9	16.1	13.3	16.0
自分の技術やアイデアを試したい	15.5	13.2	13.6	13.0	11.3
年齢や性別に関係なく仕事がしたい	13.4	11.3	10.6	8.4	8.9
事業経営という仕事に興味がある	11.0	14.7	15.2	13.7	10.1
趣味や特技を生かしたい	10.7	9.1	9.5	12.2	10.6
家事と両立できる仕事をしたい	7.9	6.1	5.1	6.6	6.6
社会の役に立つ仕事がしたい	7.3	8.7	7.9	6.0	7.4
個人の生活を優先したい	6.9	5.2	6.6	6.3	7.2
人や社会とかかわりをもちたい	5.7	5.8	6.8	5.9	4.8
空いた時間を活用したい	4.7	4.2	2.8	6.1	7.9
適当な勤め先がない	3.6	1.5	3.0	2.6	3.4
自分や家族の健康に配慮したい	3.4	2.7	2.1	4.3	2.6
同じ趣味や経験をもつ仲間を増やしたい	1.7	2.9	2.9	3.8	2.0
転勤がない	1.1	1.2	2.0	1.6	1.6
その他	1.5	0.6	1.0	0.4	0.5
特にない	2.0	3.4	3.7	2.8	1.6
n	612	500	500	630	526

（注）それぞれの上位3項目には丸囲みで順位を示した（表1-4～6も同じ）。

遠した人もいただろう。また、起業無関心層には、女性や主たる家計維持者ではない人、非正社員や主婦・主夫が相対的に多かった。事業経営のノウハウに自信がなく、起業が選択肢に入りにくい、家庭での役割が大きい分、起業して収入を得ようとする動機が弱いという点は、感染症が流行する前も後も変わらない。

2　起業に関心をもった理由とまだ起業していない理由

　コロナ禍には、起業関心層の属性に多少の変化がみられた。起業に関心をもつ理由にも変化は表れているだろうか。**表1-3**に起業関心層に尋ねた結果

（三つまでの複数回答）をまとめた。2019年度から2023年度まで一貫して「収入を増やしたい」の割合が最も高く、「自由に仕事がしたい」「自分が自由に使える収入が欲しい」と続く。割合にも大きな変化はない。

　ほかの理由をみると、「年齢や性別に関係なく仕事がしたい」は低下傾向にあり、「空いた時間を活用したい」は上昇傾向にある。ダイバーシティ経営が浸透し、年齢や性別による勤務のしにくさを感じる人が減っているのかもしれない。また、パソコンがあれば手軽に請負の仕事を始められるようになってきたことや、コロナ禍で在宅勤務が浸透したことで、空いた時間を活用して収入を得たいと考える人が増えたのだろう。

　では、関心があっても起業に至っていない要因は何なのか。起業関心層にまだ起業していない理由を尋ねた結果をみると、「自己資金が不足している」の割合が最も高い点はコロナ禍前から変わらない（**表1−4**）。年度によって入れ替わりはあるものの、2番目と3番目の理由は「ビジネスのアイデアが思いつかない」と「失敗したときのリスクが大きい」である。上位3項目の回答割合をみると、「自己資金が不足している」は50％前後で変わらないが、残りの二つはやや低下している。

　自己資金はすぐに蓄積できるものではない。前述のとおり、起業関心層は若年層の割合がほかの類型より高かった。勤務年数が短いなどの理由により、自己資金を十分にためる余裕がまだないのかもしれない。こうした事情はコロナ禍のような外部環境に影響されにくいため、割合にほとんど変化がないのだと思われる。なお、「外部資金（借り入れ等）の調達が難しそう」との回答割合は、2020年度に前年度から7ポイント以上下がり、その後も約15％で推移している。コロナ禍の対策として打ち出された制度融資や各種補助金によって、外部からの資金調達に関しては、ハードルが下がっている。

　「ビジネスのアイデアが思いつかない」人が減っている背景には、官民による創業支援の充実やSNSの普及により、アイデアの種をみつけやすくなってきていることのほか、感染対策グッズの開発やデリバリーサービスの拡大など、コロナ禍に新たなビジネスチャンスが生まれたことが挙げられる。2021年度に回答割合が特に下がったのは、感染拡大下で生じた社会課題を解決する手段として起業を考える人が増えたことも想像される。

表1-4　起業関心層がまだ起業していない理由（複数回答）

（単位：％）

		2019年度	2020年度	2021年度	2022年度	2023年度
経営資源	自己資金が不足している	① 50.8	① 46.8	① 48.6	① 51.1	① 48.8
	外部資金（借り入れ等）の調達が難しそう	19.5	12.3	14.7	14.9	13.1
	従業員の確保が難しそう	12.8	10.5	13.7	8.0	9.0
取引先・立地	仕入先・外注先の確保が難しそう	11.6	9.4	10.7	6.3	6.8
	販売先の確保が難しそう	10.1	10.2	11.7	8.5	6.7
	希望の立地（店舗、事務所など）が見つからない	6.5	6.5	5.7	7.5	5.3
アイデア・知識・資格	ビジネスのアイデアが思いつかない	③ 37.0	② 35.7	③ 27.8	② 32.1	③ 31.0
	財務・税務・法務など事業の運営に関する知識・ノウハウが不足している	22.5	19.4	22.1	19.5	20.0
	仕入れ・流通・宣伝など商品等の供給に関する知識・ノウハウが不足している	18.2	16.7	18.3	16.1	17.6
	製品・商品・サービスに関する知識や技術が不足している	17.6	19.0	17.2	16.5	15.1
	起業に必要な資格や許認可などを取得できていない	12.2	12.9	14.7	13.4	12.6
周囲との関係	起業について相談できる相手がいない	17.0	12.1	14.6	14.2	9.6
	勤務先を辞めることができない	8.4	11.2	13.2	9.5	8.9
	家族から反対されている	5.1	6.3	3.1	2.9	3.3
その他の不安	失敗したときのリスクが大きい	② 41.1	③ 34.4	② 31.5	③ 29.9	② 32.1
	十分な収入が得られそうにない	23.8	25.6	19.3	21.2	22.6
	健康・体調面に不安がある	7.8	4.8	6.2	7.2	7.1
	家事・育児・介護等の時間が取れなくなりそう	7.4	8.6	4.2	6.7	6.3
	その他	0.7	0.3	1.1	1.2	0.3
すでに起業の準備中である		1.2	0.5	1.8	0.8	1.5
特に理由はない		7.9	8.7	7.7	10.0	8.6
n		612	500	500	630	526

表 1 - 5　起業関心層が想定する失敗したときのリスク（複数回答）

（単位：％）

	2019年度	2020年度	2021年度	2022年度	2023年度
事業に投下した資金を失う	① 82.5	① 76.3	① 83.5	② 61.8	③ 59.4
安定した収入を失う	③ 69.1	② 72.4	② 67.6	① 62.3	① 63.7
借金や個人保証を抱える	② 76.8	③ 68.2	③ 56.7	55.7	② 61.1
家族に迷惑をかける	54.9	46.5	51.6	③ 57.7	54.8
関係者（従業員や取引先など）に迷惑をかける	31.5	21.7	27.7	25.9	18.3
再就職が困難である	23.6	30.0	32.9	29.4	32.1
事業がうまくいかずやめたくなった場合でも、なかなかやめられない	23.3	26.0	24.4	17.0	18.4
信用を失う	21.3	18.5	22.9	26.3	21.3
再起業が困難である	15.1	12.4	15.8	12.5	19.8
地位や肩書きを失う	13.6	9.0	16.3	10.0	9.2
その他	0.0	0.0	0.0	0.8	0.0
n	252	172	150	196	166

（注）表 1 - 4 で「失敗したときのリスクが大きい」と回答した人に尋ねたもの。

　失敗のリスクを懸念する割合も低下していたが、起業関心層が想定するリスクは変わっているだろうか。リスクの具体的な内容をみると、2022年度を除いて、上位三つを「事業に投下した資金を失う」「安定した収入を失う」「借金や個人保証を抱える」が占めている（表 1 - 5）。いずれも資金に関するリスクであるが、割合は低下傾向にある。2022年度に 3 番目となった「家族に迷惑をかける」は、割合自体は他年度と大きく変わらない。若年層が比較的多い起業関心層は、前述のとおり資金的な余裕がないため、金銭面での不安が強く、家計への影響を危惧している人も少なくないのだと思われる。ただ、起業インフラの充実や事業の小規模化もあり、2023年度の本調査では、開業費用がゼロという起業家は30.1％、パートタイム起業家は52.6％と多かった。また、

経営者保証を不要とする融資が広がっているだけではなく、クラウドファンディングなどを利用して金融機関を介さないで資金を調達することも容易になってきた。そのため、資金面での不安を感じる人は総じて減少傾向にあるのだろう。

　逆に、「再就職が困難である」は、コロナ禍前は25％を下回っていたが、2020年度以降は3割前後に上昇している。コロナ禍では、企業の休業や新規採用の中止のニュースが多く聞かれた。勤務年数が短く、経験が比較的浅い若年層では特に、景気が停滞している時期に起業のために勤務を辞めてしまうと、すぐには次の就職先をみつけられないのではないかと不安に思う人が増えたのかもしれない。

3　起業関心層の起業意欲

　なお、一口に関心といっても、起業に対する思いは一様ではない。起業関心層に起業予定の有無を尋ねた結果をみると、「10年以内に起業する予定」である人と「いずれは起業したいが、起業時期は未定」である人を合計した「起業したい」人の割合は、2019年度は64.3％だったが、2020年度以降は5割程度に低下している（**図1-4**）。特に、「10年以内に起業する予定」での低下が目立つ。代わりに上昇しているのが「起業するかどうかはまだわからない」で、2019年度は30.8％だったが、コロナ禍となってからは4割前後の水準が続いている。起業に関心はあるものの「起業するつもりはない」人は、2020年度以降は約1割に上昇した。コロナ禍を受けて、いったん計画を延期したり棚上げしたりした人が増えたのだろう。

4　起業関心層が求める支援

　政府は2013年の「日本再興戦略」で開業率を2倍に引き上げる目標を掲げて以降、さまざまな施策を打ち出しているが、前掲**図1-2**のとおり、わが国の人口に占める起業家、パートタイム起業家の割合は低いままである。さらに、コロナ禍となる前に比べて、起業に無関心な人が増えており、起業に関心がある人でも、起業意欲は下がっている。起業活動を活発化するには、起業に関心をもつ人を増やすとともに、「起業するつもりはない」起業関心層が起業し

図1-4　起業関心層の起業予定の推移

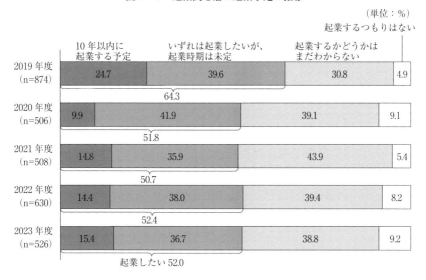

（単位：%）

いと思える環境を整え、起業家の約2倍存在する関心層をいかに起業家として顕在化させるかが鍵になる。どのような支援があれば、コロナ禍による経済ショックを体験した人が起業に関心をもったり、起業への意欲を高めたりできるのだろうか。ヒントを得るために、起業関心層に起業する際にあったらよいと思う支援策を尋ねた結果をみていきたい。

　2019年度以降、「税務・法律関連の相談制度の充実」が常に最も多いが、回答割合は2020年度と2021年度に6割前後と特に高い（**表1-6**）。コロナ禍に対応した各種補助金や制度融資が打ち出された時期である。新しい制度だけに詳しい人も少なく、相談できる環境を求める人が多かったのだろう。

　「技術やスキルなどを向上させる機会の充実」は2021年度までは2番目、2022年度以降は3番目となっているが、割合は大きく変わらない。技術やスキルの向上は事業の成功・維持に不可欠だが、コロナ禍のような外部環境に左右されるものではないためであろう。

　「同業者と交流できるネットワーク等の整備」は、2021年度までは30%を超えていたが、2022年度以降は25%程度に低下した。コロナ禍でリモート会議が

表1-6　起業関心層が起業する際にあったらよいと思う支援策（複数回答）

（単位：％）

		2019年度	2020年度	2021年度	2022年度	2023年度
経営情報・スキル	税務・法律関連の相談制度の充実	① 54.3	① 59.2	① 62.5	① 47.9	① 53.8
	技術やスキルなどを向上させる機会の充実	② 34.3	② 37.6	② 36.3	③ 30.4	③ 39.8
	同業者と交流できるネットワーク等の整備	31.7	③ 33.8	③ 32.8	25.4	27.8
	発注者や仕事の仲介会社、クラウドソーシング業者に対するルールや規制の明確化	16.5	18.9	15.7	14.8	18.6
	シェアオフィス・コワーキングスペースなどの充実	16.0	15.5	17.6	15.0	16.6
資金	事業資金の融資制度の充実	③ 32.1	31.4	32.1	28.5	28.7
	事業資金の調達に対する支援	29.7	33.1	32.1	② 37.1	② 39.9
補償	けがや病気などで働けないときの所得補償制度の充実	31.0	27.9	29.4	26.1	29.6
	納期遅延や情報漏えいなどの賠償リスクに対する保険制度の創設	19.3	18.9	20.7	17.1	17.1
私生活	健康診断・人間ドックの受診に対する補助	23.7	25.7	24.6	21.4	26.3
	育児・保育制度を使いやすくする	21.7	18.9	19.7	18.7	21.0
その他		0.2	0.0	0.0	0.5	0.3
特にない		13.7	14.3	12.6	11.6	11.5
n		786	500	500	630	526

一般的になり、遠隔地の人や忙しい人も、リモートで情報交換したり勉強会に参加したりすることが容易になってきたことが背景として考えられる。一方で、2019年度に6番目だった「事業資金の調達に対する支援」が、2022年度以降は2番目となっており、割合も上昇している。コロナ禍における各種補助金や制度融資をはじめ、足元でも国や自治体による起業支援策が一層充実してきている。選択肢が増えるなかで、利用できる制度を把握し、自身にとって最適な制度を漏れなく活用して効率よく資金を調達したいと、専門家によるアドバイスを求める人が増えているのではないか。

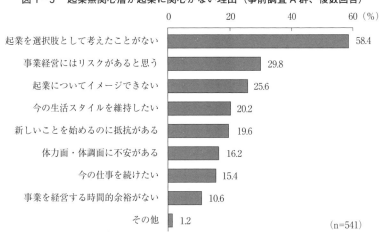

図1-5　起業無関心層が起業に関心がない理由（事前調査 A 群、複数回答）

資料：表1-1に同じ

起業に対するイメージと
諸外国の起業意識との比較

　多くの人が起業に無関心であることには、起業のイメージが関係しているのだろうか。コロナ禍前後の変化や諸外国との違いをみていきたい。

1　起業無関心層がもつ起業家のイメージ

　2023年度の調査で、起業無関心層に起業に関心がない理由を尋ねると、「起業を選択肢として考えたことがない」という割合が58.4％と最も高くなった（図1-5）。「起業についてイメージできない」という人も25.6％に上り、起業についてよく知ることが、起業に関心をもつ第一歩になるといえる。また、「事業経営にはリスクがあると思う」との回答割合も29.8％と2番目に高い。時系列での比較ができないためわからないが、コロナ禍を経て起業にリスクを感じる人が増えた可能性もある。そこで、起業無関心層が起業家に対して抱くイメージを、起業関心層やコロナ禍前のデータと比較してみたい。具体的には、起業家は勤務者と比較して、高い収入が得られる／収入が安定している／自由

表1-7　勤務者と比較した起業家のイメージ

（単位：％）

	起業関心層		起業無関心層	
	2013年度	2023年度	2013年度	2023年度
高い収入が得られる	74.2	76.0	65.3	67.8
収入が安定している	20.0	25.6	20.4	17.0
自由度が高い	76.9	87.3	69.0	74.5
能力を発揮しやすい	89.6	90.0	80.5	78.0
社会的ステータスが高い	70.6	60.5	63.8	55.1
n	415	526	426	541

（注）　1　選択肢は、「そう思う」「どちらかといえばそう思う」「そう思わない」「どちらかといえばそう思わない」の四つ。「そう思う」「どちらかといえばそう思う」を合わせて「思う」とし、「思う」人の割合を示した。
　　　　2　2013年度は重みづけの処理をしていない。

度が高い／能力を発揮しやすい／社会的ステータスが高いと「思う」と回答した割合を、同じ質問をした10年前の2013年度調査と比較しながらみていく。

　2013年度、2023年度ともに、起業無関心層では、能力の発揮や自由度の高さ、収入の高さで「思う」との回答割合が高い一方、収入の安定で2割と低い（表1-7）。長年、年功序列、終身雇用といった雇用環境が根づいてきたわが国では安定志向が強く、そのために起業を選択肢として考えない人が多いのかもしれない。起業関心層による回答も同様の傾向だが、2013年度の収入の安定で同程度となっている以外はすべて、起業関心層が無関心層より「思う」の割合が高い。10年前も今も、起業関心層の方が起業無関心層より起業家に好意的な印象をもっていることがうかがえる。

　起業無関心層がもつ起業家のイメージを10年前と比べると、自由度の高さで回答割合が上昇している一方で、社会的ステータスの高さと収入の安定で低下している。副業起業やフリーランスなど、起業の多様なかたちが認識されるようになり、自由なイメージが強まったのかもしれない。ただ、副業起業家やフリーランスは請負で仕事をしている人が多い。世間では、請負の仕事をしている人が雇用者と同等の保護を求める動きが増えており、ステータスの高さや収入の安定というイメージには一層結びつきにくくなったのだろう。加えて、コロナ禍に苦労する経営者の姿を見聞きしたことも、起業家像に影響したと思われる。

2　海外と比較したわが国の起業活動と起業のイメージ

　わが国では起業活動は活発とはいえず、起業は勤務より不安定だと感じる人が多い。以下では、二つの国際調査を用いて、わが国の起業活動の水準や起業に対するイメージを諸外国と比較する。

（1）Global Entrepreneurship Monitor による比較

　まずは、米バブソン大学と英ロンドン大学が1999年に開始した「Global Entrepreneurship Monitor」（以下、GEM）の一般成人調査（Adult Population Survey）のデータを使い、日本における起業活動や起業に対するイメージを、欧米諸国（米国、英国、フランス、ドイツ）のほか、アジアの近隣諸国（中国、韓国、台湾）と比較しながらみていく。一般成人調査は、各国で18～64歳、2,000人以上のサンプルを確保している。毎年実施され、参加国数は年によって異なるが、2022年調査には49カ国が参加している。以下では2022年の調査結果[2]について、10年前の2012年、20年前の2002年や、新型コロナウイルス感染症の流行前である2019年（フランスは実施していないため2018年）と比較しながら動向をみていきたい。

　GEM の代表的な指標の一つが、総合起業活動指数（Total Early-Stage Entrepreneurial Activity、以下、TEA）である。TEA は、起業活動をしている人が18～64歳の人口100人中何人いるかを示したものである。起業活動をしている人とは、「誕生期の起業家」（Nascent Entrepreneur）と「乳幼児期の起業家」（Owner-Manager of a New Business）を指す（**図1-6**）。誕生期の起業家は、①独立または社内ベンチャーとして新たな事業を始めようとしている、②過去1年以内にそのための具体的な活動を行っている、③その事業の少なくとも一部を所有する予定である、④3カ月の間にその事業から収入を得ていない、という要件をすべて満たす人である。乳幼児期の起業家は、①現在、自営業者、会社のオーナーまたは共同経営者として経営に関与している、②その事業の少なくとも一部を所有している、③3カ月以上その事業から収入を得ている、④その事業による収入を得始めてから3.5年未満である、という要件

---

[2]　執筆時点で2023年調査結果が公開されているが、日本が不参加のため本稿では2022年調査を使う。

図1-6　TEA（総合起業活動指数）の対象と起業のプロセス

資料：Global Entrepreneurship Monitor（表1-12まで同じ）
（注）「乳幼児期の起業家」は起業から3.5年未満、「成人期の起業家」は3.5年以上。

表1-8　TEA（総合起業活動指数）

（単位：％）

	2002年	2012年	2019年	2022年
日　本	1.7	4.0	5.4	6.4
米　国	10.6	12.8	17.4	19.2
英　国	5.4	9.0	9.3	12.9
フランス	3.1	5.2	6.1	9.2
ドイツ	5.2	5.3	7.6	9.1
中　国	12.1	12.8	8.7	6.0
韓　国	14.5	6.6	14.9	11.9
台　湾	4.3	7.5	8.4	5.6

（注）フランスは2019年に調査を実施していないため、2018年の結果（表1-12まで同じ）。

をすべて満たす人である。なお、そのほかの類型である「起業家予備軍」は、起業機会の認識や起業家の知り合い、起業に必要な知識の有無によって定義される[3]。また、「成人期の起業家」は、起業して3.5年以上経つ人である。

2022年の日本のTEAは6.4％と、2002年（1.7％）、2012年（4.0％）に比べて徐々に上昇している（表1-8）。コロナ禍前の2019年（5.4％）をわずかに上回っており、米国、英国、フランス、ドイツといった欧米諸国でも同様の動きがみられる。そこで、起業活動をしている人のうち、感染予防商品の販売やオン

---

[3]　具体的には、①今後6カ月以内に居住地に起業に有利なチャンスが訪れると思う、②過去2年以内に起業した人を個人的に知っている、③起業するために必要な知識、能力、経験をもっていると思う、のいずれかに当てはまる人。

表1-9　TEA の男女比

	2002年	2012年	2019年	2022年
日　　本	0.18	0.35	0.37	0.39
米　　国	0.64	0.69	0.91	0.89
英　　国	0.42	0.54	0.60	0.71
フランス	0.50	0.63	0.75	0.65
ドイツ	0.49	0.50	0.60	0.65
中　　国	0.76	0.75	0.84	0.72
韓　　国	0.42	0.21	0.62	0.56
台　　湾	0.64	0.67	0.67	0.62

(注) 値は男性の TEA を1とした場合の女性の TEA。

ライン上でのレッスンなど、コロナ禍により新たな機会を得た人の割合をみると、日本は28.2％に上る。ただ、英国（57.0％）や米国（50.4％）、ドイツ（45.5％）、台湾（41.9％）、フランス（39.7％）を大きく下回っており、コロナ禍による押し上げ効果は小さかったといえる[4]。そもそも、コロナ禍前よりは増えているが、日本の TEA は米国（19.2％）や英国（12.9％）の半分以下で、調査に参加した49カ国中43位という低さである。諸外国と比べて起業活動は依然低調である。

　日本では、特に女性で起業家や起業関心層の割合が低かった（前掲**表1-2**）。2022年の GEM で、男性の TEA を1としたときの女性の TEA の値をみても、日本は0.39と、49カ国中最下位である（**表1-9**）。20年前は0.18、10年前は0.35と徐々に上昇してはいるものの、足元で米国（0.89）の半分以下にとどまる。前掲**表1-8**と見比べると、米国とフランスを除き、コロナ禍前後における TEAとTEAの男女比の上下の向きは一致しており、ほかの調査年の動きもほぼ一致している。起業活動を活発にするうえでは女性の参加が一つの鍵となる。

　日本の起業に対するイメージも、各国と異なるのだろうか。コロナ禍によるイメージへの影響の程度はどの国も同じであっただろうか。

　自国での起業に対する評価として、「自国では多くの人が起業を望ましい職業の選択であると考えている」と思う割合は、日本は23.8％と、2019年（24.6％）から若干低下している（**表1-10①**）。欧米4カ国はいずれも大幅に上昇して

---

[4]　中国は31.3％、韓国は10.5％であった。

表1-10　自国での起業のイメージ

（単位：％）

	①「自国では多くの人が起業を望ましい職業の選択であると考えている」と思う割合		②「自国では起業して成功した人は高い地位と尊敬をもつようになる」と思う割合	
	2019年	2022年	2019年	2022年
日　本	24.6	23.8	62.7	60.4
米　国	67.9	75.9	79.7	79.9
英　国	56.4	71.7	76.7	82.5
フランス	58.2	67.8	71.5	55.4
ド イ ツ	53.6	61.2	80.7	79.8
中　国	79.3	72.1	92.4	84.4
韓　国	54.3	58.9	86.0	90.1
台　湾	50.5	48.3	61.1	58.0

おり、コロナ禍を経て日本との差はさらに広がった。米国（75.9％）や英国（71.7％）では7割を超え、コロナ禍でも起業を肯定的にとらえている人が多い。中国と台湾では割合が低下したが、中国は72.1％と水準が非常に高く、8カ国のなかでは日本に次いで割合が低い台湾でも、48.3％と日本の2倍以上である。日本では、そもそも起業を望ましいキャリアと考える人が少ないため、コロナ禍の影響も小さかったのではないか。

「自国では起業して成功した人は高い地位と尊敬をもつようになる」と思う人の割合は60.4％と、2019年の62.7％より若干低下している（表1-10②）。職業の選択肢としての評価と同様、起業に抱く印象はコロナ禍を経てもあまり変わっていない。英国や韓国など、割合が上昇している国がある一方、米国やドイツ、台湾はほぼ横ばいで、フランスと中国では大きく低下している。それでも日本の割合は8カ国中6番目と下位にとどまっている。

「今後6カ月以内に居住地に起業に有利なチャンスが訪れる」と思う人の割合は、12.7％と2019年の10.6％から若干上昇したが、水準は低い（表1-11①）。米国（46.0％）や中国（56.5％）ではコロナ禍前から約20ポイント低下しているにもかかわらず、日本よりかなり高い。日本でだけ事業機会が少ないとは考えにくく、この辺りからもわが国の起業に対する消極的な態度がうかがえる。

表1-11　起業のチャンスと失敗へのおそれ

(単位：%)

	① 「今後6カ月以内に居住地に起業に有利なチャンスが訪れる」と思う割合		② ①のうち「失敗することにおそれがあり、起業を躊躇している」割合	
	2019年	2022年	2019年	2022年
日 本	10.6	12.7	43.5	50.9
米 国	67.2	46.0	35.1	43.1
英 国	43.8	44.4	44.5	52.9
フランス	35.0	52.4	37.1	41.0
ド イ ツ	52.2	39.5	29.7	44.3
中 国	74.9	56.5	44.7	56.7
韓 国	42.9	41.0	7.1	18.3
台 湾	41.2	46.8	31.0	42.9

(注)　「失敗することにおそれがあり、起業を躊躇している」割合は、「今後6カ月以内に住居地に起業に有利なチャンスが訪れる」と思う人に尋ねたもの。

　さらに、「今後6カ月以内に居住地に起業に有利なチャンスが訪れる」と回答した人のうち、日本では50.9％が「失敗することにおそれがあり、起業を躊躇している」（**表1-11**②）。割合はコロナ禍前の43.5％を上回っており、ほかの7カ国も2022年の方が躊躇している割合は高い。コロナ禍には、世界中で経済が停滞したことから、事業運営にリスクを感じる人が各国で増えたのだろう。

　日本が他国より起業に消極的な理由には、起業家に求められる能力として想定するレベルが高く、自身の能力では不十分と感じていることも考えられる。そこで、「起業のために必要な知識、能力、経験をもっている」と思う割合をみると、日本は14.9％と2019年の14.0％よりわずかに上昇しているが、ほとんど変わらない（**表1-12**）。中国（54.4％）やドイツ（36.2％）はコロナ禍前より割合が低下しているが、それでも日本より20ポイント以上高い。日本は49カ国中最下位で、48位のイスラエル（35.4％）と比べても半分以下と差が大きい。日本でだけ、起業に必要な能力を高めるようなキャリア形成ができないわけではないだろう。過大な起業家像をもち、必要な能力が具体的に何かがわからなかったり、自身の能力に自信をもてなかったりする人が多いのだと考えられる。

　ここまで、GEMの結果をもとに、わが国の起業活動や起業に対するイメージを他国と比較しながらみてきた。起業活動者の割合を示すTEAは、コロナ

表1-12　「起業のために必要な知識、能力、経験をもっている」と思う割合

(単位：%)

	2019年	2022年
日　本	14.0	14.9
米　国	65.5	66.8
英　国	55.2	53.5
フランス	37.5	49.8
ドイツ	45.8	36.2
中　国	67.4	54.4
韓　国	51.7	54.8
台　湾	42.0	39.9

禍を経ても下がっていないが、その水準は他国に比べて非常に低い。起業への
イメージも諸外国に比べて消極的で、日本では起業を望ましい職業の選択肢と
考える人の割合も、起業に有利なチャンスを認識する人の割合も、起業に十分
なスキルをもっていると思う人の割合も低かった。いずれも、起業に対する過
大なイメージや自己評価の低さが要因と考えられる。起業を身近なものとし
て、等身大でとらえられるようにしていく必要があるだろう。

　ただ、それぞれの指標にコロナ禍前後で大きな変動はみられなかった。わが
国では、起業を肯定的にとらえている場合は、コロナ禍でもそのイメージを変
える人は少なかったようである。一方で、日本では起業のチャンスを認識して
いる人の半数が失敗をおそれて起業に踏み出せないと回答しており、その割合
はコロナ禍前より上昇していた。事業で失敗しても再度チャレンジしやすくす
るなど、失敗を許容する環境は、すぐに形成できるものではないが、起業を促
進するうえでは重要な点といえる。

（2）Global University Entrepreneurial Spirit Students' Survey による比較
　将来のキャリアを具体的に考えるタイミングが大学時代だという人は少な
くないだろう。そこで、大学・大学院生の起業意識について国際比較がで
きる「Global University Entrepreneurial Spirit Students' Survey」（以下、
GUESSS）を用いて、コロナ禍前後で日本の学生の起業に対する考え方にどの
ような変化があったのかをみていきたい。

　GUESSSは、スイスのサンガレン大学中小企業・起業家活動研究所が事務局となり、2、3年に1度のペースで世界約50カ国の大学、大学院で実施されている。2021年の調査には58カ国が参加し、計26万7,366人から回答を得ている。以下では直近の2021年調査での日本の結果を中心に、コロナ禍直前の調査である2018年の結果や海外の結果と比較しながらみていく[5]。

　卒業直後の進路として考えているものを尋ねた結果、日本では「従業員250人以上の大企業で働く」が最も多く、36.8％であった（図1-7）。コロナ禍前の2018年は36.6％と大きな違いはない。参加国全体ではそれぞれ20.6％、22.6％であった。日本では大企業での勤務を希望する安定志向の学生が多く、その傾向はコロナ禍で強まることはなかった。一方、「創業者として自分の会社を経営する」との回答割合は、日本では3.0％と低く、比較可能な56カ国中最下位であった。それでも2018年（1.6％）より上昇している。参加国平均でもコロナ禍前後で9.0％から17.8％と増えている。日本を含め諸外国の学生の起業意欲は、コロナ禍にあってもそがれることがなく、むしろ高まっている。

　なお、卒業から5年後の進路について尋ねた結果では、「創業者として自分の会社を経営する」と回答した割合は日本では9.0％と、参加国平均（32.3％）との差は卒業直後に比べてさらに広がっている。先進国は割合が低い傾向にある[6]が、そのなかでも日本では起業を志向する学生が特に少ない。

　GUESSSに参加した学生のうち、すでに起業準備中である人は、日本では5.1％、参加国平均では28.4％であった[7]。そのうち、コロナ禍がきっかけとなって起業準備を始めたという人は、日本では50.4％と比較可能な54カ国中3位に入っている。参加国平均は22.1％と、日本の半分以下である。

　前述のとおり、GEMでは、日本はコロナ禍に事業機会をみつけた人の割合

---

[5]　GEMで日本の比較対象とした7ヵ国のなかでは、米国、ドイツ、韓国がGUESSSの2021年調査に参加している。

[6]　例えば、米国（卒業直後16.7％、卒業から5年後40.0％）やオーストラリア（同16.1％、36.9％）、オランダ（同11.1％、33.1％）では卒業から5年後の値が参加国平均（同17.8％、32.3％）を上回るものの、ベルギー（同10.9％、31.1％）、イタリア（同12.3％、29.2％）、スウェーデン（同3.6％、24.2％）、スペイン（同13.0％、23.1％）、オーストリア（同6.6％、21.6％）、ドイツ（同5.3％、17.6％）、スイス（同4.2％、16.1％）、韓国（同7.2％、11.7％）などでは卒業直後、卒業から5年後の割合とも参加国平均を下回る。

[7]　学生時代に起業し、卒業前に事業経営から退き卒業後は企業に就職する人がいる可能性を排除しないため、回答者を図1-7で「創業者として自分の会社を経営する」と回答した人に限定していない。

図1-7　大学・大学院生が希望する卒業直後のキャリア

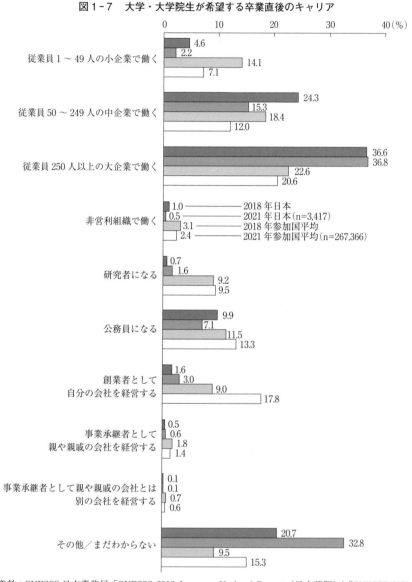

資料：GUESSS 日本事務局「GUESSS 2018 Japanese National Report（日本語版）」「GUESSS 2021 Japanese National Report（日本語版）」
（注）2018年の n は示されていない。

が低い水準であったが、学生に限ると必ずしもそうではないようである。若年層は新しい技術やアイデアを受容しやすいなど、比較的柔軟性が高く、さらにインターネットやデジタルツールが身近にある環境で育った人が多い。こうしたことから、コロナ禍により生じたデジタル化の広がりや、働き方や暮らしの変化に対応して起業を考えた人が少なくなかったのかもしれない。

　GEMでは、起業活動をする人に占める女性の割合は日本で特に低かった。GUESSSでも、卒業後すぐ起業すると回答した割合は、日本では女性が1.6％と、男性（4.1％）の半分以下である。参加国平均では女性は15.6％で、男性（21.2％）の8割程度となっている。GEMは一般成人が対象であるため、学歴やキャリアの男女差が起業に対する意識に影響している可能性があるが、大学・大学院に在学している男女が対象であるGUESSSの場合は、学歴の差ではなく、それまでの生活のなかで形成された意識の違いが強く表れていると思われる。

　ここまで、起業のイメージについて国際比較をしながら日本の特徴をみてきた。コロナ禍を経ても起業活動者の割合が落ち込むことはなく、起業準備中の学生のなかには感染症の流行をきっかけに起業の計画を立てた人が多くいるなど、コロナ禍により起業活動が促進されている様子も観察された。ただ、日本の起業活動は著しく低く、起業に対するイメージは、諸外国に比べて過大になりがちであった。今後、起業活動を一層活発にしていくためには、起業家教育やロールモデルとの出会いの場づくりなど、多くの人が起業を具体的にイメージし、身近なものとしてとらえられるような取り組みが必要だろう。また、わが国で特に低い女性の起業意識に働きかけていくことも重要である。個々人が自分のスキルを的確に評価し、目の前の事業機会に自信をもって挑戦できるような環境をつくっていくことが望まれる。

第4節　起業予備軍としての「意識せざる起業家」

　第1節のとおり、本調査では2019年度から、起業したという意識をもたないまま、実際は自ら起こした事業を経営している層を「意識せざる起業家」と呼び、起業家とパートタイム起業家に分類している。自営と勤務の境界が曖昧になるなか、広がる起業の裾野を少しでも明確にとらえようとするものである。

　仮に、意識せざる起業家をその認識のとおり起業していない層に位置づけたとすると、彼らは起業家に最も近い予備軍と呼べるだろう。もし彼らが自他ともに認める起業家になれば、それまでの経験を生かして事業を成長させ、雇用を生むようになることがあり得る。彼らは本格的な起業についてどのように意識しているのだろうか。そもそもどのような人が、なぜ、自営と勤務のはざまにあるような働き方をしているのだろうか。本節では、意識せざる起業家の実態を詳しくみていくとともに、コロナ禍の影響についても調べたい。

1　意識せざる起業家の要件

　意識せざる起業家の抽出要件は前掲**表 1 - 1** で触れたが、ここではもう少し具体的に説明する。対象は、①現在の職業（複数回答）として「事業経営者」を選択しておらず、②勤務収入以外に過去 1 年間に年間20万円以上の収入（ただし、年金や仕送り、不動産賃貸や太陽光発電による収入、金融や不動産の投資収入、自身が使用していた既製品の販売収入を除く。かつ、今後も継続して得ていく予定のものに限る）があり、③その収入を得始めてから 5 年以内の人である。②の要件については、意識せざる起業として想定される事業収入の内容を32種類列挙して、該当するものが一つ以上ある人を対象とする。32個の選択肢は、労働政策研究・研修機構（2019）による独立自営業者の仕事の内容を参考にして、「その他」を選択した場合は、具体的な内容を尋ねてできる限り再分類している。

　2019年度、2023年度における32項目の回答割合を、**表 1 -13**に示した。なお、回答割合は、事前調査 A 群による。2023年度の調査で最も割合が高いのは「データ入力」（18.4％）で、2番目は「運輸、輸送、配送サービス」（12.7％）である。「営業・販売（不動産、化粧品、保険、食料品など）代行」（7.9％）や「接客サービス（コンパニオン、芸妓などを含む）」（7.7％）、「ソフトウェア開発、アプリやシステムの設計」（7.2％）も比較的高く、さまざまな分野で認識しないまま商売をしている人がいることがみてとれる。

　事業内容を、意識せざる起業家を初めて分析対象に加えた2019年度の調査結果と比較すると、最も多いものは「データ入力」で変わらず、割合（2019年度17.2％）もほぼ同じである。「勉学、語学、珠算などを教えること」は、2019年度は13.2％と 2 番目に高かったが、2023年度は6.4％と半分以下に減っている。

表1-13　意識せざる起業家の事業内容（事前調査A群、複数回答）

（単位：％）

		2019年度	2023年度
建設・運輸関連	運輸、輸送、配送サービス	8.1	12.7
	建築・土木設計、測量	4.9	4.9
	電気工事、内外装工事、とび、左官、造園などの建設工事	3.6	3.8
	清掃、建物のメンテナンス	2.8	4.4
専門業務関連	営業・販売（不動産、化粧品、保険、食料品など）代行	7.0	7.9
	税理士、弁護士、弁理士、司法書士、行政書士などの専門サービス	4.3	3.6
	調査・研究、コンサルティング	4.0	3.1
	翻訳、通訳	2.8	2.0
	原稿・記事執筆、ライティング	4.5	4.0
	楽器演奏、歌唱、司会、モデルなどの芸能サービス	2.1	1.7
事務関連	データ入力	17.2	18.4
	文書入力、テープ起こし、反訳	5.0	5.3
	添削、校正、採点	2.9	3.1
IT関連	ソフトウェア開発、アプリやシステムの設計	6.4	7.2
	ウェブサイトの作成	4.0	3.4
デザイン・映像制作関連	自身のSNSやブログに関連する広告収入	5.4	5.7
	デザイン・広告制作	2.6	3.1
	コンテンツ（写真、映像、音楽、イラスト、ネーミング、コピーライト、ゲームなど）の制作	4.2	6.4
教育関連	勉学、語学、珠算などを教えること	13.2	6.4
	芸事（ピアノ、茶道など）、料理、スポーツなどを教えること	2.8	2.9
生活関連サービス	鍼灸、整体やマッサージ	2.8	1.3
	理容・美容、ネイルやエステ、着付けなどの理美容サービス	2.2	2.1
	家事、育児、介護の代行	2.6	4.9
	接客サービス（コンパニオン、芸妓などを含む）	7.5	7.7
	自宅カフェ、週末カフェなどの飲食サービス	1.7	2.8
	民泊、民宿など宿泊サービス	2.1	1.4
	自身が仕入れた既製品（中古品を含む）の転売	8.2	4.5
物品制作関連	自作の服飾雑貨（衣服、アクセサリー、フラワーアレンジメントなど）の販売	5.7	3.2
	自作の工芸品（陶芸、木工・皮革製品など）の販売	1.7	2.2
	自作の飲食料品（パン、菓子、惣菜など）の販売	1.5	2.2
	メニュー、レシピの開発受託	1.1	1.3
その他		0.8	5.2
n		719	1,017

（注）事前調査A群による結果（図1-10〜12も同じ）。

反対に、「運輸、輸送、配送サービス」が2019年度の8.1％から4ポイント以上上昇して、4番目から2番目に繰り上がっている。コロナ禍には相次ぐ緊急事態宣言で外出が制限されたり、飲食店の営業時間が短縮されたりして、宅配の需要が大きく伸びた。また、コロナ禍以前から通信販売の利用者は年々増えており、それに比例して「運輸、輸送、配送サービス」の仕事を請け負う個人も増えているのだと思われる。

2　意識せざる起業家像

　2023年度の本調査を用いて、どのような人が「意識せずに」起業したのかをみていきたい。比較対象として、本節でのみ、意識せざる起業家を除く起業家とパートタイム起業家をまとめて「一般起業家」とする。

　性別をみると、意識せざる起業家は「女性」の割合が38.7％と、一般起業家（21.4％）に比べて高い（**表1-14**）。年齢は、「29歳以下」の割合が40.8％と高く、一般起業家（22.1％）の2倍近い。反対に、「50歳代」（10.9％）、「60歳代」（8.6％）は低い（一般起業家は順に17.6％、14.5％）。61.7％が主たる家計維持者であり、一般起業家（69.7％）に比べると割合は低い。なお、既婚者に限ると、主たる家計維持者の割合は一般起業家では77.0％に上るのに対して、意識せざる起業家は63.1％にとどまる。

　働き方についてみると、意識せざる起業家の84.3％は勤務もしている一方、一般起業家は98.3％が事業経営に専念している。また、事業に充てる1週間当たりの時間は、意識せざる起業家では「15時間未満」が69.5％と大半を占める。25時間未満までで86.9％に上るが、一般起業家は25.7％にとどまり、「55時間以上」という人も14.4％いる。

　これらのデータからは、生計を支えるのは主に自身の勤務収入や配偶者の収入であり、家計を補填したり、自由に使える収入を得たりする目的の範囲で、勤務や家事の合間に短時間だけ事業を行っているという、意識せざる起業家像が浮かぶ。「29歳以下」の割合が4割と高いのは、仕事をかけもちしたり、単発で請負の仕事をしたりする働き方が若年層によりなじみやすいためであろう。

　意識せざる起業家が事業を始めた動機（三つまでの複数回答）は、「収入を増やしたかった」の割合が66.0％と突出して高く、一般起業家では26.4％にとど

表1-14　意識せざる起業家の特徴（一般起業家との比較）

（単位：％）

		意識せざる起業家	一般起業家
性　別	男　性	61.3	78.6
	女　性	38.7	21.4
年　齢	29歳以下	40.8	22.1
	30歳代	21.1	25.7
	40歳代	18.6	20.1
	50歳代	10.9	17.6
	60歳代	8.6	14.5
主たる家計維持者	該　当	61.7	69.7
	非該当	38.3	30.3
世帯収入に占める事業収入の割合	25％未満	91.2	32.8
	25～50％未満	2.9	15.3
	50～75％未満	2.6	11.3
	75～100％未満	1.5	14.2
	100％	1.9	26.4
勤務者	該　当	84.3	1.7
	非該当	15.7	98.3
事業に充てる時間（1週間当たり）	15時間未満	69.5	17.1
	15～25時間未満	17.4	8.6
	25～35時間未満	6.1	19.8
	35～45時間未満	3.8	25.2
	45～55時間未満	1.1	15.0
	55時間以上	2.0	14.4
n		478	1,030

資料：表1-1に同じ（以下図1-10を除き同じ）
（注）1　表1-2に同じ（以下図1-10～12を除き同じ）。
　　　2　勤務者は、パート・アルバイトを含む。

まる（**表1-15**）。続く「自分が自由に使える収入が欲しかった」（27.4％）も、一般起業家（13.0％）の2倍以上となっている。このほか、「空いている時間を活用したかった」も、意識せざる起業家（11.9％）が一般起業家（3.0％）を大きく上回る。一方、一般起業家で55.0％と最も高い「自由に仕事がしたかった」は、意識せざる起業家では14.2％と低い。「時間や気持ちにゆとりが欲しかった」（意識せざ

表1-15　事業を始めた動機（三つまでの複数回答）

（単位：％）

	意識せざる 起業家（A）	一般起業家 （B）	差 （A）−（B）
収入を増やしたかった	66.0	26.4	39.6
自分が自由に使える収入が欲しかった	27.4	13.0	14.4
自由に仕事がしたかった	14.2	55.0	-40.8
空いている時間を活用したかった	11.9	3.0	8.9
趣味や特技を生かしたかった	11.4	11.1	0.3
仕事の経験・知識や資格を生かしたかった	8.3	18.1	-9.8
自分の技術やアイデアを試したかった	6.5	14.2	-7.7
事業経営という仕事に興味があった	5.8	9.5	-3.7
人や社会と関わりをもちたかった	4.4	3.5	0.9
社会の役に立つ仕事がしたかった	4.1	5.5	-1.4
同じ趣味や経験をもつ仲間を増やしたかった	3.4	2.0	1.5
家事と両立できる仕事がしたかった	3.3	4.0	-0.7
時間や気持ちにゆとりが欲しかった	2.9	13.5	-10.5
年齢や性別に関係なく仕事がしたかった	2.2	3.7	-1.4
個人の生活を優先したかった	2.0	11.3	-9.3
適当な勤め先がなかった	1.9	6.1	-4.2
自分や家族の健康上の問題	1.9	5.6	-3.7
転勤がない	0.9	0.9	0.0
その他	1.2	1.9	-0.7
特にない	5.0	7.7	-2.7
n	478	1,030	—

る起業家2.9％、一般起業家13.5％）や「個人の生活を優先したかった」（同2.0％、11.3％）も10ポイント近く下回る。まとめると、意識せざる起業家は、事業において自由を得ることよりも、短時間で収入を得ることを重視する傾向にある。

　意識せざる起業家は、隙間時間に収入を補塡することを目的に事業を行っているので、事業規模も小さい。事業における月商をみると、意識せざる起業家の77.0％が、「10万円未満」である（**図1-8**）。「50万円以上」の割合（3.1％）は、一般起業家（28.4％）の9分の1以下とわずかである。

　一方、採算状況については、「黒字基調」の割合が80.8％と高く、一般起業

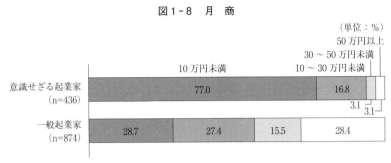

図1-8　月　商

（単位：％）

	10万円未満	10～30万円未満	30～50万円未満	50万円以上
意識せざる起業家 （n=436）	77.0	16.8	3.1	3.1
一般起業家 （n=874）	28.7	27.4	15.5	28.4

（注）「わからない」「答えたくない」と回答した人を除いて集計。

図1-9　採算状況

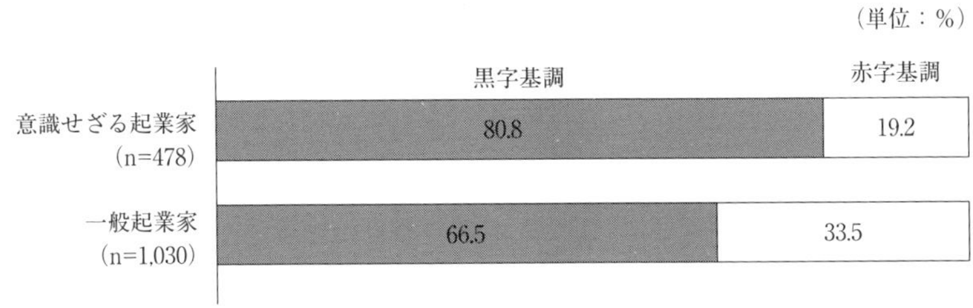

（単位：％）

	黒字基調	赤字基調
意識せざる起業家 （n=478）	80.8	19.2
一般起業家 （n=1,030）	66.5	33.5

家（66.5％）を15ポイント近く上回っている（**図1-9**）。意識せざる起業家は、収入を重視する傾向があったように、利益の出る範囲で小さく商売をしており、赤字を出してまで事業を続けようと考える人は少ないのではないか。

3　コロナ禍の影響

　わが国の人口の縮図といえる事前調査A群に占める意識せざる起業家の割合を時系列でみると、2019年度の2.9％から2023年度の5.1％まで毎年上昇している（**図1-10**）。他方、一般起業家は、2019年度の1.5％が最も高く、その後は1％前後で推移している。前掲**図1-2**で確認したパートタイム起業家の割合の上昇は、意識せざる起業家の増加によるところが大きいことがわかる。

　コロナ禍には、勤務先の経営悪化により職を失った人や、子どもの通う保育園の休園や学校の休校、家族の健康への配慮から、出社が必要な勤務を辞めざるを得なかった人がいた。こうした人のなかには、適当な勤務先がみつからな

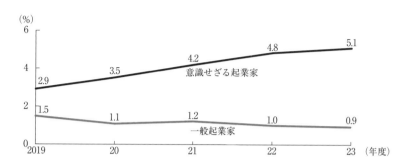

図1-10　意識せざる起業家と一般起業家の割合（事前調査A群）

いなかで、家計を少しでも補うために意識せざる起業家となった人が少なからずいたのではないだろうか。

　意識せざる起業家の月商について、コロナ禍となる前の2019年度の結果をみると、「10万円未満」の割合は68.4％と、2023年度（77.0％）より低い。一方、「50万円以上」は5.9％で、2023年度（3.1％）より高い。ただし、採算が「黒字基調」である割合は、2019年度は84.2％で（2023年度80.8％）、コロナ禍によって採算が大きく悪化したわけではなかった。

4　本格的な起業への関心

　意識せざる起業家は、認識はないもののすでに起業経験を積んでいる点で、本格的な起業に乗り出した場合には、事業を軌道に乗せやすいと考えられる。意識せざる起業家に本格的な起業を促すためには、どのような取り組みが求められるのだろうか。

　まず、意識せざる起業家の起業への関心について、事前調査A群の結果をみると、最も多いのは「以前も今も関心がない」で、41.9％である（図1-11）。「関心がある」割合は35.0％にとどまる。ただ、意識せざる起業家以外の人（一般起業家およびその他の事業経営者を除く）についてみると、「関心がある」との割合は14.8％と少なく、71.4％が「以前も今も関心がない」と答えている。

　さらに、「関心がある」人の起業予定をみると、「10年以内に起業予定」との回答割合が、意識せざる起業家では48.0％と、その他の18.5％を大きく上回っ

図1-11　起業への関心（事前調査A群）

（単位：％）

（注）一般起業家およびその他の事業経営者を除く人に尋ねたもの。

図1-12　起業予定（事前調査A群）

（単位：％）

（注）図1-11で起業に「関心がある」と答えた人に尋ねたもの（以下同じ）。

ている（**図1-12**）。意識せざる起業家は、本格的な起業への関心が特に高く、起業への意欲もほかより強いといえる。

　意識せざる起業家が、起業に関心をもちつつ、まだ本格的な起業に至っていない理由としては、「自己資金が不足している」（35.8％）の割合が最も高い（**表1-16**）。意識せざる起業家以外でも同じ理由が最も高いが、回答割合は48.8％と10ポイント以上上回っている。そのほか、「ビジネスのアイデアが思いつかない」（意識せざる起業家15.9％、意識せざる起業家以外31.0％）、「失敗したときのリスクが大きい」（同17.7％、32.1％）で、意識せざる起業家の回答割合は、その他に比べて10ポイント以上低くなっている。事業アイデアの問題は、起業を考える初期に直面するものであり、すでに起業に近い経験を積んでいる意識せざる起業家では問題になりにくいのだろう。また、やみくもにリスクをおそれることもなくなるのだと考えられる。

表1-16　起業に関心があるが、まだ起業していない理由（複数回答）

（単位：％）

		意識せざる起業家	意識せざる起業家以外
経営資源	自己資金が不足している	35.8	48.8
	外部資金（借り入れ等）の調達が難しそう	16.3	13.1
	従業員の確保が難しそう	16.2	9.0
取引先・立地	仕入先・外注先の確保が難しそう	16.2	6.8
	販売先の確保が難しそう	15.0	6.7
	希望の立地（店舗、事務所など）が見つからない	14.4	5.3
アイデア・知識・資格	財務・税務・法務など事業の運営に関する知識・ノウハウが不足している	20.4	20.0
	仕入れ・流通・宣伝など商品等の供給に関する知識・ノウハウが不足している	18.1	17.6
	ビジネスのアイデアが思いつかない	15.9	31.0
	製品・商品・サービスに関する知識や技術が不足している	15.5	15.1
	起業に必要な資格や許認可などを取得できていない	5.6	12.6
周囲との関係	勤務先を辞めることができない	8.3	8.9
	起業について相談できる相手がいない	5.6	9.6
	家族から反対されている	5.0	3.3
その他の不安	失敗したときのリスクが大きい	17.7	32.1
	十分な収入が得られそうにない	17.1	22.6
	健康・体調面に不安がある	4.6	7.1
	家事・育児・介護等の時間が取れなくなりそう	4.5	6.3
	その他	0.4	0.3
すでに起業の準備中である		1.7	1.5
特に理由はない		12.9	8.6
n		226	526

　反対に、「仕入先・外注先の確保が難しそう」（同16.2％、6.8％）、「希望の立地（店舗、事務所など）が見つからない」（同14.4％、5.3％）、「販売先の確保が難しそう」（同15.0％、6.7％）、「従業員の確保が難しそう」（同16.2％、9.0％）では、意識せざる起業家の方がその他より回答割合が特に高い。意識せざる起業によって事業経営に対するイメージをある程度もっている分、取引先や従業員といった問題が顕在化しやすくなるのだろう。

　また、「財務・税務・法務など事業の運営に関する知識・ノウハウが不足している」（同20.4％、20.0％）や「仕入れ・流通・宣伝など商品等の供給に関する知識・ノウハウが不足している」（同18.1％、17.6％）も、回答割合が高い。これらの理由はその他の層でも多く挙がっている。経験を積んでもなお、知識やノウハウに対する不安は拭えないようである。実際に商売をすることで、知識・ノウハウの重要性を改めて実感するようになったとも考えられる。

　意識せざる起業家は、家事や仕事の合間のごく短い時間に事業を行い、少ないながら収入を得ている。認識はないものの起業に準じた経験をすることで、起業に対する不安を軽減し、本格的な起業への関心や意欲を強めていた。彼らが残る障害をクリアし、名実ともに起業家としてステップアップしていけるよう、起業準備のサポートや情報提供などの支援を行っていくことが、わが国の低迷する起業活動を活発化する一つの道になるはずである。

第5節　おわりに

　わが国の起業活動は、他国に比べて著しく停滞しており、起業への関心も低い。当研究所が2013年度から毎年実施している「起業と起業意識に関する調査」では10年来、起業して5年以内の人の割合は1割に満たず、起業に関心をもっている人は15％程度にとどまり、過半数が起業に無関心である。起業した人でも、事業に充てる時間が35時間未満と短い人が占める割合が高くなっており、なかでも、起業したという認識をもたないまま、実態は請負などとして事業を営んでいる意識せざる起業家が増加傾向にあった。背景には、通信技術の発達により、仕事や家事の合間に小さく商売することが容易になったこと、個人が趣味や特技を生かして単発で仕事を請け負うプラットフォームが増えてい

ること、コロナ禍に在宅勤務やリモート会議が一気に普及したことなどが挙げられる。加えて、コロナ禍で収入が減ったり勤務の継続が難しくなったりした人が、必要に迫られて商売を始めた様子もうかがえた。

　自営と勤務の境界が曖昧になり、ごく小さな起業が増えたことで、起業のハードルとして資金調達の難しさや資金面のリスクを挙げる人は減っている。それでも、感染症の拡大が始まった2020年度を境にして、起業に無関心な人は増加していた。シニアや女性で起業無関心層が多い傾向は変わらないが、若年層の間でも、コロナ禍で安定した勤務の魅力が増したようである。スイスのサンガレン大学が中心となって行う「Global University Entrepreneurial Spirit Students' Survey」では、日本の大学・大学院生は特に大企業志向が強く、起業意欲は参加国平均を大幅に下回っていた。「起業と起業意識に関する調査」でも、起業家に収入が安定しているというイメージをもつ人は少なく、10年前と比べると、起業無関心層でその傾向が顕著になっていた。ほかにも、起業家の社会的ステータスが勤務者より低いと考える割合が、10年前より高まっていた。起業が小規模化していることや、コロナ禍の影響もあるのだろう。米バブソン大学と英ロンドン大学が開始した世界的な起業活動調査「Global Entrepreneurship Monitor」の結果をみても、わが国では他国に比べて起業に対して肯定的な評価をする人が少ない。自身の経営能力も低く評価する傾向にあり、結果、起業を自分とは縁遠いものに感じてしまうようである。

　起業は、雇用を生み、市場にイノベーションと新陳代謝をもたらす、経済に欠かせない活動である。加えて、家庭と仕事の両立や自己実現の場になるなど、多様な働き方の受け皿にもなっている。急成長型の起業や大学発ベンチャーから、フリーランス、副業起業、ギグワーカーまで、さまざまな起業の実態をよく知ってもらうこと、そして多くの人が経済ショック下にも過度な不安を抱かずに起業に挑戦できる環境を一層整えていくことが、停滞するわが国の起業活動を前進させるに違いない。

参考文献

労働政策研究・研修機構（2019）「『独立自営業者』の就業実態」JILPT 調　　査シリーズ No.187

第2章

新規開業企業の変質

桑本 香梨

第 1 節　はじめに

　第 1 章で紹介したとおり、当研究所には大きく三つの開業調査があり、なかでも「新規開業実態調査」（以下、本調査）は、最も長い歴史をもつ。高度経済成長期の1969年に国民金融公庫調査部（現・日本政策金融公庫総合研究所）が行ったものが始まりで、それから何回か実施した後、1991年度から毎年継続して実施するようになった。

　1991年といえば、4 年以上続いたバブル景気が崩壊した年である。それから現在までの三十数年の間、わが国は金融危機やリーマン・ショックなどの経済ショック、震災や豪雨などの災害、感染症の拡大など、幾多の危機に直面し、乗り越えてきた。

　30年の間に技術も大きく進歩した。東海道新幹線「のぞみ」が運行を開始したのは1992年で、今はリニア新幹線の開業を目前に控える。携帯式の電話はPHSから携帯電話、スマートフォンへと進化した。インターネットの普及も急速に進み、総務省『令和 4 年版情報通信白書』によれば、2005年末には移動端末によるインターネット利用者数が、パソコンによるそれを上回った。いまや、誰でもどこからでも気軽につながれる。

　社会環境も移り変わる。1991年の翌年には「育児休業法」が施行され、それから今に至るまで、女性の社会進出の動きは緩やかではあるが確実に広がっている。他方、少子高齢化は加速の一途である。豊かさをモノではなくコトに求める嗜好の変化や、ゆとり世代の誕生など、意識の多様化も進む。

　こうしたなかで、開業のかたちにはどのような変化がみられたのだろうか。本章では、1991年度から2023年度までの33年分の本調査による開業データを用いて、新規開業企業の変質を追い、その背景にある社会変化と合わせて整理したい。

　分析に入る前に、本調査の概要について確認しておく。調査の対象は、開業の前後に当公庫国民生活事業から借り入れをした企業である[1]。なお、第 1 章

---

[1]　不動産賃貸業を除く。

で紹介した「起業と起業意識に関する調査」は、インターネットアンケートを利用することで、当公庫から借り入れをせずに開業した人も調査の対象にしている。同調査による起業家の約３割は開業費用が「かからなかった」と回答しており、「かかった」人でも約８割は借り入れをしていない。本調査には、このようなごく小規模な開業者が含まれないことに留意が必要である。

　直近の2023年度調査で本調査の具体的な実施要領を説明すると、調査時点は2023年８月で、調査対象は2022年４～９月に当公庫国民生活事業が融資した企業のうち、融資時点で開業後１年以内の企業である。7,032社へ調査票を郵送し、1,789社から回答を得た（回収率25.4％）。回答企業の50.5％が、調査時点で開業から13～18カ月経過しており、開業からの平均経過月数は15.1カ月であった。ほかの調査年度の経過月数もおおむね同じであるため、各年度の主な調査対象は、その前年に開業した人を想定すればよい。

第2節　多様な参入

　最初に、性別や年齢、学歴などのキャリアといった属性データから、開業者の姿がどのように変わってきたのかをみていく。

1　人生100年時代におけるシニア層の開業

　開業時の年齢の分布を時系列でみると、1991年度以降、30歳代と40歳代がそれぞれ３、４割前後と主流であることは変わらない（**図2-1**）。その他の年齢層をみると、「29歳以下」（1991年度14.5％→2023年度5.8％）の割合が低下している一方、「50歳代」（同9.3％→20.2％）、「60歳以上」（同2.2％→6.1％）が上昇している。少子高齢化は開業者の年齢にも影響を与えている。結果、開業者の平均年齢は、1991年度の38.9歳から2023年度には43.7歳まで上昇した。

　「60歳以上」は、全体に占める割合は小さいものの、本調査を開始した当初の約３倍にまで高まっている。2001年度に３％を、2005年度に６％を超えた。背景には、日本人の寿命が延びたことが挙げられる。厚生労働省の調べでは、1990年に男性で75.9歳、女性で81.9歳だった平均寿命は、2022年時点はそれぞれ81.1歳、87.1歳まで上昇しており、健康寿命は2019年の調査時点で男性が

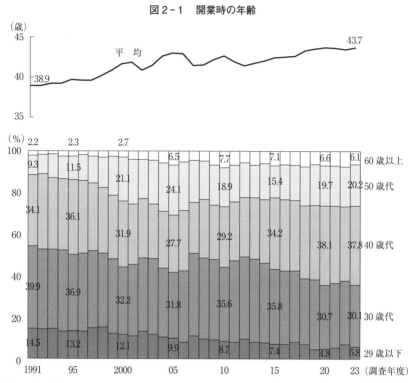

図2-1　開業時の年齢

資料：日本政策金融公庫総合研究所「新規開業実態調査」（以下同じ）
（注）構成比は小数第2位を四捨五入して表示しているため、合計は100％にならない場合がある
（以下同じ）。

72.7歳、女性が75.4歳となった[2]。定年後も働く体力や気力がまだ十分にあるな
かで、開業によりやりがいを得たいと考える人が増えたのだろう。

　他方、社会では急速に進む高齢化への不安も膨らんだ。1994年と2000年に
は、厚生年金の支給年齢の段階的な引き上げが決定された[3]。厚生年金の支給
開始年齢が最初に引き上げられた2001年度には、「60歳以上」の割合は3.9％
と、前年度の2.7％から1ポイント以上上昇している。定年後も収入を得よう

---

[2]　厚生労働省「令和4年簡易生命表」、同「健康寿命の令和元年値について」（2021年）を参照。
[3]　1994年改正は定額部分、2000年改正は報酬比例部分について。例えば、男性の定額部分は、2001年
　　度から3年に1歳ずつ、12年かけて60歳から65歳へ引き上げられた。

と開業する動きもあったのだと思われる。

　詳しくは後述するが、最も重要な開業動機について、2023年度の結果を年齢別にみると、「60歳以上」では「社会の役に立つ仕事がしたかった」（18.9％）、「年齢や性別に関係なく仕事がしたかった」（5.7％）、「適当な勤め先がなかった」（4.7％）との回答割合が、ほかの年齢層に比べて高い（全体平均は順に8.9％、2.5％、1.8％）。フルタイム勤務は難しいが、開業により老後の生活への不安を解消したり、充実感や社会とのかかわりをもち続けたりしたいと考えるシニア層の様子がうかがえる。

　ただ、2013年には65歳までの雇用確保措置が義務化され、2021年には努力義務ではあるが、70歳にまで対象が広がった。厚生労働省「令和5年高年齢者雇用状況等報告」によれば、企業[4]の99.9％が65歳までの高年齢者雇用確保措置を実施済みであり、70歳以上まで働ける制度のある企業は41.6％だという。60歳を過ぎても勤務できるようになったためか、開業時の年齢が「60歳以上」の割合は2009年度以降、6、7％前後で膠着している。

2　女性の社会進出と開業

　開業者の性別を時系列でみると、男性が大勢を占めている状況は調査開始以来変わらないものの、女性の割合は上昇傾向にある（**図2-2**）。1991年度の12.4％から、2023年度は24.8％と倍増し、調査開始以来最も高い割合となった。

　働く女性の増加や、女性の就労に対する社会の理解が深まるなかで、開業を選択する女性も増えているのだと考えられる。本調査を始めたころは、女性の社会参加は今ほど浸透していなかった。当時のニュースを振り返ると、兵庫県芦屋市で全国初の女性市長が誕生したことが話題になっている。翌年に「育児休業法」、1999年に「男女共同参画社会基本法」、2015年に「女性活躍推進法」が施行されるなど、徐々に体制が整えられていき、女性の就業率も次第に上がっていった。

　総務省「労働力調査」による15歳以上人口に占める労働者比率をみると、女性は1991年の49.5％から、2023年には53.6％に上昇している。とはいえ、男性

4　常時雇用する労働者が21人以上の企業。

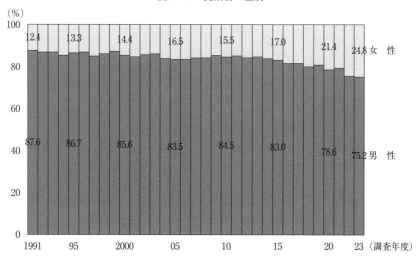

図 2 - 2　開業者の性別

（1991年76.1％→2023年69.5％）に比べると依然として低い。また、女性の場合は雇用者の過半が非正規雇用である（2023年に女性は51.6％、男性は20.8％）。家庭での役割も、いまだに女性の方が多くを担っている。6歳未満の子どもをもつ共働き世帯における妻の家事分担割合は、2006年の85.5％から2021年には77.4％に低下したものの、非常に高い（内閣府『令和5年版男女共同参画白書』）。男女差の解消はまだ途上といわざるを得ない。

　ただ、こうした男女差は、女性の開業を促してもいる。出産や育児のために勤務を続けられなくなったり、期待するキャリアに進めなかったりした女性の受け皿に、開業がなり得るからである。自営は、事業の内容次第ではあるが、勤務と比べて仕事の場所や時間を調整しやすい。例えば、2023年度の本調査では、主な事業所までの通勤時間（片道）は半数以上が15分未満で、自宅の一室や自宅に併設した場所で事業をしている人が25.5％に上る。コロナ禍には、子どもが通う保育園の休園、学校の休校のほか、授業のオンライン化などにより、勤務を続けられなくなった女性が少なくなかった。なかには家事と仕事を両立するために、自宅で開業した人もいたようである。実際、開業者に占める女性の割合は、コロナ禍となった2020年度以降、2割超の水準が続いている。

図 2 - 3　開業者の最終学歴

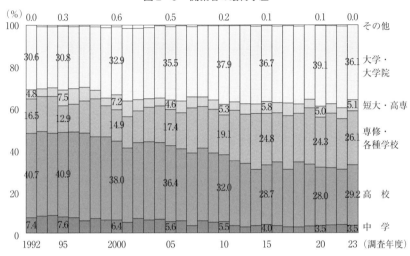

(注) 1 1991年度の調査の選択肢には「短大」が含まれていないため、結果を掲載していない。また、2011年度調査では最終学歴を尋ねていない。
　　　2 1992年度の調査の選択肢には「その他」がない。また、1999〜2002年度調査の「その他」には「海外の学校」を含む。

3　高学歴化とキャリアの多様化

　開業者の最終学歴からも、時代の流れをみてとれる。比較可能な1992年度に最も多かった「高校」(40.7%)は2023年度に29.2%まで低下し、今は「大学・大学院」(1992年度30.6%→2023年度36.1%)が最も多くを占める(**図 2 - 3**)。これは、社会全体の高学歴化を反映している。文部科学省「令和 5 年度学校基本調査」による大学(学部)進学率は57.7%で、1991年度の25.5%の 2 倍以上である。女性の大学(学部)進学率も上昇している(1991年度16.1%→2023年度54.5%)[5]。性別にかかわらず高学歴化が進んでいることは、女性による開業増加の一因になっていよう。その他の項目をみると、「専修・各種学校」も1992年度の16.5%から2023年度は26.1%と上昇している。2023年度の結果を性別にみると、女性で37.0%と特に多い(男性22.6%)ことから、女性開業者の

---

[5]　男性は、1991年度が34.5%、2023年度が60.7%であった。

図 2 - 4　　開業直前の職業

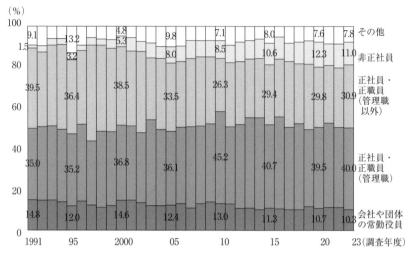

(注)　1 「非正社員」は「パートタイマー・アルバイト」と「派遣社員・契約社員」の合計。ただし、
　　　　1991～1994年度および2004年度調査では選択肢のなかに「派遣社員・契約社員」がない。ま
　　　　た、1995～1999年度調査の選択肢は「派遣社員・契約社員」ではなく「派遣社員」。
　　　2 「その他」には「専業主婦・主夫」「学生」を含む。

増加が反映されていることがわかる。

　開業直前の職業は、「正社員・正職員（管理職）」と「正社員・正職員（管
理職以外）」が 7 割前後を占める傾向は、1991年度から変わらない
（**図 2 - 4**）。ただ、「正社員・正職員（管理職以外）」は調査開始時点と比べる
とやや低下しており（1991年度39.5％→2023年度30.9％）、その分、上昇してい
るのが「非正社員」（同1.5％→11.0％）である[6]。1992年度に前年の約 2 倍の
2.9％となり、2000年度には 5 ％を、2015年度には10％を超えている。

　「非正社員」が増加した背景には、「労働者派遣法」の改正と景気変動、女性
の開業の増加が考えられる。「労働者派遣法」は、1996年と1999年に対象業務が
拡張され、2004年に製造業でも派遣労働者の採用が解禁された。派遣制度を利

---

[6]　「非正社員」は「パートタイマー・アルバイト」と「派遣社員・契約社員」の合計。ただし、
　　1991～1994年度および2004年度調査では選択肢のなかに「派遣社員・契約社員」がない。また、
　　1995～1999年度調査の選択肢は「派遣社員・契約社員」ではなく「派遣社員」である。

図2-5　斯業経験がある開業者の割合

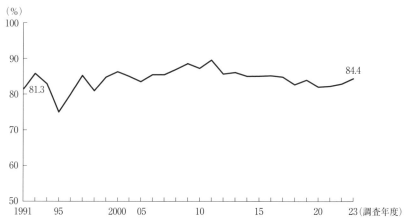

（注）　1　斯業経験は、現在の事業に関連する仕事をした経験。
　　　　2　1994年度は正社員経験がある人のみを対象にしているため、結果を掲載していない。
　　　　3　2001、2002、2004年度調査では斯業経験を尋ねていない。

用しやすくなったことで、経済の先行きが見通しにくくなるなか、企業がパート・アルバイトだけではなく派遣社員の比重を増やすこととなった。その結果、開業直前の職業に占める「非正社員」の割合も高くなったのである。また、前述のとおり、女性は非正規雇用の割合が男性より高い。2023年度の本調査では、女性は直前に「非正社員」として働いていた人の割合が32.8％と、男性の3.9％を大きく上回る。女性の開業者の増加に比例して、「非正社員」の割合も上昇したといえる。

　なお、元「非正社員」である開業者は増えているが、関連する仕事を何も経験しないまま事業を始めた人が増えたわけではない。斯業経験（現在の事業に関連する仕事をした経験）がある開業者の割合は、1991年度（81.3％）から2023年度（84.4％）まで、8割超と高水準で推移している（図2-5）。「非正社員」の割合が特に高かった女性も、斯業経験がある割合は83.1％と男性（84.7％）との差は小さく、大半が勤務先で経験を積んでから開業している。

　開業直前の勤務先を離職した理由は、調査を開始した2000年度以降、常に「自らの意思による退職」が最も多く、2000年度が88.3％、2023年度が88.7％

図 2 - 6　開業直前の勤務先からの離職理由

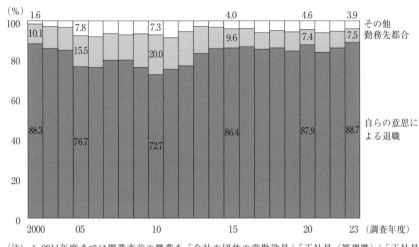

（注）1　2011年度までは開業直前の職業を「会社や団体の常勤役員」「正社員（管理職）」「正社員
　　　（管理職以外）」に限定。2012年度からは選択肢に「離職していない」があるが、除いて
　　　集計。
　　　2　「勤務先都合」は事業部門の縮小・撤退、勤務先の倒産・廃業、解雇など。

と、長期的なトレンドの変化はみられない（**図 2 - 6**）。事業部門の縮小・撤退、勤務先の倒産・廃業、解雇などの「勤務先都合」である割合は、10％前後で推移しているが、2010年度は20.0％と特に高い。その2年前の2008年秋のリーマン・ショックで世界的に景気が悪化した影響であろう。実際、総務省「労働力調査」でみる完全失業率は、2009年に前年の4.0％から5.1％まで上昇し、2010年も横ばいであった。「勤務先都合」の割合は、2013年度以降は再び低くなり、2015年度以降は10％を下回ることがほとんどである。調査対象の開業した時期がコロナ禍と重なる2021年度は、前年度（7.4％）より上昇しているが、それでも10.0％にとどまる。行政による各種支援政策が奏功したのだろう。

第 3 節　変わる働き方

　前節では、属性に関するデータをもとに、開業者像がどのように変わってきたのかをみた。主要な開業者像が30〜40歳代の元正社員の男性である点は、調

表2-1　最も重要な開業動機

(単位：％)

	2002年度	2005年度	2010年度	2015年度	2020年度	2023年度
収入を増やしたかった	10.4	11.0	10.4	① 18.0	③ 14.7	② 16.6
自由に仕事がしたかった	② 17.6	② 17.9	② 14.7	② 17.0	① 20.5	① 22.4
事業経営という仕事に興味があった	③ 12.3	③ 13.0	③ 12.8	14.3	11.4	12.5
自分の技術やアイデアを事業化したかった	11.3	10.1	11.4	12.0	10.2	11.5
仕事の経験・知識や資格を生かしたかった	① 24.8	① 28.1	① 25.2	③ 15.9	② 18.1	③ 13.8
趣味や特技を生かしたかった	3.9	1.9	2.4	1.2	2.1	2.2
社会の役に立つ仕事がしたかった	4.0	5.6	8.9	8.9	9.8	8.9
年齢や性別に関係なく仕事がしたかった	2.1	3.0	4.0	2.4	2.4	2.5
時間や気持ちにゆとりが欲しかった	3.4	2.7	1.5	2.4	3.2	3.8
適当な勤め先がなかった	2.6	2.5	4.8	1.9	1.5	1.8
その他	7.5	4.2	3.8	6.0	6.3	4.0

(注) 1 2011年度までは単一回答、2012年度以降は三つまでの複数回答であるため、最も重要な動機として回答した項目を集計。
　　 2 表中の丸囲みの数字は、各年度の割合の順位を上位3項目まで示したもの。

査開始以来変わっていない。しかし、加速する高齢化や働く女性の増加、景気変動や就業形態の変化などを背景に、女性やシニア層、非正社員による開業が増えている。開業者が多様化するなか、彼らによる事業のかたちも変化しているだろう。本節では、開業者の働き方についてみていく。

1　開業動機から透ける社会の変化

　最も重要な開業動機を、比較可能な2002年度から大体5年ごとに並べると、2010年度までは「仕事の経験・知識や資格を生かしたかった」が25％前後で1位となっているが、2015年度以降、2020、2023年度は「自由に仕事がしたかった」との回答割合の方が高くなっている（**表2-1**）[7]。「仕事の経験・知識や資格を生かしたかった」は15％前後にまで低下している。前掲**図2-5**のとおり、斯業経験をもつ開業者は常に8割前後と多いことから、仕事の経験・知識

---

[7]　2011年度までは単一回答、2012年度以降は三つまでの複数回答であるため、最も重要な動機として回答した項目を集計している。

を生かしていることに変わりはないが、それよりも自由に働くことを事業経営
において優先する人が増えたようである。

　「収入を増やしたかった」の割合も上昇している。2010年度までは 4、 5 番
目にとどまっていたが、2015、2020、2023年度には上位 3 位に入っている。た
だ、2023年度の結果から「収入を増やしたかった」と回答した人について詳し
くみると、開業時の従業者数が「 1 人（本人のみ）」の開業者で18.4％と、「10人
以上」の19.2％に次いで高い（「 2 人」15.8％、「 3 人」12.8％、「 4 人」
13.7％、「 5 ～ 9 人」11.6％）。また、「現在も勤務しながら事業を行っている」[8]
開業者は、21.1％と全体平均（16.6％）を上回る。つまり、「収入を増やした
かった」開業者が想定する収入は、それほど大きな額ではないのではないか。
少子高齢化が進むなか、政府は柔軟な働き方を推進しており、2018年の副業解
禁もその一つであった。在宅勤務やフレックスタイム制といった就業形態の多
様化がコロナ禍で一気に浸透し、勤務者は副業に充てる時間を確保しやすく
なっている。加えて、後述するが、通信技術の発達などにより開業のハードル
は下がっている。勤務と自営をかけもちしやすくなり、収入を補う手段として
の開業が増えているのだと思われる。

　そのほか「社会の役に立つ仕事がしたかった」との回答割合も、 1 割に満た
ないものの、2010年度以降高くなっている。前述したとおり、その割合は60歳
以上で特に高い。シニア層の開業が増えたことに伴い、開業動機に占める割合
が高くなっているのだろう。また、格差や気候変動などの問題が深刻化するな
かで、ほかの年齢層でも社会課題を解決したいと考える開業者が増えたのでは
ないだろうか。

2　フルタイムではない開業

　図 2 - 7 は、2013年度から 5 年おきに、 1 週間当たりの事業に充てる時間を
比べたものである。「50時間以上」の開業者は、2023年度は50.3％と過半を占
めるが、10年前（73.6％）に比べると20ポイント以上低下している。2018年度

---

[8]　ほかの選択肢は、「勤務しながら事業を立ち上げたが、現在は勤務を辞め事業を専業として行って
　　いる」「勤務を辞めてから事業を立ち上げた」「事業を立ち上げたときは勤務していなかったが、現
　　在は勤務しながら事業を行っている」「一度も勤務したことはない」。

図2-7　1週間当たりの事業に充てる時間

（単位：％）

（注）1　2018、2023年度調査では、1時間未満を切り上げている。
　　　2　nは回答数（以下同じ）。

（55.7％）と比べても、割合はやや低下している。反対に、「20時間未満」は
2023年度に9.3％と、2013年度の0.8％、2018年度の8.4％から増えている。つま
り、開業者が事業に充てる時間は短くなっている。

　要因の一つには、女性やシニア層の開業が増えたことが挙げられる。2023年
度の事業に充てる時間を平均すると、女性は43.4時間と男性（49.3時間）より
約6時間短くなっている。60歳以上の開業者も41.8時間と、50時間前後である
ほかの年齢層より短い（29歳以下50.1時間、30歳代48.4時間、40歳代48.1時間、
50歳代47.9時間）。家庭との両立を図りながら、もしくは老後の生活を充実さ
せるために事業を行う場合、事業に充てる時間は短くなりやすい。

　また、前述したように、就業形態が多様化し、副業や兼業としての開業が増
えていることも、事業時間の短縮につながっている。開業直前の勤務先を「離
職していない」[9]開業者は、2013年度は4.4％、2018年度は6.7％、2023年度は
7.5％であった。さらに、事業収入が経営者本人の定期的な収入に占める割合
をみると、「100％（ほかの収入はない）」との回答割合は、2013年度の80.5％
と比べると、2018年度52.9％、2023年度は59.2％と低い（**図2-8**）。一方、
「25％未満」との回答割合は、2013年度は5.3％と低いが、2018年度は22.7％に

---

[9]　前掲**図2-6**の開業直前の勤務先からの離職理由を尋ねた設問の選択肢の一つ。**図2-6**では、「離
職していない」を除いて集計している。

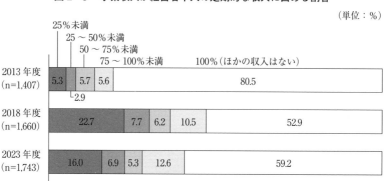

図 2 - 8　事業収入が経営者本人の定期的な収入に占める割合

(単位：％)

（注）2018、2023年度調査では、現在の事業からの収入が定期的な収入に占める割合を尋ね、択一で回答を求めている。2013年度調査では、現在の事業と現在の事業以外の月平均手取り収入について実数で回答を求め、割合を算出している。

まで上昇しており、2023年度も16.0％と高い。複数の仕事をかけもちする場合、フルタイムで自営することは難しい。

第 4 節　小規模化する開業

　開業者の多様化は、その働き方にも反映されていた。生計を立てるためだけではなく、自由に仕事をしてやりがいを得たり、家計を補塡したりすることを目的に、短時間、または勤務とかけもちしながら事業を始める人が増えている。こうした開業者による事業の規模は小さいことが想像される。本節では、開業者の事業の実態についてみていきたい。

1　開業業種は川上から川下へ

　最初に、開業業種をみておこう。比較可能な2004年度以降一貫して「サービス業」が最も多く、足元は約 3 割と、やや上昇傾向にある（表 2 - 2）。2023年度の本調査でサービス業の細分類業種をみると、「美容業」がサービス業全体の22.7％と突出して多い。2 番目に多い「エステティック業」は8.8％、3 番目の「税理士事務所」は7.2％である。特に女性で「美容業」が35.4％と多いこと

表2-2　開業業種

（単位：％）

調査年度	建設業	製造業	情報通信業	運輸業	卸売業	小売業	不動産業	飲食店・宿泊業	医療・福祉	教育・学習支援業	サービス業	その他
2004	8.9	5.5	3.2	3.8	7.5	14.2	2.2	14.0	14.9	1.6	23.5	0.8
2005	8.5	5.2	2.5	3.6	6.8	15.9	2.4	14.5	16.1	1.5	21.1	1.9
2006	9.6	5.4	2.6	3.6	8.2	15.2	3.2	14.5	14.1	2.2	20.9	0.5
2007	7.5	5.0	3.2	2.4	5.9	13.6	1.6	16.9	15.8	1.6	25.6	0.9
2008	9.5	4.0	2.8	3.2	7.4	14.0	4.2	14.5	13.2	2.5	24.1	0.6
2009	9.5	6.2	3.0	3.6	6.1	10.4	4.2	13.9	14.8	1.3	26.3	0.9
2010	8.8	4.7	2.4	2.5	8.4	14.0	4.1	12.8	15.7	2.1	23.2	1.2
2011	7.1	2.7	2.9	4.0	7.9	12.9	3.6	13.6	17.5	2.3	24.8	0.8
2012	7.2	3.2	2.7	2.2	7.2	14.6	4.2	12.9	19.8	2.6	22.0	1.5
2013	6.3	4.5	2.6	2.5	6.1	10.6	4.8	15.1	19.6	3.4	23.6	0.9
2014	6.4	3.5	2.5	1.8	5.5	13.2	3.7	14.9	21.9	3.2	22.2	1.2
2015	8.6	4.1	2.6	2.0	5.1	11.9	3.7	15.9	19.5	2.6	23.2	0.7
2016	8.5	4.4	1.6	1.9	5.6	9.4	4.5	15.8	18.0	2.9	26.2	1.1
2017	8.9	4.2	2.2	2.7	4.6	11.9	4.1	14.2	19.6	3.6	23.3	0.7
2018	7.7	3.4	3.2	2.8	4.9	13.1	4.2	14.7	17.4	2.6	25.1	0.8
2019	8.8	3.4	2.7	3.5	5.3	12.8	3.7	15.6	14.7	3.1	25.9	0.5
2020	9.4	3.1	2.9	2.6	3.5	11.8	4.4	14.3	16.7	3.6	26.4	1.3
2021	7.2	2.7	2.5	4.6	4.3	11.5	3.3	14.7	17.4	2.9	28.1	0.9
2022	6.8	3.9	2.7	3.8	3.2	13.8	4.9	10.1	16.4	4.4	29.4	0.6
2023	8.8	3.6	2.8	3.2	4.2	11.9	4.5	11.0	17.0	3.3	28.6	1.2

（注）1「持ち帰り・配達飲食サービス業」は「小売業」に含む。
　　　2 2004年度から業種分類を変更したため、2003年度以前は結果を掲載していない。

から（男性16.1％）、女性の開業の増加が業種構成にも反映されたといえる。
　次に多いのは「医療・福祉」である。2010年度まで約15％で推移していたが2011年度以降は20％前後まで上昇、足元ではやや一服しているものの17％前後と割合は高い。細分類業種をみると、最も多いのは「あん摩マッサージ指圧師・はり師・きゅう師・柔道整復師の施術所」（18.0％）、2番目は「訪問介護業」

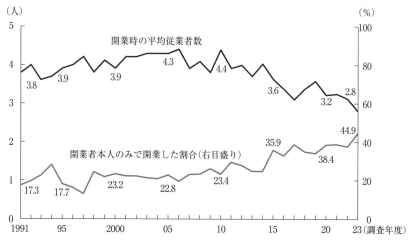

図 2 - 9　開業時の平均従業者数および開業者本人のみで開業した割合

（17.4％）である。高齢化の波が開業業種からもみてとれる。

　「小売業」は、2004年度も2023年度も 3 番目に多い業種だが、当初15％前後
だった割合は、10％前後まで下がっている。

　「飲食店・宿泊業」は、2004年度以降15％前後で推移していたが、2022、
2023年度は約10％に下がっている。これらの年度における調査対象の大半は、
それぞれ2021、2022年度に開業した人である。コロナ禍で特に大きなダメージ
を受けた業種であり、開業する人も減ったのだろう。

　「製造業」や「卸売業」など川上の業種の割合は、もともと 1 割に満たなかっ
たが、さらに低下している。「製造業」は2004年度の5.5％から2023年度には3.6％
まで低下し、「卸売業」も 7 、 8 ％あった割合が、 3 、 4 ％まで下がっている。

　総じて、消費者に近い業種で開業する人が多く、その傾向は以前より強まっ
ていることがわかる。

2　小さく始める傾向が強まる

　開業時の平均従業者数（経営者本人を含む）は、1991年度以降 4 人前後で推
移していたが、2015年度以降は 4 人に達することはなく、2023年度には2.8人
と初めて 3 人を下回った（図 2 - 9 ）。反対に、開業者本人のみで開業した割

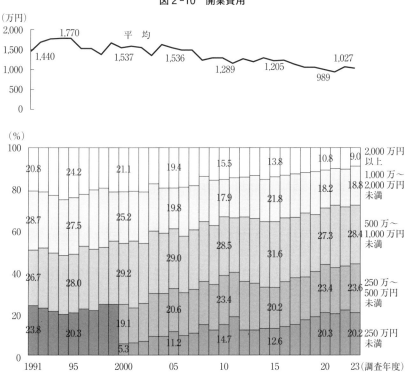

図2-10　開業費用

（注）2000年度以降は「500万円未満」を「250万円未満」と「250万～500万円未満」に分けている。

合は上昇している。1990年代は20％を下回ることが多かったが、2000年代は20～25％程度となり、2015年度以降は3割超から4割前後と、一人で開業する人が顕著に増えている。2023年度は44.9％で、1991年度の17.3％を大幅に上回っている。

　また、開業にかかった費用も減少している。平均値は2023年度に1,027万円となり、1991年度（1,440万円）から大きく減っている（図2-10）。金額を階層別にみると、当初は最も多かった「1,000万～2,000万円未満」（1991年度28.7％→2023年度18.8％）や、「2,000万円以上」（同20.8％→9.0％）の割合がそれぞれ約10ポイント低下している。一方、「500万円未満」（同23.8％→43.8％）

が倍近く上昇している。特に、「250万円未満」の割合が、比較可能な2000年度以降、上昇傾向にある（2000年度5.3％→2023年度20.2％）。

　従業者規模が縮小し、少額開業が増加している要因の一つに、女性の開業の増加が挙げられる。2023年度の本調査で開業時の従業者数と開業費用を男女別にみると、女性は平均で2.5人、752万円と、男性（順に2.9人、1,115万円）より少ない。なお、年齢別にみると、60歳以上は平均4.0人、916万円である。従業者数はどの年齢層よりも多く（29歳以下2.0人、30歳代2.6人、40歳代2.9人、50歳代2.9人）、開業費用は29歳以下（608万円）、40歳代（906万円）を上回る（30歳代984万円、50歳代1,474万円）。元同僚や部下などと一緒に開業するケースが多いのだと思われるが、シニア層の開業の増加ではカバーできないほど、開業の小規模化が進んでいるのだろう。

　二つ目の要因として、官民による開業の支援体制が充実してきていることが挙げられる。「中小企業基本法」の基本方針に「創業の促進」が組み込まれたのが1999年で、その後の政策でも開業率の向上が目標に置かれ、行政による支援は充実していった。その一環として、2012年には認定経営革新等支援機関制度が創設され、2014年には経営の伴走支援を行うよろず支援拠点が開設された。よろず支援拠点の利用者は年々増加し、2014年度の6万5,737件から2022年度は52万5,564件へと大幅に増えている[10]。このほか、2014年の「商工会及び商工会議所による小規模事業者の支援に関する法律（小規模事業者支援法）の一部を改正する法律」制定により、商工会・商工会議所が事業者の経営にも踏み込んでサポートできるようになった[11]。経営者との交流イベントや創業セミナーなど、開業前の人に対するソフト面の支援も全国で行われている。

　民間の金融機関や各種支援機関も、ハード、ソフトの両面でさまざまな支援サービスを展開している。例えば、東京23区内にあるシェアオフィスやコワーキングスペースなどの数は、2010年の47件から2023年には1,437件にまで増えている（ザイマックス不動産総合研究所「フレキシブルオフィス市場調査

---

[10]　よろず支援拠点全国本部ホームページを参照。
[11]　近年の中小企業支援体制については、中小企業庁編『2020年版中小企業白書・小規模企業白書⓽』を参照。

2024」)[12]。店舗や事業所をもつ代わりにシェアスペースを利用することで、固定費を抑えて開業することが可能になる。クラウドファンディングの浸透も、開業しやすい環境づくりに一役買っている。三菱 UFJ リサーチ＆コンサルティング「クラウドファンディング（購入型）の動向整理」(2020年）によれば、購入型クラウドファンディング[13]の市場規模は、2017年の77億円から2019年は169億円へと、年々拡大している。商品やサービスを開発する前に消費者の反応を確かめることができるので、効率よく開業できる。

さらに三つ目の要因として、通信環境の目覚ましい発達が挙げられる。国内初の検索サイト「Yahoo! Japan」のサービス開始は1996年で、2000年にはすべての国民がインターネットを容易かつ主体的に利用できることを目指した「高度情報通信ネットワーク社会形成基本法」(IT 基本法）が成立した。米国のApple 社が初代「iPhone」を発表したのが2007年である。この間、移動通信ネットワークは高速・大容量化し、最大通信速度は40年間で約100万倍となった[14]。通信インフラの高度化に伴い、個人がインターネット上に出店したり、オンラインで営業したりと、費用をあまりかけずに商売を始められるようになった。経済産業省「令和4年度電子商取引に関する市場調査」によれば、2013年に5兆9,931億円だったわが国の物販系分野の電子商取引（BtoC-EC）市場規模は、2022年には13兆9,997億円にまで拡大している。前述した、開業者の4分の1が自宅（併設を含む）で事業を行っている背景には、インターネットの普及が大きく影響しているだろう。

支援制度や通信インフラの充実は、第2節で触れた開業者の多様化にもつながっている。これまで開業に対して資金やノウハウの不足を不安に感じていた人が一歩を踏み出しやすくなり、女性や副業者の参入が促進された。なお、小さく事業を始める人が増えているが、小さいままというわけでもない。2023年度の調査時点の平均従業者数は3.9人で、開業当時の2.8人から1.1人増えてい

---

[12] フレキシブルオフィスを「一般的なオフィスの賃貸借契約によらず、利用契約・定期建物賃貸借契約などさまざまな契約形態で、事業者が主に法人および個人事業主に提供するワークプレイスサービス」と定義して調査している。

[13] 「寄付型」「購入型」「金融型」の3類型があり、「購入型」はプロジェクト参加者から集めた代金を元手に製品等を開発し、完成後に購入者に提供する方式。

[14] 通信インフラの高度化については、総務省『令和5年版情報通信白書』を参照。

図2-11　資金の調達先

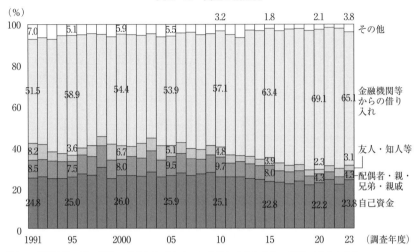

(注)　1 「配偶者・親・兄弟・親戚」と「友人・知人等」は借り入れ、出資の両方を含む。
　　　2 「友人・知人等」には「取引先」（1992〜1999年度）、「事業に賛同した個人・法人」（1999〜
　　　　2023年度）、「自社の役員・従業員」（2004〜2023年度）、「関連会社」（2016年度）を含む。
　　　3 「金融機関等からの借り入れ」には「日本政策金融公庫」（1991〜2023年度）、「民間金融機関」
　　　　（1991〜2023年度）、「地方自治体の制度融資」（1992〜2023年度）、「公庫・地方自治体以外の
　　　　公的機関」（1999〜2023年度）を含む。

る。開業から調査時点までの1年超の間に1人前後増える傾向は、1991年度
から変わっていない。雇用を創出するという開業の意義は、昔も今も同じで
ある。

3　調達環境は緩和

　開業費用は少額化しているが、調達の構造は変わっているのだろうか。資金
調達先の構成比をみると、「金融機関等からの借り入れ」が一貫して最も多く、
次いで「自己資金」が2割超で推移している（**図2-11**）。

　「金融機関等からの借り入れ」は、1991〜2012年度は50％台、2013年度以降
は60％台と上昇しており、2022年度は69.2％、2023年度は65.1％と7割に近く
なっている。2013年は、日本銀行が2％の物価安定目標を掲げ、量的・質的金
融緩和に踏み切った年である。以降、現在に至るまで低金利の状態が長く続い

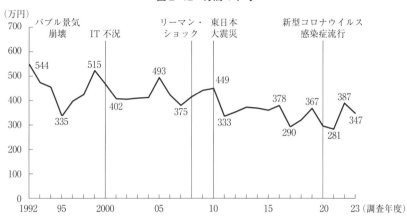

図 2 -12　月商の平均

（注）1997年度は月商について尋ねていない。

ている。国内銀行の貸出金利の参考指標である貸出約定平均金利（総合、新規、年平均）は、2014年に 1 ％を下回り、2023年には0.7％にまで下がっている。また、2014年から「経営者保証に関するガイドライン」の適用が開始され、当公庫国民生活事業においても、創業者・小規模事業者の経営者の個人保証に依存しない融資が一層促進された。

　調達額全体は減っているが、借り入れしやすい状況が続いており、金融機関からの調達割合は高くなっている。加えて、前述したクラウドファンディングやベンチャーキャピタルなど、まだ利用者は多くないものの、調達の選択肢が広がってきている。開業者の資金調達環境は緩和しているといえる。

4　小さいながら利益は確保

　事業の小規模化に比例して、月商も減少している。1992年度の544万円が調査開始以来過去最高で、多少の上下はあるが、2000年代は400万円台、2010年代は300万円台と徐々に減っている（**図 2 -12**）。

　加えて、月商の推移には景気の波も映し出されている。1993〜1995年度や2000〜2001年度にかけての低下は、バブル景気崩壊後の景気低迷期と連動している。リーマン・ショックが起きた2008年度は、前年度までに大きく下がって

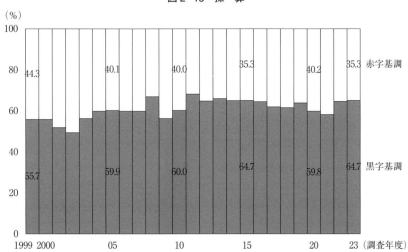

図2-13　採　算

(注) 1998年度までは「黒字基調」「収支トントン」「赤字基調」の３択で尋ねているため、結果を掲載していない。

いた分、少し持ち直しているが、東日本大震災が発生してすぐの2011年度や、新型コロナウイルス感染症の流行が確認された2020年度には、いずれも月商が減少している。足元の動きをみると、コロナ禍の影響が特に大きかった2020、2021年度は300万円を下回っていたが、2022年度には387万円まで上昇し、2023年度も347万円と落ち着いている。

　一方、採算状況について比較可能な1999年度からの推移をみると[15]、「黒字基調」の割合はほとんどの年度で６割前後となっている（**図2-13**）。月商ほど景気の変動の影響はみられない。2010年度以降は、コロナ禍となった2020、2021年度以外は、どの年度も６割を超えており、採算状況は良くなっているようにもみえる。

　自分一人で費用を抑えて開業することで、開業から短い期間で黒字化を果たせる企業が増えているのだろう。事業規模は小さくなっているが、開業者の多くは、事業の維持に必要な利益を得られていると考えられる。

---

[15]　1998年度までは、「黒字基調」「収支トントン」「赤字基調」の３択で尋ねていた。

第5節　おわりに

　本章では、当研究所「新規開業実態調査」で蓄積してきた33年分の開業デー
タをもとに、開業者の実態や事業の状況の変化を追いかけるとともに、そこに
映し出される社会環境の移り変わりをみてきた。

　1991年度から2023年度までの間にみられた大きな変化は、開業者の多様化と
事業の小規模化である。開業者は30〜40歳代の元サラリーマンの男性が主体で
あることは変わりないが、女性やシニア層の開業が増えていた。また、家事や
勤務の空き時間に事業を副業として行う人も増加傾向にあった。女性の高学歴
化や就業率の上昇、人口の少子高齢化、柔軟な働き方の浸透など、社会構造や
意識の変化が、開業の裾野を広げていた。

　開業者の多様化に伴い、事業は小規模化が進む。もともと4人前後だった開
業時の従業者数は約3人にまで減っており、月商規模も30年超の間に約6割ま
で減った。開業率の底上げを掲げる国の支援の広がりや、民間によるサポート
の充実、通信インフラの発達などにより、小規模でも開業しやすい環境がかな
り醸成されたといえる。また、長引く低金利下で資金を調達しやすくなってい
ることも、開業を後押ししている。

　開業の変化はしかし、事業のパフォーマンスを悪化させてはいなかった。採
算が黒字基調である開業者の割合は6割前後で大きな変動はなく、むしろ2010年
度以降の方が割合は高かった。また、どの調査年度の開業者も、開業から1年
超の間に従業者数を約1人増やしていた。事業規模は小さいものの、多くの開
業者は、自ら起こした事業を軌道に乗せられていた。

　地政学リスクの高まりや深刻化する気候変動、多発する自然災害など、先行
きは見通しにくい状況にある。どのようなときにも開業者が事業によって自分
の思いをかなえられるよう、時代に応じた柔軟かつ盤石なサポート体制が、今
後も求められる。

第 3 章

開業後 5 年間の企業の動向

井上 考二／長沼 大海

第1節　はじめに

　第2章では、日本政策金融公庫総合研究所（以下、当研究所）が前身の国民金融公庫の時代[1]から実施している「新規開業実態調査」のデータを用いて新規開業企業を分析し、開業者の多様化と事業の小規模化という二つの傾向を確認した。開業者や企業の属性に変化が生じていれば、開業後の経営状況にも何らかの変化が生じている可能性がある。しかし、新規開業実態調査は調査対象となる企業が毎回の調査で異なるため、開業した企業の業績が開業後にどのように推移したのかといった開業後の経営の変化までは把握できない。そこで本章では、当研究所が同一の企業に対して開業した年から5年間、年1回の頻度で調査を行っている「新規開業パネル調査」の結果をもとに、開業後の経営の変化をみていきたい。

　新規開業パネル調査は、2001年に開業した企業（以下、2001年企業）を第1コーホートとして調査を開始している。その後、5年間の調査が終わるごとに新たな調査対象を選定し、これまで2006年に開業した企業（以下、2006年企業）を対象とする第2コーホート、2011年に開業した企業（以下、2011年企業）を対象とする第3コーホート、2016年に開業した企業（以下、2016年企業）を対象とする第4コーホートの調査を終えている。

　調査の概要は**表3-1**のとおりである。第4コーホートを例に述べると、日本政策金融公庫国民生活事業が融資した企業のなかから、2016年に開業したと見込まれる企業[2]を抽出し、2016年12月末を調査時点として第1回調査を実施している。そして、2016年に開業したと回答した企業のうち、不動産賃貸業を除いた3,517社を、第2回以降も継続して調査する対象としている。

　また、第2回から第5回の調査では、事業の存続廃業状況を調査しており、次の三つのいずれかに該当する場合は廃業と認定している。一つ目は事業の継続状況を尋ねたアンケートの設問に「すでにやめている」と回答したケース、

---

[1]　日本政策金融公庫は2008年10月の設立であり、それ以前の調査は前身の国民金融公庫、国民生活金融公庫が実施しているが、便宜的にすべて日本政策金融公庫または単に公庫と表記する。

[2]　融資対象には、すでに開業している企業だけではなく、開業前の人も含まれる。

表3-1　「新規開業パネル調査」の概要

	第1コーホート	第2コーホート	第3コーホート	第4コーホート
調査対象	公庫の融資を受けた新規開業企業（不動産賃貸業を除く）			
開業年月	2001年1〜12月	2006年1〜12月	2011年1〜12月	2016年1〜12月
企業群の呼称	2001年企業	2006年企業	2011年企業	2016年企業
調査時点	開業年を含む5年間のうち、毎年12月末			
調査方法	発送、回収ともに郵送によるアンケート			
回答企業数 第1回調査	2,181社	2,897社	3,046社	3,517社
第2回調査	1,771社	1,678社	1,787社	2,104社
第3回調査	1,388社	1,537社	1,472社	1,962社
第4回調査	1,304社	1,397社	1,380社	1,950社
第5回調査	1,164社	1,343社	1,413社	1,877社
廃業企業の定義	次のいずれかの企業を廃業と認定 ①事業の継続状況を尋ねたアンケートの設問に「すでにやめている」と回答した企業 ②公庫の支店が事業を行っていないことを確認した企業 ③現地調査等によって事業を行っていないことを確認した企業			
5年目末の存続廃業状況 存　続	1,803社（82.7％）	2,413社（83.3％）	2,716社（89.2％）	3,154社（89.7％）
廃　業	335社（15.4％）	440社（15.2％）	310社（10.2％）	313社（8.9％）
2年目	76社（3.5％）	92社（3.2％）	73社（2.4％）	78社（2.2％）
3年目	101社（4.6％）	127社（4.4％）	89社（2.9％）	88社（2.5％）
4年目	92社（4.2％）	108社（3.7％）	66社（2.2％）	80社（2.3％）
5年目	66社（3.0％）	113社（3.9％）	82社（2.7％）	67社（1.9％）
存続廃業不明	43社（2.0％）	44社（1.5％）	20社（0.7％）	50社（1.4％）

資料：日本政策金融公庫総合研究所「新規開業パネル調査」（以下断りのない限り同じ）
(注) 1 第1回調査のアンケートに回答した企業が各コーホートの調査対象企業。
　　 2 回答企業数には廃業企業は含まない。
　　 3 存続廃業状況の（　　）内は、第1回調査のアンケート回答企業数に対する割合。

　二つ目は公庫の支店が事業を行っていないことを確認したケース、三つ目は現地調査等で事業を行っていないことを確認したケースである。三つ目の現地調査等による確認は、実際の事業所や店舗の状況、調査対象企業やその経営者がインターネット上で発信しているホームページやブログ、ソーシャル・ネットワーキング・サービス（SNS）などの内容、公的な機関が公表している調査対象企業に関する情報などをもとに判断している。アンケートに回答していない企業についても存続廃業状況を確認している点が新規開業パネル調査の特徴の

図 3 - 1　　新規開業パネル調査の調査期間における小企業の業況判断 DI の推移

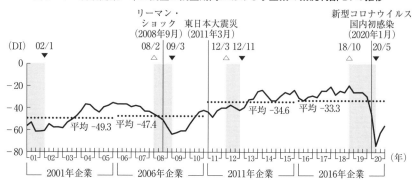

資料：日本政策金融公庫総合研究所「全国中小企業動向調査・小企業編」
（注）　1　業況判断 DI は、業況が「良い」と回答した企業割合から「悪い」と回答した企業割合を差し
　　　　　引いた値。
　　　　2　点線は企業群の調査期間における業況判断 DI の平均。
　　　　3　△は景気の山、▼は景気の谷、シャドー部分は景気後退期。

一つであり、その結果、第 2 回以降の調査の回答が得られなくとも、第 1 回調
査の回答の内容をもとに廃業した企業についての分析が可能となる。

　各企業群の調査期間中の経済環境については、当研究所が四半期ごとに実施
している「全国中小企業動向調査・小企業編」[3]の業況判断 DI[4]の推移から、
次の三つの特徴を指摘できる（**図 3 - 1**）。

　一つ目は、2011 年企業と 2016 年企業は、2001 年企業や 2006 年企業と比べて、
開業後 5 年間の経済環境が良かった点である。それぞれの調査期間の四半期
ベースの業況判断 DI の平均は、2001 年企業は - 49.3、2006 年企業は - 47.4、
2011 年企業は - 34.6、2016 年企業は - 33.3 である。2010 年代は 2000 年代より 10
ポイント以上高い。

　二つ目は、2001 年企業と 2011 年企業の開業後の 5 年間は業況判断 DI がおお
むね右肩上がりに推移しているのに対して、2006 年企業と 2016 年企業の 5 年間

---

[3]　従業者数が原則 20 人未満の企業 1 万社に対して、業況や売り上げ、採算などを尋ね、小企業の景況
　　を把握している。
[4]　業況判断 DI は、業況が「良い」と回答した企業割合から「悪い」と回答した企業割合を差し引い
　　た値。

には乱高下がみられる点である。2006年企業はリーマン・ショックの影響を、2016年企業は新型コロナウイルス感染症の流行（以下、コロナ禍）の影響を受けて、業況判断 DI が大きく落ち込んでいる。

　三つ目は、二つ目の点と関連するが、景気変動の幅が2001年企業と2011年企業は小さいが、2006年企業と2016年企業は大きい点である。それぞれの調査期間における業況判断 DI の標準偏差を計算すると、2001年企業は8.9、2011年企業は7.1であるのに対し、2006年企業は9.2、2016年企業は14.2である。リーマン・ショックとコロナ禍という経済ショックの発生によって、2006年企業と2016年企業の調査期間では標準偏差が大きくなっている。

　こうした経済環境は、新規開業企業の開業後のパフォーマンスに影響を及ぼしている。新規開業パネル調査の各企業群のデータを比較する際には、このような経済環境の違いを念頭におく必要がある。とりわけ特徴的なのは、2011年企業の調査期間はほかの企業群と比べて経済環境が良かったといえる点である。2011年3月に東北地方太平洋沖地震（以下、東日本大震災）が起きているものの、その復興需要もあって景気は改善傾向にあったようである。2016年企業も業況判断 DI の平均値が2011年企業より高く、景気回復の恩恵を受けていたといえる。ただし、第5回の調査年となる2020年はコロナ禍によって経済環境が大きく悪化している。

　本章では、以上の各企業群の調査期間における経済環境を踏まえて開業後の経営の変化をみていく。以下、第2節では廃業の割合と従業者数について、第3節では設備投資と資金調達の状況について、第4節は月商や黒字基調の企業割合といった経営パフォーマンスと経営上の問題点について、開業後5年間の推移を分析する。第5節は分析結果を整理し、新規開業企業の開業後の変化についてまとめる。

　なお、新規開業パネル調査における開業者と企業の属性は**表3−2**のとおりである。劇的な変化とまではいえないものの、60歳以上のシニア、女性、前職が非正社員である開業者の割合は徐々に増加する傾向がみられる。また、開業時の従業者数は減少しており、少額の費用での開業が増えている。第2章で確認した開業者の多様化と事業の小規模化という二つの傾向は、新規開業パネル調査の結果からもみてとれる。

表 3-2　開業者と企業の属性

（単位：％、歳、万円）

		2001年企業	2006年企業	2011年企業	2016年企業
年　齢	20歳代以下	12.5	9.7	8.7	6.3
	30歳代	36.5	38.0	42.4	37.4
	40歳代	28.4	27.4	29.1	33.8
	50歳代	18.7	20.5	14.5	16.6
	60歳以上	3.9	4.3	5.3	5.9
	平　均	40.9	41.9	41.1	42.4
	n	2,171	2,897	3,046	3,517
性　別	男　性	82.2	83.8	80.8	79.5
	女　性	17.8	16.2	19.2	20.5
	n	2,181	2,897	3,046	3,517
直前の職業	法人代表・役員	9.8	11.4	11.3	10.3
	正社員（管理職）	32.3	36.9	30.9	31.8
	正社員（管理職以外）	39.5	34.8	34.6	36.2
	非正社員	7.0	8.8	11.8	12.0
	その他	11.3	8.1	11.3	9.7
	n	2,118	2,836	3,008	3,447
開業時の従業者数	1　人	18.6	24.5	30.8	39.3
	2　人	26.3	23.2	23.9	23.2
	3〜4人	27.3	25.7	21.7	19.5
	5〜9人	21.9	20.0	18.0	13.8
	10〜19人	4.7	5.4	3.9	3.2
	20人以上	1.3	1.1	1.6	0.9
	平　均	4.0	3.8	3.7	3.1
	n	1,999	2,833	3,019	3,416
開業費用	100万円未満	0.3	3.1	4.4	7.6
	100万〜200万円未満	1.4	6.8	7.4	8.5
	200万〜500万円未満	18.1	28.7	26.4	29.0
	500万〜1,000万円未満	29.1	28.3	30.4	27.8
	1,000万〜5,000万円未満	43.2	28.2	27.9	23.8
	5,000万円以上	7.8	4.8	3.6	3.1
	平　均	1,726.3	1,238.3	1,133.9	969.4
	n	1,748	2,795	2,921	3,468

（注）1　各企業群の第1回調査で尋ねた結果。
　　　2　nは回答数（以下、nの記載がある場合は同じ）。
　　　3　各調査項目に回答した企業を集計しているため、同じ企業群でも調査項目によってnは異なる（以下同じ）。
　　　4　開業直前の職業は、官公庁に勤務していた人にも尋ねているため、「正社員（管理職）」「正社員（管理職以外）」「非正社員」には官公庁の正職員、非正職員が含まれる。非正社員は、「パート・アルバイト」「契約社員」「派遣社員」の合計。その他は、「家族従業員」「学生」「専業主婦・主夫」「個人事業主」「その他」の合計。

第2節　廃業割合と従業者数の推移

　開業後の経営の変化として、まずは廃業割合と従業者数の推移からみてい
く。ただし、新規開業パネル調査は同一の企業に 5 年間、継続して調査を実施
しているが、全 5 回の調査のいずれかに回答しなかった企業や、一部の調査項
目には回答していない企業も存在する。各回の調査に回答した企業をすべて集
計した場合、まったく同じ企業から成るグループの状況を追跡したとはいえな
い。そこで以降では、アンケートの回答がなくとも別途調査して把握している
廃業割合を除いて、当該調査項目に開業 1 年目から 5 年目まで連続して回答し
た企業だけで集計した結果を掲載している。したがって、各調査項目の回答数
は前掲**表 3 - 1** の開業 5 年目の回答企業数とは一致していない。

1　廃業割合

　廃業割合は、開業 2 年目以降の各年に廃業した企業の数が第 1 回調査の回答
企業数に占める割合である[5]。全規模計の廃業割合をみると、いずれの企業群
も開業 3 年目が最も高く、その後は低下するという傾向がある（**図 3 - 2**）。
見通しが甘かった企業や準備が不十分だった企業が開業後 2 ～ 3 年で淘汰さ
れ、その後は経営基盤が固まる企業が増えていくためと考えられる。

　各企業群の水準をみると、2011年企業と2016年企業の廃業割合は、2001年企
業や2006年企業と比べて低い傾向にあり、各年の廃業割合を合計した 5 年目末
までの廃業割合は、2001年企業が15.4％、2006年企業が15.2％、2011年企業が
10.2％、2016年企業が8.9％となる（前掲**表 3 - 1**）。前掲**図 3 - 1** でみたように、
2010年代は2000年代と比べて景気が良かったこと[6]や、開業を支援する関係機
関の活動が年とともに充実してきたことなどが理由として考えられるだろう。

　リーマン・ショックやコロナ禍の影響を受けたと思われる2009年と2020年を
みると、全規模計の廃業割合は上昇しておらず、経済ショックによる影響は読

---

[5]　廃業割合の推移を示した**図 3 - 2** と**図 3 - 3** のデータは章末の**参考表 3 - 1** に示している。

[6]　深沼（2018）は、企業群による廃業割合の違いについて、調査期間中の景気動向との関連を指摘し
　　ている。

図3-2　廃業割合の推移（開業時の従業者規模別）

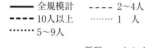

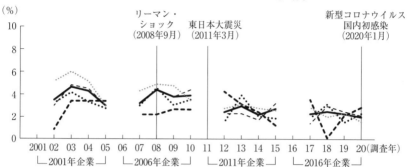

（注）　1　廃業割合は、開業2年目以降の各年に廃業した企業数が第1回調査の回答企業数に占める割
　　　　合。開業1年目の第1回調査に回答した企業が、2年目以降の各年に廃業した割合を示すも
　　　　のであるため、開業1年目の値は算出されない。
　　　2　従業者数は開業時の従業者数。
　　　3　従業者は「経営者本人」「家族従業員」「正社員」「非正社員」の合計。なお、正社員は「常勤
　　　　役員」を含み、非正社員は「パート・アルバイト」「契約社員」「派遣社員」の合計（以下同
　　　　じ）。

みとれない。しかし、従業者規模別では、「10人以上」の企業で、2009年の廃業割合が2.7％となっており、前年の2.2％から上昇している。2020年も前年の2.1％から2.8％に上昇している。2020年は「5～9人」の企業も前年の1.5％から2.3％に上昇しており、新規開業企業のうち相対的に規模が大きい企業ではリーマン・ショックやコロナ禍の影響を受けたようである。雇用を維持するには一定以上の売り上げが必要である。経済ショックによる売り上げの減少が経営に及ぼす影響は、多くの従業者を抱える企業の方が深刻で、結果として事業の継続が困難になるケースが多かったのではないかと思われる。

　また、2010年の廃業割合をみると、「2～4人」「5～9人」の企業では前年より上昇している。リーマン・ショック後の2009年に実施された中小企業への支援によって、もしそれがなければ廃業していたかもしれない企業の廃業が翌年に先送りされた可能性も考えられる。

　なお、東日本大震災が起きた2011年は2011年企業の第1回調査の年に当たる。

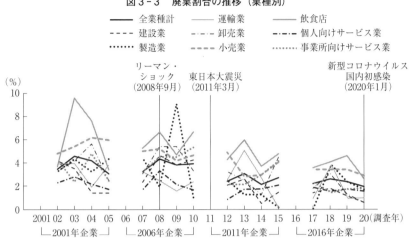

図3-3　廃業割合の推移（業種別）

（注）1　図3-2の（注）1に同じ。
　　　2　業種の分類は、2002年に日本標準産業分類が改定されたのに伴い、2006年企業以降では2001年企業で分類がなかった「宿泊業」「医療・福祉」「教育・学習支援業」「情報通信業」を新設している。企業群間の比較を可能にするために、2006年企業以降については、「宿泊業」を「飲食店」に、「医療・福祉」「教育・学習支援業」を「個人向けサービス業」に、「情報通信業」を「事業所向けサービス業」に含めて集計。
　　　3　回答数が少ない「不動産業」と「その他」の業種はデータのばらつきが大きくなるため掲載を省略。

　各年の廃業割合は、開業1年目の第1回調査に回答した企業が2年目以降の各年に廃業した割合を示すものであるため、2011年の廃業割合は算出されない。
　業種別に廃業割合の推移をみると、業種によって水準に違いがあり、飲食店はほかの業種と比べて高いことがわかる（図3-3）。小売業の廃業割合も全体より高水準で推移している。
　リーマン・ショックの時期をみると、製造業が大きな影響を受けており、2008年の1.8％から2009年に8.8％と大きく増加した後、リーマン・ショックの影響が薄れ景気が拡大に向かった2010年は0.9％まで低下した。コロナ禍については、2020年の個人向けサービス業が前年の1.6％から1.9％へわずかに上がっているほかは、廃業割合が高くなった業種はない。実質無利子・無担保の特別融資をはじめ、政府・自治体による資金繰り支援が実施されたことから、廃業割合への影響はそれほど大きくはなかったものと思われる。

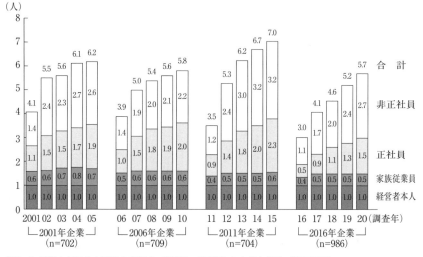

図3-4　従業者数の推移（1企業当たり）

(注)　1　開業1年目から開業5年目まで連続して回答した企業を集計（以下同じ）。
　　　2　各企業群の開業1年目の従業者数は開業時点、開業2年目以降は各調査年の年末時点のもの。

2　従業者数

　続いて、従業者数の5年間の推移について、**図3-4**より、調査年末時点における、経営者本人を含む1企業当たりの人数をみていく。ただし、開業1年目の従業者数については、2006年企業では開業1年目の年末時点の従業者数を尋ねていないことから、すべての企業群で開業時の従業者数を掲載している。

　まず「合計」の値をみると、どの企業群も5年間に少しずつ人数が増えている。開業時と開業5年目を比べると、増加数が最も少ない2006年企業では1企業当たり1.9人、最も多い2011年企業では3.5人増加している。

　開業5年目の1企業当たりの人数をみると、2001年企業の6.2人と比べて2016年企業は5.7人と少なく、開業時だけではなく、開業後の経営においても小規模化の傾向があるようにみえる。もっとも、前掲図3-1でみたとおり、2011年企業の調査期間は景気動向が相対的に良かったことから、2011年企業の開業5年目は2006年企業の5年目（5.8人）を1.2人上回る7.0人となっている。四つの企業群のなかで最も1企業当たり従業者数が多く、この時期は小規模化

図3-5　従業者規模の推移

（単位：％）

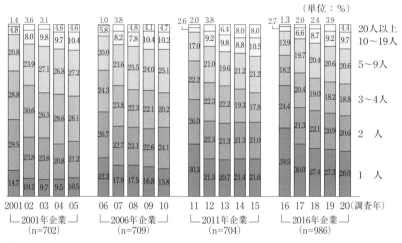

2001 02　03　04　05　　06　07　08　09　10　　11　12　13　14　15　　16　17　18　19　20（調査年）
└─2001年企業─┘　　└─2006年企業─┘　　└─2011年企業─┘　　└─2016年企業─┘
　（n＝702）　　　　（n＝709）　　　　（n＝704）　　　　（n＝986）

（注）図3－4の（注）2に同じ。

の動きが一時的に緩んだとみることができる。

　次に従業者の内訳をみると、どの企業群においても調査期間内は一貫して「非正社員」の方が「正社員」より多い。開業時から開業5年目までの増加分をみても、2006年企業を除く三つの企業群は、「非正社員」が「正社員」を上回っている。開業から日が浅く余裕が乏しいなか、業務の繁閑に合わせて労働時間を調整できる非正社員を活用し、人件費を抑えながら事業を拡大させる企業が多いのだろう。もっとも、非正社員の方が多い理由としては、既存企業と比べて知名度が劣る新規開業企業では、正社員を確保しにくいということも考えられる。「家族従業員」については、開業時と開業5年目の人数に大きな差はなく、企業群による違いもほとんどない。なお、「経営者本人」は1人と定義しているため、不変である。

　調査年末時点における従業者規模については、どの企業群も「1人」の企業が5年間で徐々に減少し、代わって「10～19人」「20人以上」といった相対的に規模の大きいカテゴリーの企業が増えている（図3-5）。

　ただし、「1人」の開業5年目の割合を企業群間で比較すると、2001年企業

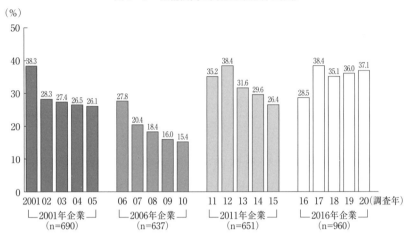

図3-6　設備投資の実施企業割合の推移

(注) 各調査年の1年間に設備投資を実施したかどうかという質問に「実施した」と回答した企業の
　　　割合。

は10.5％、2006年企業は15.8％、2011年企業は21.6％、2016年企業は26.0％と
徐々に高くなっている。特に2016年企業は開業時から開業5年目まで一貫して
「1人」のカテゴリーが最多を占めている。全体の傾向として開業後に規模を
拡大していく企業が多いものの、新しい企業群ほど従業員を雇用しない最小規
模の企業のウエイトが高まる傾向にある。

第3節　設備投資と資金調達の状況

　廃業割合と従業者数の状況に続いて、設備投資とそれに欠かせない資金調達
の状況をみていく。

1　設備投資

　図3-6は各調査年に設備投資を実施した企業の割合を示したものである。
2001年企業と2006年企業は開業2年目に大きく下がり、その後も開業5年目ま
で緩やかに低下している。2011年企業では、実施割合のピークが開業1年目で

はなく開業 2 年目となっており、開業 3 年目以降は割合が少しずつ低下してい
る。2011年は東日本大震災の直後でもあり、投資を手控えた企業があったのか
もしれない。さらに、2016年企業は同じくピークが開業 2 年目にあるが、開業
1 年目からの増加分は9.9ポイントとかなり大きい。開業 3 年目はやや割合が
低下したものの、開業 4 年目、 5 年目と再び高まっており、企業群が新しくな
るほど設備投資の実施が後ずれしていることがわかる。

　実施割合の水準を比べると、2001年企業と2006年企業は 3 割を超える年がほ
とんどないが、2011年企業と2016年企業は 3 割超の年が半数以上を占めてい
る。第 2 章でみたとおり、開業費用は減少傾向にある。新規開業パネル調査の
結果でも、 1 企業当たりの開業費用は、2001年企業は1,726.3万円、2006年企業
は1,238.3万円、2011年企業は1,133.9万円、2016年企業は969.4万円と、最近の企
業群ほど少ない（前掲表 3 - 2 ）。開業時の投資を最小限に抑えた分、開業後
に追加投資が必要になってくる企業が多いのではないだろうか。2011年企業と
2016年企業は、本来、開業 1 年目に実施したかった設備投資を翌年に持ち越し
たため、開業 2 年目の実施割合が高かったとも考えられる。特に2016年企業
は、開業費用が2001年企業の半分程度であることから、設備投資がどの年も相
対的に多かったのだろう。加えて、前述のとおり、2011年企業と2016年企業は
置かれた経済環境が比較的良かったことも 2 年目以降の投資意欲に影響したと
考えられる。

　続いて各調査年の 1 企業当たり設備投資額の推移をみると、例外はあるもの
の[7]、いずれの企業群も時間の経過とともに投資額が増加する傾向がみられる
（図 3 - 7 ）。ただし、投資額の水準は企業群によって異なる。例えば、2011年
企業は開業 2 年目以降、ほかの企業群に比べて投資額が大きい。景気が上向い
ていた時期で従業者規模を拡大する企業が多かったことから、設備投資も活発
であったと推測できる。

　他方、2016年企業はほとんどの年で100万円を下回っている。前掲図 3 - 1 に

---

[7]　例えば、コロナ禍となった2020年は感染防止対策に関する設備投資を行う企業が多かった。そのた
　　め、景気が悪化した割に設備投資の実施割合は下がっていなかった（前掲図 3 - 6 ）。しかし、空
　　気清浄機や非接触端末など比較的単価の小さい投資が多く、設備投資の金額は前年と比べて少な
　　かったと推測される。

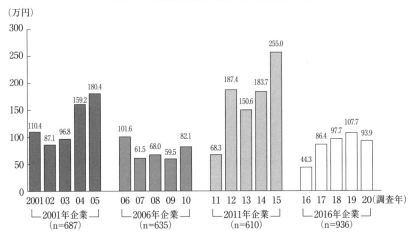

図 3 - 7　設備投資額の推移（ 1 企業当たり）

（注） 1 設備投資額は、各調査年の 1 年間に設備投資を「実施した」と回答した企業に尋ねたもの。
　　　 2 設備投資を「実施していない」と回答した企業の設備投資額は「 0 」として、 1 企業当たり
　　　　の設備投資額を算出。

示した業況判断 DI が右肩下がりであった2006年企業とあまり変わらない水準
である。2016年企業の調査期間は経済環境が相対的に良かったにもかかわらず
少額投資が続いている。開業費用と設備投資の実施割合の結果と併せて考える
と、初期投資を最小限に抑えるばかりでなく、その後も少額の設備投資を細か
く実施していく傾向が、ほかの企業群よりも強まっているとみられる。新規開
業企業には小さく始めて徐々に育てる、という新たなトレンドが生じてきてい
るといえるのではないだろうか。

2　資金調達

　開業後の金融機関からの借り入れについては、表 3 - 3 に示したとおりであ
る。調査年の年末時点における 1 企業当たりの借入残高の「合計」は、どの企
業群も開業 1 年目より開業 5 年目の方が多く、 5 年の間に増加している。2020
年はコロナ禍において多くの企業が実質無利子・無担保の特別融資を受けたと
いう特殊事情があり、 1 企業当たりの借入残高は1,457.1万円と、前年の約1.5
倍にまで増えている。

表3-3　借入残高の推移（1企業当たり）

（単位：万円）

企業群	調査年	公庫からの借り入れ	民間金融機関からの借り入れ	合　計
2001年企業 （n=568）	2001	816.3	232.6	1,048.9
	2002	743.8	324.3	1,068.1
	2003	677.6	408.9	1,086.5
	2004	605.1	629.8	1,234.9
	2005	544.8	923.2	1,468.1
2006年企業 （n=484）	2006	647.8	254.4	902.2
	2007	603.5	342.0	945.4
	2008	524.3	434.0	958.3
	2009	533.9	501.2	1,035.1
	2010	528.8	558.7	1,087.5
2011年企業 （n=743）	2011	658.8	215.3	874.1
	2012	616.9	224.7	841.6
	2013	590.2	381.8	972.0
	2014	524.5	498.3	1,022.8
	2015	487.2	663.7	1,150.9
2016年企業 （n=879）	2016	669.4	259.7	929.1
	2017	590.9	336.8	927.7
	2018	550.3	422.6	972.8
	2019	511.0	452.7	963.6
	2020	719.2	737.9	1,457.1

（注）　1　各調査年末時点の1企業当たりの借入残高について、借入残高が「0」と回答した企業を含めて算出。
　　　　2　「公庫からの借り入れ」「民間金融機関からの借り入れ」ともに回答した企業について集計。
　　　　3　「合計」は「公庫からの借り入れ」と「民間金融機関からの借り入れ」の合計値。

　「合計」の水準を企業群間で比べると、2001年企業は各調査年の残高がほかの企業群に比べて多いが、それ以外の企業群はコロナ禍の2020年を除き、残高の水準に大きな違いはないようにみえる。新しい企業群ほど開業後に設備投資を実施する割合が高いため、新たな借り入れを行うことにより、規模が小さくなった割に借入残高が減少しない結果となっているのかもしれない。

　金融機関別にみると、「公庫からの借り入れ」が年々減少する一方、「民間金

融機関からの借り入れ」が増加し、開業4年目または5年目に1企業当たりの借入残高の大きさが逆転している。公庫の融資を受けた企業を調査対象企業としているため、開業1年目に公庫からの借入残高が多いのは当然といえるが、そうした企業も公庫からの借り入れを毎年返済しつつ、新たに民間金融機関から資金を調達するケースが多い。新規開業企業にとって開業当初の公庫融資が民間金融機関融資の呼び水になっていることを裏づける結果といえる。

　なお、2016年企業は、開業5年目に公庫と民間の残高が逆転している点は同じだが、前述したコロナ対策の特別融資の影響もあり、例外的に「公庫からの借り入れ」が前年から増加している。「民間金融機関からの借り入れ」も、民間金融機関でも実施された特別融資によって2020年に大きく増加している。

第4節　経営パフォーマンスと経営課題

　人的資本への投資の結果ともいえる従業者数に加え、設備投資や資金調達の状況をみてきた。次は、そうした活動の結果として生じる月商や採算、そして経営課題の変化についてみていく。なお、本節の集計は調査期間中に廃業した企業が含まれていないため、ここで示される経営パフォーマンスは、業績が良い企業にやや偏ったものとなっている可能性があることに留意が必要である。

1　月商と採算

　まず、各調査年末時点の1企業当たりの月商（1カ月の売上高）[8]をみると、どの企業群も年数が経過するほど月商が増加する傾向がみられる（**図3-8**）。集計結果が生存企業に限定されているという前提はあるものの、20年間変わらない新規開業企業の特徴の一つといえる。

　月商の水準に注目すると、新しい企業群になるほど、出発点となる開業1年目の値は少なく、その後も相対的に低い値となっている。特に2016年企業は、開業1年目から開業5年目まで一貫して、四つの企業群のなかで最小である。

---

[8]　集計対象のうち、月商が「0」と回答した企業のほかに、いずれかの調査年で月商が前年に比べて10倍以上または10分の1以下であった企業はアンケートに回答する際に桁数を間違えて記入している可能性が高いという理由から、異常値とみなして集計から除いている。

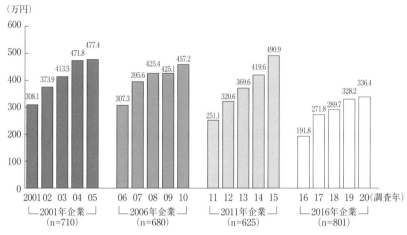

図 3 - 8　月商の推移（1 企業当たり）

（注）　1　月商（1 カ月の売上高）は、2016年企業の開業 2 年目の2017年までは調査時点の12月における月商、2016年企業の開業 3 年目の2018年以降は調査年における年商（1 年間の売上高）を尋ねて12で除した値。
　　　　2　いずれかの調査年で、月商が「 0 」と回答した企業や月商が前年に比べて10倍以上または10分の 1 以下だった企業は集計から除外。

2020年がコロナ禍であったことを加味しても、20年の間に事業の小規模化が進んできたことの結果といえそうである。

　ただし、2011年企業は例外的に月商が大きく伸びている。開業 1 年目は2001年企業と2006年企業より少なかったものの、その後はコンスタントに月商が増加し、開業 5 年目にすべての企業群のなかで最大となった。従業者数や設備投資と同じく、上向く景気の好影響を受けたのだろう。

　次に、それぞれの企業群の採算状況をみていきたい。調査年末時点の採算状況を「黒字基調」「赤字基調」の二者択一で尋ね、「黒字基調」と回答した企業の割合をまとめたのが図 3 - 9 である。開業 1 年目から開業 2 年目にかけて黒字基調の企業割合が高まる傾向は、すべての企業群に共通している。図 3 - 8 の 1 企業当たり月商は、どの企業群も開業 2 年目に比較的に大きく増加しており、採算のとれる水準まで月商が増えてくる時期といえそうである。

　ただし、開業 3 年目以降の動きは企業群によって異なる。2001年企業は開業 3 年目に黒字基調の企業割合がピークとなり、その後、開業 4 年目、5 年目と

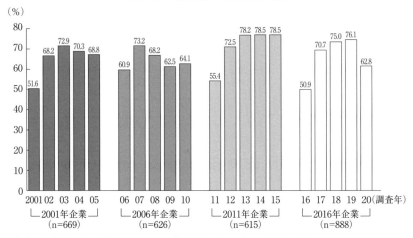

図 3 - 9　黒字基調の企業割合の推移

(注) 各調査年末時点の採算状況について「黒字基調」と回答した企業の割合。

　連続して低下している。2006年企業は開業 2 年目がピークで、その後、低下傾向を示している。これら二つの企業群では 7 割を下回る年もいくつかあり、開業 2 、3 年目を境に業績が伸び悩んでいるといえる。

　他方、2011年企業と2016年企業は開業 3 年目以降も、コロナ禍という特殊要因があった2020年を除いて増加または横ばいで推移している。水準も2020年を除けば、すべての年で 7 割を超えている。最近の企業群になるほど月商が小さくなるなかでも、採算状況はむしろ良くなっているようである。

　月商が小さくなる一方で、黒字化する企業が多くなっている理由については、いくつか考えられる。例えば、事業の小規模化に伴って人件費や家賃などの固定的な支出が減った分、損益分岐点が下がったという点である。2011年企業と2016年企業は、2000年代の二つの企業群より少ない月商であっても、採算がとれる体質に変化している可能性があるだろう。

　このほか、2011年企業の採算状況を分析した藤田（2018）では、前の二つの企業群と黒字基調の企業割合の傾向が異なる理由として、景気回復が月商を押し上げたことのほか、新規開業企業に対する支援の充実を挙げている。同じ状況はその後の調査期間においても続いており、2016年企業もその恩恵を受けた

と考えられる。一例が、2014年 1 月に施行され、2018年 7 月に改正された産業競争力強化法に基づく創業支援等事業[9]である。創業支援等事業計画の認定を受けた市区町村の数は、施行から 1 年後の2015年に771であったが、2021年には1,456と倍近くに増加している[10]。認定を受けた市区町村は、民間の創業支援等事業者（地域金融機関、NPO 法人、商工会議所、商工会等）と連携して、ワンストップ相談窓口の設置、創業セミナーの開催、コワーキング事業の推進のほか、経営や財務、人材育成、販路開拓などの知識の習得を目的とした開業者への支援などを行っている。こうしたサポートを受けて経営改善に取り組む企業が多く、結果として、黒字基調の企業が開業 3 年目以降も増える効果につながった可能性がある。

2　経営課題

　このような経営パフォーマンスの変化を踏まえて、新規開業企業が抱える経営課題の変化をみていく。経営上苦労している点を複数回答で尋ねた結果をみると、「顧客開拓・マーケティングがうまくいかない」はどの企業群のどの調査年をとっても一貫して多く、新たな顧客をいかに獲得していくかが20年間変わらない新規開業企業の課題であることがわかる（表3-4）。

　ただ、それ以外の経営課題は企業群によって違いがある。例えば、2001年企業と2006年企業は、「受注単価・販売単価が安い」や「経費（人件費、家賃、支払利息など）がかさんでいる」など販売面と仕入面、つまり収支に関する課題が目立っている。他方、2011年企業と2016年企業は、「従業員の人数が不足している」や「必要な能力を持った従業員を採用できない」といった雇用面の課題が増えている。前の二つの企業群における調査期間は、「失われた20年」といわれるようにバブル崩壊後の需要喪失に日本経済全体が悩まされていた時期であり、後の二つの企業群の調査期間は景気回復に伴って人手不足の問題が顕在化していた時期に当たる。**表3-4**の内容は、新規開業企業の経営が外部

---

[9]　2014年施行時の「創業支援事業」の概念を拡張させ、2018年の改正時は創業に関する普及啓蒙活動を行う事業（創業機運醸成事業）などを加えて「創業支援等事業」と呼ぶようになった。創業支援等事業に関する記述部分は中小企業庁ホームページ（https://www.chusho.meti.go.jp/keiei/chiiki/index.html）を参照した。

[10]　2015年は10月時点、2021年は12月時点の数。

表3-4　経営上苦労している点（複数回答）

(単位：％)

企業群	調査年	販売面				仕入面		雇用面			資金面			その他	
		商品・サービスの開発がうまくいかない	生産管理・品質管理がうまくいかない	顧客開拓・マーケティングがうまくいかない	受注単価・販売単価が安い	原価（仕入、外注費など）がかさんでいる	経費（人件費、家賃、支払利息など）がかさんでいる	従業員の人数が不足している	必要な能力を持った従業員を採用できない	従業員をうまく育成できていない	財務管理・経費処理がうまくできていない	資金繰りが厳しい	金融機関からの借入が難しい	その他	特に苦労はしていない
2001年企業（n=752）	2001	8.9	2.5	39.0	23.0	14.9	24.2	14.2	15.8	11.0	16.6	22.3	8.8	4.0	14.6
	2002	11.7	3.6	38.2	30.9	20.3	31.3	18.2	21.1	15.6	12.9	26.3	11.4	4.4	10.2
	2003	12.4	5.3	40.8	27.9	18.6	33.8	18.0	21.5	16.6	10.8	25.8	9.0	3.1	11.2
	2004	12.4	5.2	38.8	27.5	21.5	34.0	23.0	25.1	20.3	10.1	26.6	6.9	3.1	10.6
	2005	14.2	4.5	33.1	28.2	21.0	31.0	22.2	22.3	18.2	6.0	27.4	7.0	4.1	10.4
2006年企業（n=711）	2006	10.1	2.7	37.7	23.5	17.3	23.2	20.3	13.5	11.0	9.1	16.9	4.6	3.5	14.9
	2007	9.6	2.7	34.9	26.6	26.4	26.7	21.9	18.0	13.5	5.3	23.1	5.2	3.0	12.8
	2008	12.1	3.2	43.3	34.0	27.8	29.4	16.0	16.3	14.3	5.3	26.6	5.2	4.6	11.0
	2009	14.1	3.4	39.4	36.0	23.1	28.8	12.8	17.6	15.0	5.3	30.7	5.9	4.4	10.5
	2010	12.5	4.4	41.8	34.9	23.8	28.0	15.5	15.6	15.5	4.2	26.3	4.6	3.5	10.3
2011年企業（n=673）	2011	7.9	1.9	42.9	20.7	16.5	24.4	18.3	18.6	10.1	10.3	18.3	4.2	3.6	10.4
	2012	7.1	1.9	34.8	18.9	20.1	19.9	22.6	19.6	10.7	6.1	16.4	4.3	5.2	12.8
	2013	7.0	2.8	30.9	21.1	21.7	21.0	23.5	23.6	16.0	6.1	14.0	3.9	3.1	13.8
	2014	7.6	2.8	31.2	18.3	20.1	18.4	26.7	23.8	17.4	4.9	15.5	5.2	3.4	14.0
	2015	8.0	1.8	31.1	17.1	18.9	19.3	28.7	25.0	16.5	3.9	13.7	2.5	3.3	14.0
2016年企業（n=1,031）	2016	5.6	1.5	35.0	14.6	15.6	20.6	21.0	15.8	9.5	8.1	18.2	2.4	4.8	15.9
	2017	6.5	2.5	30.7	14.1	18.6	25.0	27.8	22.2	11.5	5.3	19.4	3.1	3.8	14.4
	2018	8.1	2.7	30.1	14.7	17.0	24.4	28.4	23.2	11.8	4.8	19.6	3.0	4.3	14.5
	2019	8.0	2.7	27.3	14.2	17.7	24.2	27.9	22.1	13.4	3.9	17.2	3.2	4.4	15.7
	2020	9.3	2.9	30.3	14.0	15.7	23.4	18.8	22.5	13.7	4.3	16.3	2.3	8.3	11.8

(注)　1　各調査年末時点で経営上苦労してる点を尋ねたもの。
　　　2　複数回答のため、各調査年の合計は100％にならない。
　　　3　網かけは、各調査年において回答割合が高い選択肢のうち上位三つ。

図 3-10　経営上苦労している点（上位 6 項目、表 3-4 の一部再掲）

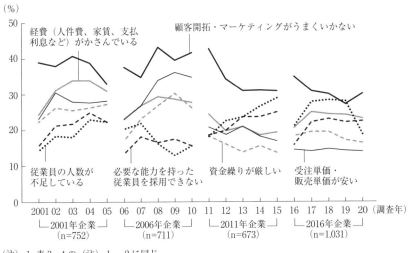

(注)　1　表 3-4 の（注）1、2 に同じ。
　　　2　表 3-4 のうち、回答割合が相対的に高い選択肢六つを再掲。

環境の変化に大きく左右されることを示しているといえる。

　次に、回答割合が高かった 6 項目について詳しく動きをみると、「顧客開拓・マーケティングがうまくいかない」の割合は、一部例外があるものの[11]、開業後は年を経るごとに低下していく傾向がみられる（図 3-10）。加えて、回答割合の水準を企業群間で比べると、最近の企業群ほど低い。前掲図 3-1 のとおり、調査期間における業況判断 DI の平均値は新しい企業群の方が高く、景気回復とともに新規開業企業も徐々に需要拡大の恩恵を受けていることがわかる。

　同じ販売面の苦労である「受注単価・販売単価が安い」をみると、2001 年企業と 2006 年企業はすべての年で 2 割以上となっているが、2011 年企業と 2016 年企業は 2 割を下回る年が大半を占める。特に 2016 年企業は上位 6 項目中で最下

[11]　例えば、前年よりも回答割合が高まった 2010 年は、前年のリーマン・ショックの影響から世界的に経済活動が停滞していた時期、同じく 2020 年はコロナ禍により国内の消費活動が大幅に後退した時期にそれぞれ当たる。いずれも景気の影響を受けて業績が落ち、新たな顧客の獲得を必要とする企業が増えていたと考えられる。

位のまま5年間推移している。2010年代以降の景気回復で新規開業企業の販売
価格の水準も少しずつ改善してきているのかもしれない。

　仕入面の苦労である「経費（人件費、家賃、支払利息など）がかさんでい
る」をみると、2001年企業では3割を超える年も多く、「顧客開拓・マーケ
ティングがうまくいかない」に次ぐ順位であったが、後の企業群になるほど減
少し、順位も3番目、4番目に下がってきている。依然として一定数の企業が
経費の支払いに苦慮しているものの、多くの企業は月商が小規模化してもな
お、事業コストを負担できる体質に変化してきていることがうかがえる結果と
いえる。

　そのためか、資金面の課題にも改善の傾向がみられる。「資金繰りが厳しい」
との回答は、2001年企業と2006年企業では常に2～3割を占め、上から3番目
または4番目で推移していたが、2011年企業と2016年企業では、いずれの年も
2割未満で推移し、順位も低い。景気回復と事業の小規模化に伴う経営のスリ
ム化の効果が資金繰りの改善につながっているようである。

　雇用面については、「従業員の人数が不足している」は、2001年企業と2006
年企業では回答割合が2割を下回る年が多く、6項目のなかの順位も低い。し
かし、2011年企業では毎年コンスタントに割合が高まり、2016年企業でも3割
近くを占める年が多い。順位も上から2番目の年が多く、コロナ禍の直前であ
る2019年には「顧客開拓・マーケティングがうまくいかない」を上回り1位と
なった。2011年企業と2016年企業の調査期間は、年間の有効求人倍率[12]が2011
年の0.65倍から2019年の1.60倍へと緩やかに高まるなど、景気回復に伴って労
働力需給がタイトになってきていた。ただし、コロナ禍の2020年は感染防止策
の一環で、飲食店などを中心に休業したり、営業自粛したりする企業が多く、
人手不足感は急速に緩和した。そのため、「従業員の人数が不足している」
は、2020年に前年と比べて大幅に減少している。こうした外部環境の変化は新
規開業企業の人手の確保に大きく影響していると考えられる。

　「必要な能力を持った従業員を採用できない」は、いずれの企業群も2割程
度で推移している。ほかの項目と比べて動きが少ないものの、2011年企業と

---

[12]　厚生労働省「一般職業紹介状況」の有効求人倍率の年計（実数値）。

2016年企業ではほかの課題の割合が減った分、順位が上がっており、相対的に重要な課題となっていることがうかがえる。

第5節　おわりに

　本章では、新規開業パネル調査の四つの企業群を対象に、新規開業企業の開業後の経営の変化についてみてきた。分析結果を整理すると、開業後、1企業当たり従業者数や月商は年々増加しており、事業規模が徐々に拡大する傾向は20年間で変わってはいなかった。また、業歴を重ねることで生じる各パフォーマンス指標の経年変化の傾向からは、2010年代では景気が回復に向かったことや、開業後の経営を支援する体制の整備が進んだことなどが、新規開業企業の経営にプラスに作用したことがうかがえた。経営上苦労している点の分析からは、新規開業企業の大きな悩みが新規顧客の開拓にあること、調査期間の景気動向や労働力需給など外部環境の変化によって経営課題も変遷していることがわかった。

　さらに、1企業当たり従業者数や1企業当たり設備投資額の小規模化は、経済環境が特に良かった2011年企業を例外として、開業後も5年目に至るまで続き、かつ企業群が新しいほど傾向が強まっていることがわかった。1企業当たりの月商も、おおむね新しい企業群ほど小さくなる傾向がみられた。他方、20年間に生じた事業の小規模化の傾向を反映して、開業後に設備投資を実施する割合が増え、黒字基調の企業割合が高まるなど、経営がスリム化したことによる変化が生じてきていることもうかがえる。小さく事業を始め、無理のない範囲で少しずつ投資を行い、堅実に利益をあげる傾向が強まっているといえるだろう。

　その背景には、第2章で取り上げた開業者の多様化があると考えられる。人口の高齢化や女性の就業率の上昇、非正規雇用の増加といった経済社会の変化に合わせて、シニアや女性、非正社員出身者などの開業者が増えている。こうした開業者の開業動機は、勤務先からの独立だけではなく、勤務以外の収入源が欲しい、社会に貢献したい、自由に仕事がしたいなどさまざまで、必ずしも事業の拡大を目指す人ばかりではない。開業に求めるものが変わってきたこと

で、事業の継続を重視し、リスクを抑えた経営を志向する人が増えているのではないだろうか。

　開業後の動向は20年間変わらない点も多いが、今世紀に入ってからの姿は、わが国の経済社会の移り変わりを映し出すかのように、緩やかに、しかし着実に変容してきている。

参考文献

深沼光（2018）「新規開業パネル調査『第3コーホート』の概要」日本政策金融公庫総合研究所編集・深沼光・藤田一郎著『躍動する新規開業企業―パネルデータでみる時系列変化―』勁草書房、pp.3-42

藤田一郎（2018）「開業後の業績の推移」日本政策金融公庫総合研究所編集・深沼光・藤田一郎著『躍動する新規開業企業―パネルデータでみる時系列変化―』勁草書房、pp.75-108

参考表3－1 廃業割合の推移（図3－2、3のデータ）

(単位：%)

企業群	調査年	全規模計・全業種計	1人	2〜4人	5〜9人	10人以上	建設業	製造業	運輸業	卸売業	小売業	飲食店	個人向けサービス業	事業所向けサービス業
2001年企業	2001	—	—	—	—	—	—	—	—	—	—	—	—	—
	2002	3.5	5.1	3.0	3.2	0.8	4.2	3.2	3.9	3.3	4.8	3.6	2.3	4.3
	2003	4.6	5.9	4.9	4.1	3.4	3.5	4.3	3.9	4.1	5.4	9.5	2.8	2.4
	2004	4.2	5.1	4.4	3.2	3.4	1.4	3.2	1.9	5.7	6.2	7.6	2.2	4.7
	2005	3.0	3.0	3.2	2.7	3.4	1.4	4.3	3.9	2.5	5.9	3.4	1.8	2.4
2006年企業	2006	—	—	—	—	—	—	—	—	—	—	—	—	—
	2007	3.2	4.3	3.0	3.0	2.2	2.3	4.4	3.1	3.1	4.9	5.2	1.6	3.2
	2008	4.4	4.9	4.5	4.4	2.2	4.6	1.8	2.3	5.4	5.2	6.6	3.4	4.5
	2009	3.7	4.8	3.7	3.0	2.7	3.9	8.8	1.6	5.4	4.2	4.5	2.1	4.5
	2010	3.9	3.5	4.4	3.5	2.7	4.2	0.9	2.3	3.1	4.7	6.8	1.6	5.3
2011年企業	2011	—	—	—	—	—	—	—	—	—	—	—	—	—
	2012	2.4	2.8	2.2	1.5	4.2	2.0	2.5	2.5	3.2	4.8	4.3	0.8	2.1
	2013	2.9	3.1	2.3	4.1	3.0	2.6	1.3	5.1	2.6	2.7	6.0	1.7	2.1
	2014	2.2	2.8	1.7	2.0	2.4	0.5	1.3	2.5	1.3	3.0	3.7	1.7	2.9
	2015	2.7	2.6	3.2	1.8	1.2	1.5	0.0	0.0	4.5	4.0	4.8	2.1	0.4
2016年企業	2016	—	—	—	—	—	—	—	—	—	—	—	—	—
	2017	2.2	2.8	1.4	1.9	3.5	1.5	0.0	0.9	1.8	3.4	3.6	1.9	2.3
	2018	2.5	1.9	3.0	3.2	0.0	1.7	3.8	3.8	3.0	3.4	4.1	1.6	1.4
	2019	2.3	2.3	2.4	1.5	2.1	1.2	2.3	0.9	1.2	3.4	4.6	1.6	1.7
	2020	1.9	1.6	2.1	2.3	2.8	0.9	1.5	0.9	0.6	2.9	2.5	1.9	1.7

(注) 図3-2の（注）1、2と図3-3の（注）2、3に同じ。

第 4 章

事業承継問題の変化

深沼　光／原澤 大地／山田 佳美／中島 章子

第1節　はじめに

　序章で確認したように、中小企業経営者の高齢化が進んでいる。これは、引退が近い経営者が増えていることを意味する。それでは、経営者が事業から退いたときに、どのくらいの中小企業が無事に次の世代に引き継がれるのだろうか。あるいは、経営者の引退とともに廃業してしまう中小企業はどの程度存在するのだろうか。中小企業経営者の高齢化により、事業承継問題はどう変化しているのだろうか。こうした問題意識から、第4章では中小企業の事業承継の見通しを把握するとともに、後継者の決定状況別の中小企業の実態を明らかにし、今後の課題について検討していく。分析には、日本政策金融公庫総合研究所が2023年1月に実施した「中小企業の事業承継に関するインターネット調査」を利用する。なお、当研究所では、2015年9月、2019年10月にも同様の調査を実施している。可能なものについては、この過去2回の調査とも比較し、中小企業の事業承継問題とその変化を考察する。なお、以下では各年の調査を、それぞれ2015年調査、2019年調査、2023年調査と呼ぶことにする[1]。

　まず、2023年調査の実施要領を説明する（**表4-1**）。調査はインターネットにより無記名で実施した。調査対象は全国の従業者数299人以下の中小企業で、「農林漁業」「不動産賃貸業」「太陽光発電事業」は除いた。インターネット調査会社の登録モニターのうち、20歳以上に事前調査を実施し、詳細調査の対象を抽出した。詳細調査の有効回答数は4,465件である。なお、従業者規模と経営者の年齢が実際の分布に近づくよう、各回答にウエイトをつけて集計した[2]。

---

[1]　新型コロナウイルス感染症の患者が世界で初めて確認されたのは2019年12月、日本で初めて確認されたのは2020年1月であり、2019年10月実施の2019年調査の回答には、コロナ禍の影響は現れていない。一方で、新型コロナウイルス感染症が5類感染症に移行したのは2023年5月であるため、2023年1月実施の2023年調査の回答には、コロナ禍の影響があったと考えられる。

[2]　ウエイトは次の手順により作成した。総務省・経済産業省「経済センサス－活動調査」（2016年）による、経営組織別・従業者規模別の8区分についての企業数に、帝国データバンクの企業情報データベースから得た、8区分それぞれの経営者年齢5区分別の割合を乗じて、経営組織別・従業者規模別・年齢別の40セルの企業数を推計した。アンケートの回答も同じ40セルに分け、各セルの推計企業数を回答数で除した数値をウエイトとして使用した。詳細は章末の**参考表4-1**参照。なお、2015年調査、2019年調査についても、同様のウエイトづけを行っている。

表 4 - 1　「中小企業の事業承継に関するインターネット調査（2023年調査）」実施要領

調査時点	2023年1月
調査方法	インターネットによるアンケート（インターネット調査会社の登録モニターのうち、20歳以上のモニターに事前調査を実施し、調査対象に該当する先に詳細調査を行った）
調査対象	全国の中小企業（従業者数299人以下の企業。「農林漁業」「不動産賃貸業」「太陽光発電事業」を除く）
有効回答数	4,465件（事前調査は1万7,252件）

図 4 - 1　経営者の現在の年齢

（単位：％）

(n=4,465)

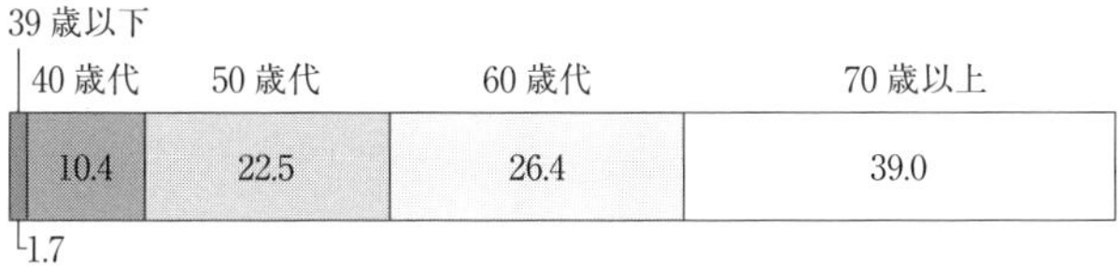

資料：日本政策金融公庫総合研究所「中小企業の事業承継に関するインターネット調査（2023年調査）」（図 4 - 2、表 4 - 2 も同じ）
（注）1　割合はウエイトづけして算出した値。ただし n は実際の回答数（以下同じ）。
　　　2　構成比は小数第 2 位を四捨五入して表示しているため、合計は100％にならない場合がある（以下同じ）。

以下、本章のデータは、すべてウエイトづけされたものである[3]。

　ここで、2023年調査の回答企業の属性をみてみよう。経営者の現在の年齢は平均63.3歳で、「39歳以下」が1.7％、「40歳代」が10.4％、「50歳代」が22.5％、「60歳代」が26.4％、「70歳以上」が39.0％であった（**図 4 - 1**）。また、経営している企業の従業者数は平均7.8人で、「1 ～ 4 人」が65.4％、「5 ～ 9 人」が16.5％、「10～19人」が9.0％、「20～49人」が5.8％、「50～299人」が3.3％となっている（**図 4 - 2**）[4]。業種は、「専門・技術サービス業、学術研究」（18.1％）、「小売業」（11.5％）、「建設業」（9.6％）、「製造業」（8.0％）、「情報通信業」（7.4％）、「医療、福祉」（6.5％）、「その他のサービス業」（6.3％）などの順となった（**表 4 - 2**）。

――――――――――
[3]　ただし、回答数（n）は実際の回答数を示している。
[4]　従業者規模でウエイトづけをしているため、割合は経済センサスのデータと一致している。

図4-2　従業者数

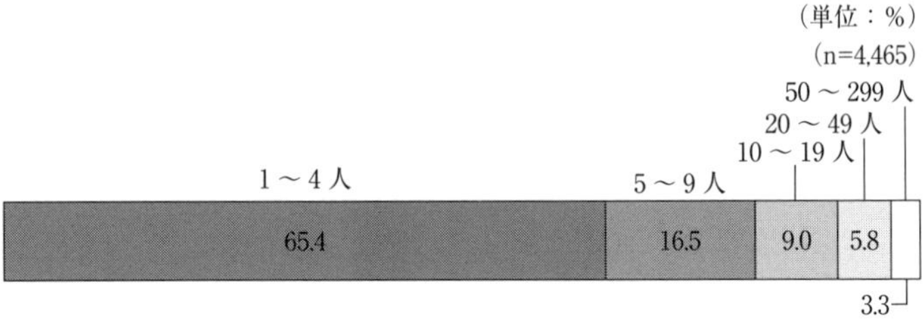

（単位：％）
（n=4,465）

1～4人	5～9人	10～19人	20～49人	50～299人
65.4	16.5	9.0	5.8	3.3

（注）従業者数は、経営者本人、家族従業者（役員である家族を含む）、役員・正社員（家族を除く）、非正社員（パート・アルバイト、派遣社員・契約社員の合計。家族を除く）の合計（以下同じ）。

表4-2　業　種

（単位：％）
（n=4,465）

業　種	割　合	業　種	割　合
建設業	9.6	飲食サービス業	4.0
製造業	8.0	娯楽業	0.9
情報通信業	7.4	医療、福祉	6.5
運輸業	2.3	教育、学習支援業	5.0
卸売業	5.9	専門・技術サービス業、学術研究	18.1
小売業	11.5	生活関連サービス業	5.6
不動産業	5.4	その他のサービス業	6.3
物品賃貸業	1.1	その他	1.8
宿泊業	0.6		

（注）「持ち帰り・配達飲食サービス業」は「小売業」に含む（以下同じ）。

第2節　後継者決定状況の変化

　第2節では、中小企業の後継者決定状況がどのように変化しているのか、2015年調査から、2019年調査、2023年調査を比較しながら、この8年間の動きをみていく。分析に当たり、事業承継の見通しにより、後継者が決まっており後継者本人も承諾している「決定企業」、事業承継の意向はあるが後継者が決まっていない「未定企業」、自分の代で事業をやめるつもりである「廃業予定

表 4 - 3　アンケートの回答による類型化と構成比

（単位：％）

分　　類	アンケートの回答による定義		2015年調査		2019年調査		2023年調査	
決定企業	後継者は決まっている（後継者本人も承諾している）			12.4		12.5		10.5
未定企業 事業承継の意向はあるが、後継者が決まっていない企業	後継者は決まっていない	後継者にしたい人はいるが本人が承諾していない		3.4		5.1		3.3
		後継者にしたい人はいるが本人がまだ若い		6.0		4.6		4.8
		後継者の候補が複数おり誰を選ぶかまだ決めかねている	21.8	3.5	22.0	2.7	20.0	2.9
		現在後継者を探している		7.7		7.6		7.7
		その他		1.2		2.0		1.3
廃業予定企業		自分の代で事業をやめるつもりである		50.0		52.6		57.4
時期尚早企業		自分がまだ若いので今は決める必要がない		15.9		12.9		12.0
n				4,104		4,759		4,465

資料：日本政策金融公庫総合研究所「中小企業の事業承継に関するインターネット調査（2015年調査）」、「中小企業の事業承継に関するインターネット調査（2019年調査）」、「中小企業の事業承継に関するインターネット調査（2023年調査）」（以下同じ）

企業」、自分がまだ若いので今は決める必要がない「時期尚早企業」の四つにサンプルを類型化した（**表 4 - 3**）。

　これらの回答割合の推移をみると、決定企業は2015年調査が12.4％、2019年調査が12.5％、2023年調査が10.5％、未定企業はそれぞれ21.8％、22.0％、20.0％、時期尚早企業はそれぞれ15.9％、12.9％、12.0％と、これら三つの類型の回答割合は、いずれも低下する傾向にある。その一方で、廃業予定企業は、2015年調査時点ですでに50.0％と半数を占めていたものが、2019年調査では52.6％となり、2023年調査では57.4％と、実に 6 割近くに達している。回答割合は 8 年間で7.4ポイント上昇しており、中小企業が次々に廃業していくという問題は、より深刻化しているということができるだろう。

　2023年調査における類型分布を従業者規模別にみると、決定企業の割合は、

図 4 - 3　従業者規模別の類型分布

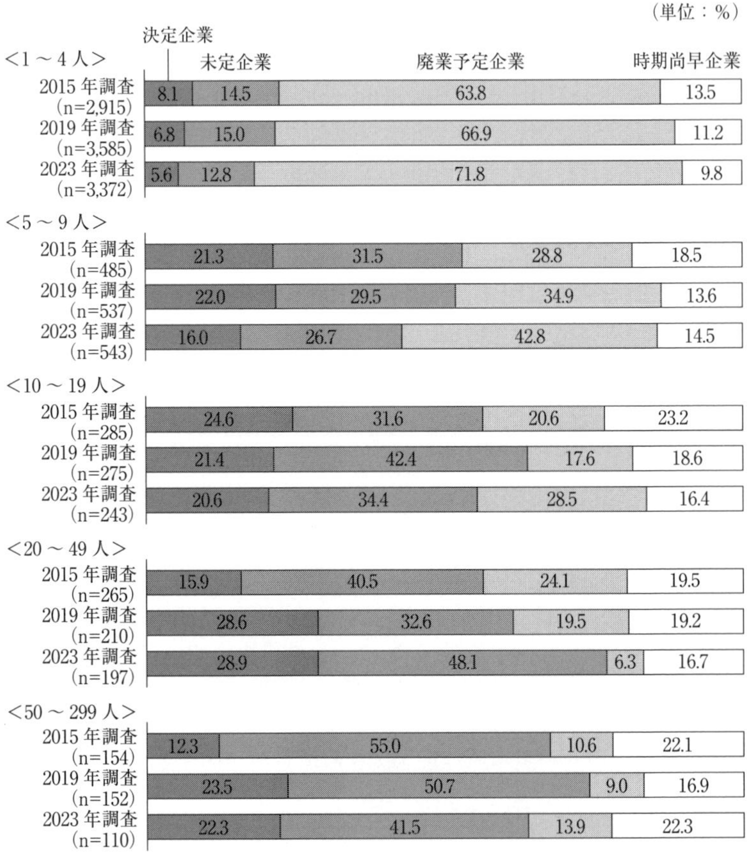

（単位：％）

「1～4人」では5.6％と非常に低い（**図4-3**）。「5～9人」では16.0％、「10～19人」では20.6％、「20～49人」では28.9％と、規模が大きくなるほど割合は高まるが、それでも3割に満たない値である。「50～299人」では22.3％と、理由は判然としないが割合はむしろ低下している。未定企業は、「10～19人」（34.4％）、「20～49人」（48.1％）、「50～299人」（41.5％）で、4類型のうち最も高い割合となった。比較的規模の大きい中小企業で、事業承継の意向はあるが後継者が決まっていないところが多いということは、社会的にも大きな課題

であろう。廃業予定企業は、「1〜4人」で71.8％に達しており、「5〜9人」でも42.8％と、4類型のなかで最も回答割合が高い。一方、「10〜19人」（28.5％）、「20〜49人」（6.3％）、「50〜299人」（13.9％）と、規模が大きくなると割合は低くなる傾向にある。時期尚早企業は、「1〜4人」で9.8％、「5〜9人」で14.5％、「10〜19人」で16.4％、「20〜49人」で16.7％、「50〜299人」で22.3％と、規模が大きくなるにつれて割合は高まっている。ここで、類型ごとの平均従業者数をみると、決定企業が15.5人、未定企業が14.1人、廃業予定企業が3.5人、時期尚早企業が11.1人と、廃業予定企業の従業者規模が、ほかの類型と比べて極端に小さいことがわかる。

　次に、従業者規模別の類型分布を時系列でみていこう。「1〜4人」では、決定企業の割合が2015年調査で8.1％、2019年調査で6.8％、2023年調査で5.6％と、徐々に低下している。一方で、廃業予定企業の割合はそれぞれ63.8％、66.9％、71.8％と高まった。「5〜9人」「10〜19人」でも、決定企業の割合は、2015年調査でそれぞれ21.3％、24.6％であったのが、2023年調査ではそれぞれ16.0％、20.6％まで低下した。それに対し、廃業予定企業の割合は、2015年調査のそれぞれ28.8％、20.6％から、2023年調査ではそれぞれ42.8％、28.5％と、ともに高くなっている。規模の小さい企業ほど、自分の代で事業をやめようと考えている経営者が多く、その割合も年々高まっているようである。

　ところが、規模の大きい企業では少し様子が異なる。「20〜49人」では、廃業予定企業の回答割合が2015年調査で24.1％、2019年調査で19.5％、2023年調査で6.3％と大きく低下しており、決定企業の割合がそれぞれ15.9％、28.6％、28.9％と高まった。「50〜299人」では、廃業予定企業の割合はそれぞれ10.6％、9.0％、13.9％と、横ばいないし若干高まっているものの、決定企業の割合は2015年調査の12.3％から2019年調査の23.5％に高まり、2023年調査でも22.3％と前回並みを維持した。

　このように、比較的規模の大きい中小企業では、後継者が決まっている決定企業の割合が、全体の3割に満たない水準ではあるものの、以前に比べれば高まっている。一方で、中小企業の圧倒的多数を占める、規模の小さい中小企業では、廃業予定企業の割合が高まっており、事業承継問題は、規模別にみると二極化の傾向にあるといえそうだ。

図 4 - 4 　現在の年齢別の類型分布

（単位：％）

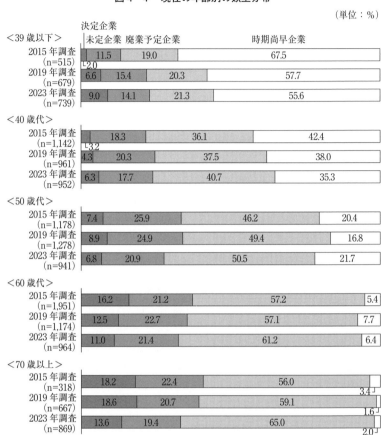

続いて、2023年調査における経営者の年齢別の類型分布をみていく。決定企業の割合は、「39歳以下」で9.0％、「70歳以上」で13.6％と、年代別の差は意外に小さい（**図 4 - 4**）。引退が迫っている「70歳以上」でもさほど割合が高くないことは、一つの課題であろう。未定企業の割合は、「39歳以下」で14.1％と最も低く、「40歳代」で17.7％、「50歳代」で20.9％、「60歳代」で21.4％、「70歳以上」で19.4％となった。廃業予定企業の割合は、「39歳以下」では21.3％にとどまるが、「40歳代」で40.7％、「50歳代」で50.5％と、年齢が高くなるにつれ

て割合が高まり、「60歳代」で61.2％、「70歳以上」で65.0％に達した。逆に、時期尚早企業の割合は、「39歳以下」で55.6％と最も高く、年齢が高まるにつれて低下している[5]。類型ごとの平均年齢は、決定企業で66.2歳、未定企業で63.6歳、廃業予定企業で64.5歳、時期尚早企業で52.5歳だった。

　年齢別の類型分布を時系列でみてみると、決定企業の割合は、「39歳以下」では、2015年調査で2.0％にとどまっていたものが、2019年調査では6.6％、2023年調査では9.0％と、徐々に高まっている。「40歳代」においても、それぞれ3.2％、4.3％、6.3％と同様の傾向にあり、若いうちに後継者を決めている経営者は増えているようだ。一方、「50歳代」ではそれぞれ7.4％、8.9％、6.8％、「60歳代」ではそれぞれ16.2％、12.5％、11.0％、「70歳以上」ではそれぞれ18.2％、18.6％、13.6％と、決定企業の割合は低下する傾向にある。

　ここで廃業予定企業の割合の推移をみると、「39歳以下」では2015年調査で19.0％、2019年調査で20.3％、2023年調査で21.3％、「40歳代」でそれぞれ36.1％、37.5％、40.7％、「50歳代」でそれぞれ46.2％、49.4％、50.5％、「60歳代」でそれぞれ57.2％、57.1％、61.2％、「70歳以上」でそれぞれ56.0％、59.1％、65.0％と、2015年調査から2023年調査にかけてすべての年齢層で高まっている。全体の廃業予定企業の割合が、2015年調査時点の50.0％から2023年調査の57.4％に増加したのは、経営者の年齢が上昇したことに加え、各年齢層で廃業予定企業の割合が高まっていることも、大きな要因であるとわかる[6]。

　事業承継の見通しの業種による違いとその変化を、廃業予定企業の割合からみていこう。2023年調査で、廃業予定企業の割合が「全体」の57.4％よりも高いのは、「宿泊業」（70.1％）、「専門・技術サービス業、学術研究」（67.3％）、「生活関連サービス業」（65.8％）、「小売業」（63.6％）、「教育、学習支援業」（62.9％）、「情報通信業」（59.1％）、「その他」（59.0％）の7業種である（**表4-4**）。一方、「物品賃貸業」（32.1％）、「不動産業」（45.3％）、「運輸業」（45.8％）、「製造業」（47.3％）の4業種は、「全体」を10ポイント以上下回って

---

[5]　時期尚早企業は、後継者について、「自分がまだ若いので今は決める必要がない」と回答した企業である。割合は高くはないものの、「60歳代」で6.4％、「70歳以上」で2.0％が時期尚早企業に分類されていることは、中小企業経営者の自身の年齢への考え方を示すものとして興味深い。

[6]　未定企業と時期尚早企業の割合の推移については、説明を省略した。

表4－4　廃業予定企業の割合（業種別）

（単位：％、ポイント）

業　　種	2015年調査	2019年調査		2023年調査	
全　体	50.0	52.6	（2.6）	57.4	（7.5）
建設業	52.3	48.2	（－4.1）	52.8	（0.5）
製造業	49.7	49.2	（－0.5）	47.3	（－2.4）
情報通信業	38.2	53.8	（15.6）	59.1	（20.9）
運輸業	44.5	41.8	（－2.8）	45.8	（1.3）
卸売業	36.1	43.6	（7.5）	50.8	（14.7）
小売業	56.1	56.5	（0.3）	63.6	（7.4）
不動産業	32.0	39.2	（7.2）	45.3	（13.3）
物品賃貸業	23.4	21.4	（－2.0）	32.1	（8.7）
宿泊業	42.1	28.8	（－13.3）	70.1	（28.0）
飲食サービス業	58.3	62.1	（3.8）	53.2	（－5.1）
娯楽業	44.4	62.3	（17.9）	55.2	（10.8）
医療、福祉	42.8	47.2	（4.3）	56.0	（13.2）
教育、学習支援業	50.7	54.5	（3.8）	62.9	（12.2）
専門・技術サービス業、学術研究	63.5	63.3	（－0.2）	67.3	（3.8）
生活関連サービス業	52.5	60.8	（8.4）	65.8	（13.3）
その他のサービス業	54.7	48.8	（－6.0）	52.2	（－2.5）
その他	38.7	52.6	（13.9）	59.0	（20.3）
n	4,099	4,759		4,465	

（注）1 濃い網かけは60％以上、薄い網かけは50％以上60％未満。
　　　2 （　）内は2015年調査からの増減。

いる。

　2015年調査からの変化をみると、「宿泊業」の動きの大きさが目立つ。廃業
予定企業の割合は2015年調査の42.1％が、2019年調査では28.8％と13.3ポイン
ト低下した。これはインバウンド需要の増加による影響と考えられる。一方、
2023年調査では70.1％と41.3ポイント上昇している。2015年調査から2023年調
査にかけての上昇幅は28.0ポイントであった。この動きは、コロナ禍による需
要の低迷を反映している可能性がある。また、「情報通信業」（20.9ポイント）、
「その他」（20.3ポイント）、「卸売業」（14.7ポイント）、「不動産業」（13.3ポイン
ト）、「生活関連サービス業」（13.3ポイント）、「医療、福祉」（13.2ポイント）、

「教育、学習支援業」（12.2ポイント）、「娯楽業」（10.8ポイント）、「物品賃貸業」（8.7ポイント）が、「全体」の上昇幅である7.5ポイントを上回った。これらの業種を含め、ほとんどの業種で2015年調査から2023年調査にかけて廃業予定企業の割合は高まっている。

　ただし、例外として「飲食サービス業」（－5.1ポイント）、「その他のサービス業」（－2.5ポイント）、「製造業」（－2.4ポイント）では上昇幅がマイナスとなり、2015年調査から2023年調査にかけて、廃業予定企業の割合が低下するという結果になった。理由は判然としないが、コロナ禍の影響を非常に強く受けたと考えられる「飲食サービス業」については、もともと廃業予定だった企業が早めに退出したことにより、廃業予定企業の割合が低下した可能性がある。

第3節　経営パフォーマンスと後継者決定状況

　第3節では、類型別の経営パフォーマンスをみていく。まず、2023年調査で、同業他社と比べた業況が「良い」と答えた割合は、決定企業で11.7％、未定企業で6.1％、廃業予定企業で2.2％、時期尚早企業は7.4％であった（**図4－5**）。「やや良い」は、それぞれ33.2％、27.2％、17.8％、31.4％となった。一方、業況が「悪い」と答えた割合が最も高かったのは廃業予定企業（42.9％）で、未定企業（32.1％）、時期尚早企業（26.3％）、決定企業（18.3％）と続く。当然の結果ではあるが、廃業予定企業はほかの類型よりも業況が芳しくない企業が多い。

　同じく2019年調査での業況をみると、「良い」と答えた企業は、決定企業で16.3％、未定企業で10.4％、廃業予定企業で2.9％、時期尚早企業で7.8％、「悪い」と答えた企業は、それぞれ5.9％、9.4％、26.7％、12.3％と、2023年調査に比べると全体に業況が良いものの、類型による傾向に違いはみられなかった。

　なお、2015年調査では、業況ではなく、同業他社と比べた業績を同じ選択肢で尋ねている。「良い」の回答割合は、決定企業で7.4％、未定企業で7.2％、廃業予定企業で3.0％、時期尚早企業で6.7％、「悪い」は、それぞれ5.7％、7.6％、23.9％、10.6％となっており、廃業予定企業でパフォーマンスが悪い割合が高いという結果は同じであった。

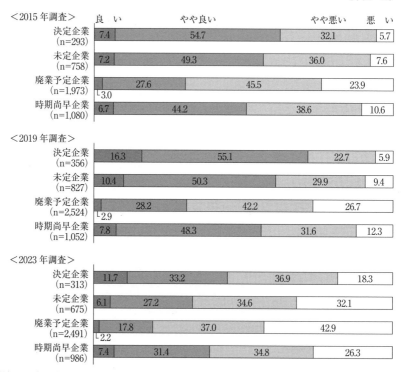

図 4 - 5　同業他社と比べた業況（類型別）

(単位：%)

(注) 2015年調査では、業況ではなく、同業他社と比べた業績を同じ選択肢で尋ねている。

　次に、売り上げ状況をみてみよう。2023年調査で、売り上げ状況が「増加傾向」にある割合は、決定企業が17.9％と最も高く、未定企業は13.1％、廃業予定企業は4.7％、時期尚早企業は13.1％となった（**図 4 - 6**）。これに対し、「減少傾向」の割合は、それぞれ41.4％、49.8％、58.7％、39.2％であった。

　2019年調査では、「増加傾向」は、決定企業で21.8％、未定企業で21.4％、廃業予定企業で5.3％、時期尚早企業で18.5％、「減少傾向」は、それぞれ21.7％、29.1％、53.8％、24.9％となっている。業況と同様に、2023年調査の方が2019年調査より水準は低いものの、類型による傾向はほぼ同じといえるだろう。

　2015年調査では、最近 1 年間の売り上げの傾向を「増加」「横ばい」「減少」

図4-6　現在の売り上げ状況（類型別）

（単位：％）

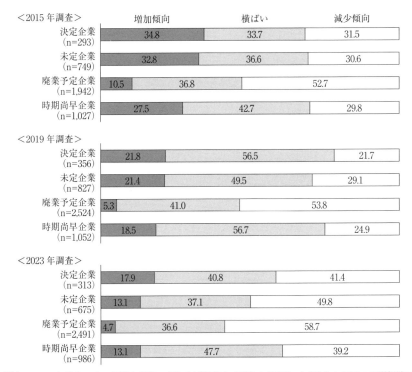

（注）　1　2015年調査では、最近1年間の売り上げ傾向を「増加」「横ばい」「減少」の三つの選択肢で
尋ねている。
　　　　2　2015年調査では、「1年前は事業を始めていなかった」を除いて集計。

の三つの選択肢で尋ねている。質問の形式はやや異なるものの、「増加」は、
決定企業で34.8％、未定企業で32.8％、廃業予定企業で10.5％、時期尚早企業
で27.5％、「減少」は、それぞれ31.5％、30.6％、52.7％、29.8％と、廃業予定企
業で売り上げ状況が良くないという結果は同じであった。

　このような結果は、売り上げの低迷が廃業への意思決定につながっているこ
とを示唆している。一方で、一部の廃業予定企業が、意図的に事業規模を縮小
していることが反映されていると考えることもできよう。

　事業自体について、企業はどのように自己評価しているのだろうか。2023年

図 4 - 7　おおむね 5 年後の事業の将来性（2023年調査、類型別）

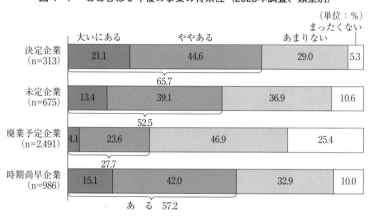

調査でおおむね 5 年後の事業の将来性について尋ねた結果を、企業の類型別にみると、「大いにある」と評価している割合は、決定企業で21.1％と最も高く、「ややある」の44.6％を加えた将来性が「ある」企業は65.7％だった（**図 4 - 7**）。続いて、時期尚早企業は、それぞれ15.1％、42.0％、57.2％、未定企業は、それぞれ13.4％、39.1％、52.5％で、いずれの類型も決定企業には及ばないものの、半数以上が事業に将来性があると自己評価している。一方、廃業予定企業で将来性が「大いにある」と回答したのはわずか4.1％で、「ややある」の23.6％を加えた、将来性が「ある」も27.7％にとどまっている。

　ただし、この結果を別の角度からみると、事業に将来性があるにもかかわらず廃業するつもりである企業が 3 割近くも存在しているともいえる。前述の業況と売り上げ状況をみても、割合は低いものの、廃業予定でもパフォーマンスの良い企業は存在している。質問の形式が異なるため直接の比較はできないが、こうした傾向は、2019年調査、2015年調査でも観察された[7]。事業に潜在力のある廃業予定企業がそのまま退出してしまうのは、経済社会にとっても損失である。何らかの対策が求められるところであろう。

---

[7]　2019年調査と2015年調査では、今後10年の事業の将来性について異なる選択肢で尋ねている。その結果、廃業予定企業では、「成長が期待できる」の割合が、2019年調査では3.9％、2015年調査では5.5％、「成長は期待できないが現状維持は可能」の割合が、それぞれ33.6％、35.4％であった。

図4-8　事業承継の際に問題になりそうなこと（決定企業、複数回答）

（注）事業売却や経営資源の一部譲渡を含む事業承継について尋ねたもの。

第4節　決定企業の課題と未定企業の経営資源引き継ぎ

　第4節では、決定企業の課題と未定企業の経営資源引き継ぎについて整理する。まず、現時点で後継者が決まっている決定企業に対し、どのような問題を抱えているかを複数回答で尋ねたところ、2023年調査では、「後継者の経営能力」（28.0％）の割合が最も高く、続いて「相続税・贈与税の問題」（22.9％）、「後継者による株式・事業用資産の買い取り」（22.5％）、「取引先との関係の維持」（18.5％）、「技術・ノウハウの承継」（15.6％）などとなった（図4-8）。

　2019年調査では、「後継者の経営能力」（32.0％）、「相続税・贈与税の問題」（23.7％）までは順位が同じで、それ以降は、「取引先との関係の維持」（22.8％）、「技術・ノウハウの承継」（21.6％）、「後継者による株式・事業用資産の買い取り」（20.6％）と、順位は入れ替わっているものの、上位5位までの回答は同じであった。回答割合の変化が目立ったのは、6.0ポイント低下した「技術・ノウハウの承継」である。ITの発達によって、経営者自身のもつ技術・ノウハウの承継や補完がしやすくなっていることを示しているのかもしれない。

　なお、「特にない」との回答は、2023年調査では33.0％と、2019年調査の32.6％と比べて大きな変化はみられない。決定企業の7割近くが事業承継に何らかの問題を抱えているという状況に、変わりはないようだ[8]。

　続いて、現時点で後継者が決まっていない未定企業に対して、最終的に後継者が見つからなかった場合、無償譲渡や売却等によって、同業者や独立予定の従業員に引き継いでもらいたい経営資源があるかを尋ねたところ、2023年調査では「事業全体」との回答が53.4％と最も多かった（**図4-9**）。続いて、「従業員」（27.0％）、「販売先・受注先（企業・一般消費者など）」（17.3％）、「設備（機械・車両など）」（15.0％）、「土地・店舗・事務所・工場（経営者・家族または法人名義の物件）」（15.0％）、「仕入先・外注先」（13.7％）、「のれん・ブランド」（12.0％）、「製品・商品」（11.2％）などが挙がっており、さまざまな経営資源を引き継いでもらいたいと考えているようだ。「引き継いでもらいたい経営資源はない」との回答は、23.7％にとどまった。後継者が見つからず廃業することになった場合に、従業員や取引先などへの影響を少しでも和らげようという意識が、これらの回答に表れていると思われる。

　なお、2019年調査と比べて、それぞれの選択肢の回答割合は大きくは変わっておらず、傾向はほぼ同じである。ただ、「事業全体」の回答割合が50.3％から53.4％へと若干上昇する一方で、「引き継いでもらいたい経営資源はない」は28.8％から23.7％へと低下しており、経営資源の引き継ぎを考える企業は増えているようだ[9]。

---

[8]　2015年調査にも類似の質問があるが、選択肢が大きく異なるため、掲載を省略した。

[9]　2015年調査では、類似の質問は行っていない。

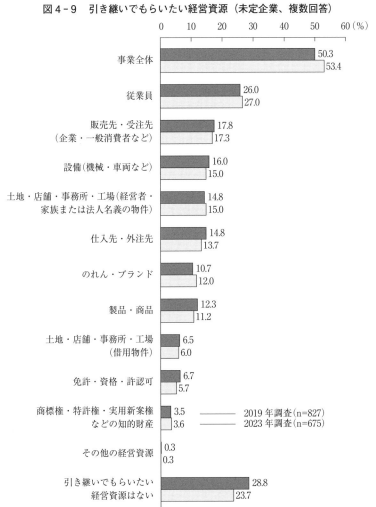

図4-9　引き継いでもらいたい経営資源（未定企業、複数回答）

- 事業全体: 50.3 / 53.4
- 従業員: 26.0 / 27.0
- 販売先・受注先（企業・一般消費者など）: 17.8 / 17.3
- 設備（機械・車両など）: 16.0 / 15.0
- 土地・店舗・事務所・工場（経営者・家族または法人名義の物件）: 14.8 / 15.0
- 仕入先・外注先: 14.8 / 13.7
- のれん・ブランド: 10.7 / 12.0
- 製品・商品: 12.3 / 11.2
- 土地・店舗・事務所・工場（借用物件）: 6.5 / 6.0
- 免許・資格・許認可: 6.7 / 5.7
- 商標権・特許権・実用新案権などの知的財産: 3.5 / 3.6
- その他の経営資源: 0.3 / 0.3
- 引き継いでもらいたい経営資源はない: 28.8 / 23.7

2019年調査（n=827）
2023年調査（n=675）

（注）最終的に後継者が見つからなかった場合、無償譲渡、売却等によって、同業者や独立予定の従業員などに引き継いでもらいたい経営資源について尋ねたもの。

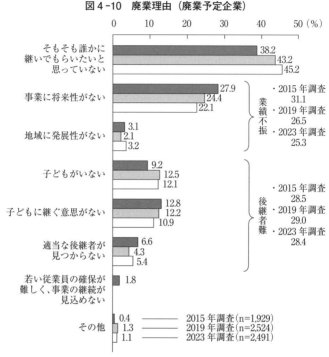

図4-10　廃業理由（廃業予定企業）

（注）　1　2015年調査では「そもそも誰かに継いでもらいたいと思っていない」を「当初から自分の代かぎりでやめようと考えていた」として尋ねている。
　　　　2　2019年調査と2023年調査では「若い従業員の確保が難しく、事業の継続が見込めない」に対応する選択肢が存在しない。

第5節　廃業予定企業の実像

　第5節では、廃業予定企業について詳しくみていきたい。前述のとおり、廃業予定企業の割合は上昇傾向にある。では、そうした企業では、どのような理由で廃業を選んでいるのだろうか。2023年調査において、廃業理由として最も回答割合が高かったのは、「そもそも誰かに継いでもらいたいと思っていない」（45.2％）であった（**図4-10**）。「事業に将来性がない」と「地域に発展性がない」は、それぞれ22.1％、3.2％で、これらを合わせた「業績不振」は25.3％と

なっている。「子どもがいない」(12.1％)、「子どもに継ぐ意思がない」(10.9％)、「適当な後継者が見つからない」(5.4％) を合わせた「後継者難」は28.4％となった。

2019年調査では、「そもそも誰かに継いでもらいたいと思っていない」が43.2％、「業績不振」が26.5％、「後継者難」が29.0％、2015年調査では選択肢がやや異なるが、「当初から自分の代かぎりでやめようと考えていた」が38.2％、「業績不振」が31.1％、「後継者難」が28.5％となっている。このように、廃業予定企業の廃業理由は、大きくは変わっていないようだ。

次に、廃業理由として「そもそも誰かに継いでもらいたいと思っていない」と回答した企業に対し、その理由を詳しく尋ねると、2023年調査では、「経営者個人の感性・個性が欠かせない事業だから」(24.4％) が最も多い（図4-11）。続いて、「自分の趣味で始めた事業だから」(23.8％)、「経営者個人の人脈が欠かせない事業だから」(16.6％)、「後継者に苦労をさせたくないから」(16.5％)、「高度な技術・技能が求められる事業だから」(16.2％)、「個人の免許・資格が必要な事業だから」(15.4％)、「長期の訓練・修業が必要な事業だから」(9.3％) などとなっている。これらの選択肢の多くは、経営者の属人的な資質や人脈などが事業と強く結びついていることを示している。現在の経営者と同じ水準の資質をもった後継者を探すのが容易ではないことから、事業承継が難しいと考える経営者が多いようである。

2019年調査をみると、「経営者個人の感性・個性が欠かせない事業だから」(27.2％)、「自分の趣味で始めた事業だから」(20.6％) までは2023年調査と順番が同じで、「高度な技術・技能が求められる事業だから」(17.7％)、「個人の免許・資格が必要な事業だから」(17.2％)、「経営者個人の人脈が欠かせない事業だから」(16.3％) と続いている。「後継者に苦労をさせたくないから」は16.2％、「特に理由はない」は21.0％で、どちらも2023年調査とほぼ同じ水準であり、回答割合と順番には多少の変動があるものの、傾向はあまり変化していないようだ[10]。

ところで、廃業予定企業の経営者は、何歳くらいまで事業を続けようと考え

---

[10] 2015年調査では、類似の質問は行っていない。

図 4 -11　そもそも誰かに引き継いでもらいたいと思っていない理由
（廃業予定企業、複数回答）

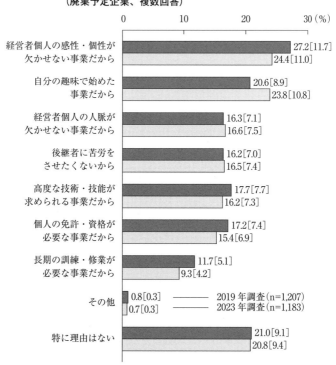

（注）1　廃業予定企業のうち、廃業理由として「そもそも誰かに継いでもらいたいと思っていない」
　　　　と回答した企業に尋ねたもの。
　　　2　[　　　]内は2023年調査と2019年調査それぞれの廃業予定企業全体に対する割合。

ているのだろうか。廃業予定年齢をみると、2023年調査では、「80歳以上」が
24.8％、「75〜79歳」が28.9％、「70〜74歳」が21.4％、「65〜69歳」が14.5％な
どとなった（**図 4 -12**）。およそ 9 割が65歳以上と回答しており、勤務者の定
年年齢と比べて高齢になっても働き続けたいと考えている経営者が多いようで
ある。

　ここで、先に挙げた四つの年齢層の回答割合を、2019年調査（それぞれ
18.8％、30.0％、25.6％、16.0％）、2015年調査（それぞれ16.8％、21.9％、31.9％、
19.8％）と比べてみると、2015年調査から2019年調査にかけては「75〜79歳」

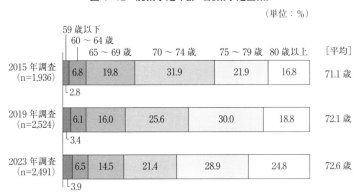

図4-12　廃業予定年齢（廃業予定企業）

（単位：％）

	59歳以下	60～64歳	65～69歳	70～74歳	75～79歳	80歳以上	［平均］
2015年調査 (n=1,936)		6.8	19.8	31.9	21.9	16.8	71.1歳
		2.8					
2019年調査 (n=2,524)		6.1	16.0	25.6	30.0	18.8	72.1歳
		3.4					
2023年調査 (n=2,491)		6.5	14.5	21.4	28.9	24.8	72.6歳
		3.9					

（注）「何歳くらいまで現在の事業を経営したいと思いますか」という設問に対する回答。

が8.1ポイント、2019年調査から2023年調査にかけては「80歳以上」が6.0ポイント、それぞれ割合を高めているのが目立つ。また、平均も2015年調査で71.1歳、2019年調査で72.1歳、2023年調査で72.6歳と、少しずつ上昇しており、経営者の高齢化だけではなく、廃業予定年齢の高齢化も同時に進んでいることがうかがえる。

　こうした廃業予定企業のすべてが、直ちに廃業するわけではない。では、一体どのくらいのペースで廃業していくのだろうか。廃業予定年齢から現在の年齢を引いて算出した廃業予定時期をみると、2023年調査では「５年以内」が49.6％と約半数に達した（**図4-13**）。2019年調査の43.6％と比べて、短期間で6.0ポイント上昇している。また、2019年調査から2023年調査にかけて、「６～10年後」は29.0％から27.7％へ、「11～15年後」は13.0％から10.8％へ、「16～20年後」は6.7％から6.2％へ、「21年後以降」は7.6％から5.7％へとそれぞれ減少しており、全体的に短い方へシフトしている。廃業予定年齢の上昇によって多少は廃業までの期間が延びている可能性があるとはいえ、高齢化の影響を抑えることはできない。各企業が廃業するまでに残された時間は少なくなっており、廃業による中小企業の減少という問題は、より差し迫ったものになっているといえるだろう。

　廃業予定企業は、自身が廃業することで、どのような問題が発生すると考え

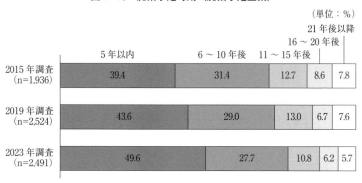

図 4 -13　廃業予定時期（廃業予定企業）

（単位：%）

（注）「何歳くらいまで現在の事業を経営したいと思いますか」という設問で答えた年齢から、現在の年齢を引いた年数。

ているのだろうか。廃業する際に問題になりそうなことを複数回答で尋ねたところ、「特に問題はない」との回答は、2023年調査で41.5％、2019年調査で42.1％、2015年調査で44.6％となった（**図 4 -14**）。つまり、それぞれ6割近くの廃業予定企業が、問題が起こると予想しているということである。

　具体的な問題をみると、2023年調査では、「やめた後の生活費を確保すること」（29.7％）、「自分の生きがいがなくなること」（19.2％）、「取引先の企業（販売先・受注先）に不便をかけること」（12.0％）、「借入金など負債を整理すること」（11.5％）、「事業をやめるための費用がかかること」（11.3％）などとなっている。廃業予定企業の多くが、さまざまな問題を予想しているようだ。

　2019年調査と2015年調査をみても、「やめた後の生活費を確保すること」が、それぞれ32.5％、32.0％と最も高い回答割合となった。そのほか、「自分の生きがいがなくなること」（それぞれ17.3％、18.4％）、「取引先の企業（販売先・受注先）に不便をかけること」（それぞれ13.4％、11.7％）、「事業をやめるための費用がかかること」（2019年調査で12.8％）、「借入金など負債を整理すること」（それぞれ12.6％、10.9％）など、回答割合と順位は、大きくは変わらなかった[11]。

---

[11] 「取引先の企業（販売先・受注先）に不便をかけること」の2015年調査は、「取引先の企業に迷惑をかけること」と回答した割合。

図4-14　廃業の際に問題になりそうなこと（廃業予定企業、複数回答）

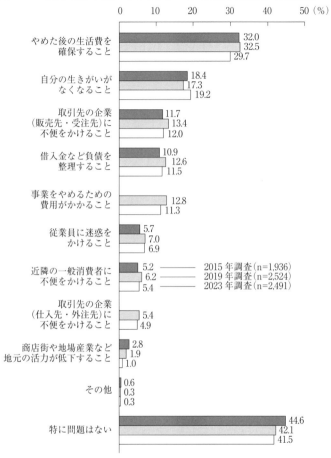

（注）1　2015年調査では販売先・受注先と仕入先・外注先を区別せず「取引先の企業に迷惑をかけること」として尋ねている。ここでは、その回答割合を「取引先の企業（販売先・受注先）に不便をかけること」として記載。

　　　2　設問では、「事業をやめるための費用がかかること」の例として、設備・在庫の処分、各種契約の解約、賃貸物件原状回復などにかかる費用を挙げている。

　　　3　2015年調査では「事業をやめるための費用がかかること」に対応する選択肢が存在しない。

第6節 事業承継に対する支援

　第6節では、事業承継に関する問題の解決に向けた支援に対する、経営者の意向をみてみよう。まずは決定企業に、事業承継に向けた経営状況・経営課題の把握について、外部機関や専門家などから支援を受けたいかどうかを尋ねたところ、2023年調査では、「すでに支援を受けている」が3.4％、「将来支援を受けたい」が15.6％、「わからない」が19.8％、「支援を受けるつもりはない」が61.1％となっている（図4-15）。支援を必要と考えない経営者が半数を超える一方で、割合は高くはないものの、一定の支援ニーズは存在しているとみてよいだろう。ただ、2019年調査では「すでに支援を受けている」が6.0％、「将来支援を受けたい」が16.4％、「わからない」が24.5％、「支援を受けるつもりはない」が53.1％となっており、支援へのニーズはやや縮小しているようにみえる[12]。

　続いて、事業承継計画の策定への支援について決定企業に尋ねたところ、2023年調査では「すでに支援を受けている」が2.8％、「将来支援を受けたい」が15.0％、「わからない」が19.2％、「支援を受けるつもりはない」が62.9％、2019年調査ではそれぞれ5.1％、16.2％、26.6％、52.1％となっており、事業承継に向けた経営状況・経営課題の把握と同様、支援へのニーズはやや縮小している（図4-16）。

　次に、未定企業と廃業予定企業に、事業売却先の選定について支援を受けたいかどうかを尋ねた。その結果、未定企業は、2023年調査では「すでに支援を受けている」が0.9％、「将来支援を受けたい」が17.3％、「わからない」が30.8％、「支援を受けるつもりはない」が51.0％、2019年調査ではそれぞれ1.2％、18.5％、33.9％、46.4％となった（図4-17）。やはり一定の支援ニーズはあるものの、縮小気味である。廃業予定企業は、2023年調査では「すでに支援を受けている」が0.2％、「将来支援を受けたい」が4.0％、「わからない」が18.6％、「支援を受けるつもりはない」が77.2％、2019年調査ではそれぞれ

---

[12] 2015年調査では事業承継への支援に関する質問は行っていない。

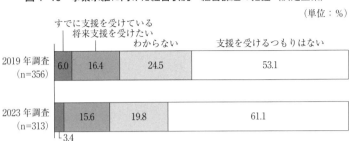

図 4-15　事業承継に向けた経営状況・経営課題の把握（決定企業）

（単位：％）

（注）外部機関や専門家などから支援を受けたいかどうかを尋ねたもの（図 4−18まで同じ）。

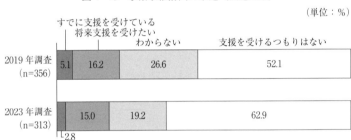

図 4-16　事業承継計画の策定（決定企業）

（単位：％）

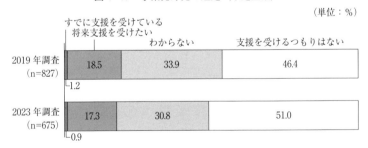

図 4-17　事業売却先の選定（未定企業）

（単位：％）

0.1％、3.4％、22.7％、73.8％と、支援ニーズの水準は未定企業よりも低い（**図 4 -18**）。「すでに支援を受けている」「将来支援を受けたい」はわずかに割合を高めているものの、「支援を受けるつもりはない」が3.4ポイント上昇して

図 4 -18　事業売却先の選定（廃業予定企業）

（単位：％）

| すでに支援を受けている 将来支援を受けたい わからない | | 支援を受けるつもりはない |

| 2019 年調査（n=2,524） | 3.4 | 22.7 | 73.8 |
| 0.1 |

| 2023 年調査（n=2,491） | 4.0 | 18.6 | 77.2 |
| 0.2 |

いる。

　近年、事業承継にかかる支援は充実しつつある。それにもかかわらず、個別企業における支援のニーズは、一定割合は存在しているものの縮小傾向にあるようだ。ただし、**図 4 -15** から**図 4 -18** で示した四つのデータをみると、「わからない」の割合は、2019年調査から2023年調査にかけて低下しているものの、いずれの調査年でも、それぞれ 2 割から 3 割程度となっている。このなかには、将来のことなので今は判断できないと考えた経営者のほかにも、支援に対する潜在的なニーズはあるものの、どのような支援があるのかを知らないために、「わからない」と回答した経営者もいるものと推測される。そうだとすれば、中小企業との日常的な接触が比較的多いと考えられる、金融機関、商工会議所・商工会、同業者組合などを通じて、経営者に対し、事業承継に対する具体的な支援メニューについての情報を発信していくことも必要となってくるだろう。

第 7 節　コロナ禍の事業承継への影響

　新型コロナウイルス感染症の流行は、日本の経済社会に大きな影響を与えた。中小企業の事業承継問題においても、コロナ禍によって何らかの変化がもたらされた可能性がある。そこで本節では、新型コロナウイルス感染症の流行後に実施した、2023年調査の結果をもとに、コロナ禍の影響についてみていこう。

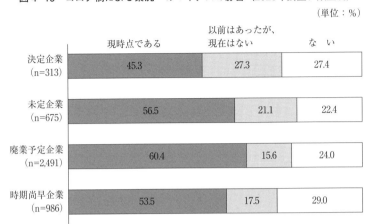

図4-19　コロナ禍による業況へのマイナスの影響（2023年調査、類型別）

（単位：％）

(注)「現時点である」は「現時点で大いにある」「現時点で少しある」の、「以前はあったが、現在はない」は「以前は大いにあったが、現在はない」「以前は少しあったが、現在はない」の、「ない」は「現在まではないが、今後はありそう」「現在まではなく、今後もなさそう」の合計。

　まず、コロナ禍による業況へのマイナスの影響を尋ねたところ、決定企業では「現時点である」が45.3％、「以前はあったが、現在はない」が27.3％で、「ない」と回答したのは27.4％であった（**図4-19**）。未定企業ではそれぞれ56.5％、21.1％、22.4％、廃業予定企業ではそれぞれ60.4％、15.6％、24.0％、時期尚早企業ではそれぞれ53.5％、17.5％、29.0％となった。いずれの類型も7割以上がマイナスの影響を受けたが、廃業予定企業において、「現時点である」との回答割合がほかの類型よりも高くなっている。この結果は、コロナ禍のマイナスの影響が長期化していることで、廃業への意思が強まった可能性があることを示唆しているといえよう。

　続いて、後継者の決定状況について、新型コロナウイルス感染症の流行前の2019年末時点と、2023年の調査時点とを比較してみよう。**表4-5**は、2019年末時点の4類型ごとに、調査時点の4類型の割合を示したものである[13]。データには、この期間に経営者が交代したケースも含まれている。ただし、2020年以降に開業した企業は除かれている。また、調査時点に存在している企業の

---

[13] 2019年末時点の4類型は、2023年調査で、2019年末時点における後継者の決定状況を遡及して尋ねた結果に基づいて分類したものである。

表４-５　後継者の決定状況の変化（2023年調査、類型別）

（単位：％）

		調査時点				
		決定企業	未定企業	廃業予定企業	時期尚早企業	合　計
2019年末時点	決定企業	84.8	4.8	6.5	3.9	100.0
	未定企業	6.8	84.4	7.5	1.3	100.0
	廃業予定企業	0.8	2.1	96.2	0.9	100.0
	時期尚早企業	3.1	11.5	10.3	75.1	100.0

（注）1 2019年末時点は、2023年調査の対象企業に対して2019年末時点での後継者決定状況を尋ねたもの。2020年以降に開業した企業は除外。
　　　2 2019年末から調査時点にかけて経営者が代わっている企業には、当時の経営者の考えを想像して回答するよう求めた。
　　　3 n の記載は省略。

データであるため、当然ながらこの間に廃業した企業は含まれていない。

　2019年末時点で後継者が決まっていた決定企業は、調査時点でも84.8％が決定企業のままであった。ただし、4.8％が未定企業に、6.5％が廃業予定企業に、3.9％が時期尚早企業に変化している。未定企業や時期尚早企業になったなかには、この間に経営者が交代した企業がある一方で、予定していた後継者を変更したケースも含まれていると思われる。

　同じく未定企業は、調査時点で84.4％が未定企業のままで、決定企業になったのは6.8％である。廃業予定企業になったのは7.5％、時期尚早企業になったのは1.3％であった。

　廃業予定企業は、調査時点でも大多数の96.2％が廃業予定企業のままであるものの、決定企業となったところも0.8％と、わずかながら存在している。未定企業となったのは2.1％、時期尚早企業となったのは0.9％であった。

　時期尚早企業のうち、調査時点においても時期尚早企業のままであったのは75.1％で、４類型で最も変化が大きかった。決定企業になったのは3.1％と少ないが、11.5％が後継者を検討している段階の未定企業となっている。これは、事業承継に向けて動きだしたという意味で、社会的にみてポジティブな動きともいえるだろう。ただし、一方で10.3％が廃業予定企業に変化していることも見逃すことはできない。

図 4 -20　コロナ禍が後継者の決定状況に与えた影響（2023年調査、未定企業）

（単位：％）

（n=675）

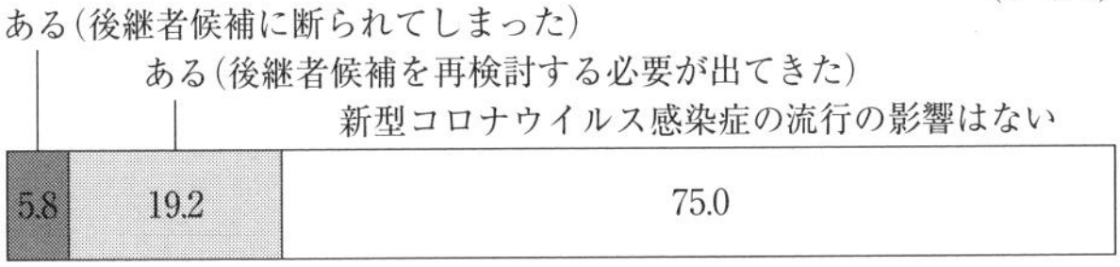

ある（後継者候補に断られてしまった）
ある（後継者候補を再検討する必要が出てきた）
新型コロナウイルス感染症の流行の影響はない

| 5.8 | 19.2 | 75.0 |

　なお、ここでみた変化は、必ずしもすべてが新型コロナウイルス感染症の影響によるものとはいえないことに注意する必要がある。2019年から2023年にかけての、経営者や後継者の考え方や体調の変化、コロナ禍以外の要因による経営状況の変化なども、後継者の決定状況に影響する可能性があるためである。そこで、2023年調査の未定企業に、コロナ禍が後継者の決定状況に与えた影響について尋ねたところ、「新型コロナウイルス感染症の流行の影響はない」との回答は75.0％で、「ある（後継者候補を再検討する必要が出てきた）」が19.2％、「ある（後継者候補に断られてしまった）」が5.8％と、全体の4分の1が、影響があったと答えている（図 4 -20）。

　続いて、コロナ禍が経営者の引退時期に与えた影響について回答割合をみると、「早くなった」は決定企業で5.8％、未定企業で8.4％、廃業予定企業で8.1％、時期尚早企業で5.5％、「変わっていない」はそれぞれ87.7％、86.2％、86.8％、91.4％、「遅くなった」はそれぞれ6.5％、5.4％、5.1％、3.0％となった（図 4 -21）。コロナ禍によって、事業経営への意欲を失って引退時期を早めたり、収入や貯蓄の減少のため引退時期を遅らせたりと、引退時期に与える影響は大きいのではないかと予想したが、変化したのは1割程度であった。決定企業で「遅くなった」、そのほかの3類型で「早くなった」との回答割合がやや高く、引退予定年齢の平均も、決定企業は73.3歳から73.4歳へと上昇、未定企業は73.7歳から73.6歳へ、廃業予定企業は72.7歳から72.6歳へ、時期尚早企業は69.8歳から69.7歳へとそれぞれ低下しているものの、変化の幅は非常に小さかった（表 4 - 6 ）。

　このように、コロナ禍は一部の経営者の引退時期に影響を与えてはいるものの、全体でみれば、その影響は限定的だったといってよいだろう。

図4-21　コロナ禍が経営者の引退時期に与えた影響（2023年調査、類型別）

（注）「早くなった」「遅くなった」は、「新型コロナウイルス感染症の流行の影響で、現在の事業から引退したいと思う年齢は変わりましたか」という設問で「変わった」と回答した人に対し、「新型コロナウイルス感染症が流行する前は、何歳くらいまで現在の事業を経営したいと思っていましたか」と尋ね、現在考えている引退したい年齢と比較してそれぞれ集計。

表4-6　コロナ禍前と現在の経営者の平均引退・廃業予定年齢
（2023年調査、類型別）

（単位：歳）

	決定企業	未定企業	廃業予定企業	時期尚早企業	全　体
コロナ禍前	73.3	73.7	72.7	69.8	72.6
現　在	73.4	73.6	72.6	69.7	72.5
n	313	675	2,491	986	4,465

（注）1　現在の引退・廃業予定年齢は「何歳くらいまで現在の事業を経営したいと思いますか」という設問に対する回答の平均。
　　　2　コロナ禍前の引退・廃業予定年齢は、「新型コロナウイルス感染症の流行の影響で、現在の事業から引退したいと思う年齢は変わりましたか」という設問で「変わった」と回答した人に対して尋ねた、「新型コロナウイルス感染症が流行する前は、何歳くらいまで現在の事業を経営したいと思っていましたか」という設問に対する回答と、「変わっていない」と回答した人の「何歳くらいまで現在の事業を経営したいと思いますか」という設問に対する回答の平均。

第8節　おわりに

　第4章では、中小企業における事業承継の実態とその変化について、2023年調査の結果を2015年調査、2019年調査と比較しつつ分析した。その結果、廃業

予定企業の割合は2015年調査の50.0％から、2019年調査の52.6％、2023年調査の57.4％へと上昇していること、すべての年齢層で廃業予定企業の割合が高まっていることがわかった。また、ほとんどの業種で2015年調査から2023年調査にかけて廃業予定企業の割合が高まっていること、コロナ禍の影響を大きく受けた宿泊業で廃業予定企業の割合が大幅に高まったことが示された。廃業予定企業の廃業予定時期は早まっており、2023年調査では5年以内の廃業を考えている割合が半数近くにまで上昇したこと、事業承継支援へのニーズが一定割合は存在するものの縮小傾向にあること、新型コロナウイルス感染症の流行が一部の中小企業の後継者問題に影響を与えたこともわかった。

　廃業の増加は、雇用の喪失や産業競争力の減退につながり、経済に対して大きな悪影響を与える。小売業や個人向けサービス業など、地域の社会的インフラとなっているような企業が廃業することで、生活に支障が生じている地域はすでに出てきているが、第4章における分析では、中小企業の廃業問題がより深刻化しており、影響がさらに広がる懸念があることが明らかになった。中小企業の廃業による社会的影響については、第7章で論じていく。

参考表4-1　サンプルのウエイトづけ

(1)　アンケート回答企業の従業者規模と経営者の年齢

（単位：件）

		39歳以下	40歳代	50歳代	60歳代	70歳以上	合　計
個人企業	1　人	345	356	337	303	301	1,642
	2〜4人	123	144	150	163	182	762
	5〜299人	51	51	30	49	31	212
法人企業	1〜4人	116	189	222	233	208	968
	5〜9人	39	101	87	103	85	415
	10〜19人	34	49	52	45	26	206
	20〜49人	21	39	38	45	23	166
	50〜299人	10	23	25	23	13	94
合　計		739	952	941	964	869	4,465

(2)　実際の企業分布

（単位：件）

		39歳以下	40歳代	50歳代	60歳代	70歳以上	合　計
個人企業	1　人	7,121	46,037	126,125	194,546	332,621	706,450
	2〜4人	7,995	66,606	170,847	243,463	492,422	981,333
	5〜299人	3,204	23,151	52,414	72,577	139,877	291,223
法人企業	1〜4人	20,154	102,831	208,442	213,391	259,335	804,153
	5〜9人	11,413	66,063	125,065	114,577	120,664	437,783
	10〜19人	7,718	45,749	85,299	76,032	70,900	285,698
	20〜49人	5,050	30,900	58,045	54,979	44,399	193,374
	50〜299人	2,046	14,975	29,730	35,766	25,496	108,013
合　計		64,700	396,313	855,968	1,005,331	1,485,714	3,808,027

資料：総務省・経済産業省「経済センサス−活動調査」（2016年）企業等に関する集計
　　　第7表、事業所に関する集計第7-3表、帝国データバンクの企業情報データ
　　　ベース（2023年1月）
(注)　1「経済センサス−活動調査」から得た個人企業・法人企業別従業者規模別の企
　　　業数合計に、帝国データバンクの企業情報データベースからそれぞれのカテゴ
　　　リーに対応する年齢別の構成比を乗じて、各セルの企業数を算出。
　　　2　経営者の年齢別の企業数は四捨五入しているため、合計と一致しない場合がある。

(3)　集計ウエイト
　　実際の企業分布に近似したデータを得るため、各セルごとに(2)の件数を(1)の件数で
除した数値を集計ウエイトとした。

		39歳以下	40歳代	50歳代	60歳代	70歳以上
個人企業	1　人	20.6	129.3	374.3	642.1	1,105.1
	2〜4人	65.0	462.5	1,139.0	1,493.6	2,705.6
	5〜299人	62.8	453.9	1,747.1	1,481.2	4,512.2
法人企業	1〜4人	173.7	544.1	938.9	915.8	1,246.8
	5〜9人	292.6	654.1	1,437.5	1,112.4	1,419.6
	10〜19人	227.0	933.6	1,640.4	1,689.6	2,726.9
	20〜49人	240.5	792.3	1,527.5	1,221.8	1,930.4
	50〜299人	204.6	651.1	1,189.2	1,555.0	1,961.2

第 5 章

経営者の子どもの承継意欲

井上 考二／長沼 大海／原澤 大地

第 1 節　はじめに

　第 4 章で廃業を予定している企業の割合が 6 割近くに達していると述べたように、わが国では経営者の高齢化に伴う中小企業の廃業の増加が問題となっている。廃業は当該企業だけの問題ではない。廃業する企業が増えれば、そこで働く従業員や取引先などを通じて、経済全体に大きな影響を及ぼす可能性がある[1]。「大廃業時代」とも形容される今日、事業承継を促進することは、わが国において非常に重要な課題といえる。

　その方策として、近年は経営者の子ども以外への承継、つまり従業員や第三者への承継が注目されており、官民を挙げて支援の動きが広がっている。例えば、中小企業庁は親族や従業員のなかに後継者が見当たらない中小企業のM&Aを普及させるため、「第三者承継支援総合パッケージ」を打ち出すなど取り組みを進めている。民間企業でも、事業承継に関するコンサルティングやプラットフォーム、M&A の仲介業など、後継者のいない中小企業と事業を継いでくれる人や会社を仲介するようなサービスが台頭している。

　こうした流れは効果をあげつつある。日本政策金融公庫総合研究所（以下、当研究所）が実施した「中小企業の事業承継に関するインターネット調査」の2015年、2019年、2023年の各調査[2]の結果をみると、すでに後継者が決まっている「決定企業」の後継者候補は、「役員・従業員（親族以外）」と「社外の人（親族以外）」を合わせた「親族以外」の割合が2015年の15.5％から2023年は29.5％に大きく高まっている（**表 5 - 1**）。後継者がまだ決まっていない「未定企業」の後継者候補も、「親族以外」が30.2％から38.8％に上昇している。

　もっとも、中小企業の後継者といえば、経営者の子ども、特に男の子どもをイメージする人は多い。実際、後継者候補の筆頭が経営者の子どもである点は依然として変わっていない。決定企業で「男の実子」が後継者候補である割合は、2015年の61.3％から2023年は39.4％に低下しているものの、「親族以外」の29.5％を上回る。「男の実子」と「女の実子」（10.0％）を合計すると49.4％と

---

[1]　廃業による影響については、第 7 章で詳しく分析している。
[2]　2023年の調査の実施要領は、第 4 章**表 4 - 1**参照。

表 5 - 1　後継者候補

（単位：％）

	決定企業			未定企業（複数回答）		
	2015年調査	2019年調査	2023年調査	2015年調査	2019年調査	2023年調査
男の実子	61.3	55.3	39.4	50.5	42.8	41.6
長　男	51.1	45.2	33.7	42.7	36.4	33.5
長男以外の男の実子	10.2	10.1	5.7	12.4	9.5	11.6
女の実子	12.1	10.2	10.0	18.4	16.2	13.4
長　女	—	8.1	6.9	—	13.7	12.2
長女以外の女の実子	—	2.1	3.1	—	3.7	2.0
義理の息子（娘むこ）	2.6	3.0	0.1	5.0	2.6	0.5
義理の娘（息子の嫁）	0.0	0.7	2.0	0.8	0.8	1.0
配偶者	3.4	1.7	8.3	5.0	3.6	4.4
上記以外の親族	5.2	8.8	10.7	9.6	10.6	9.8
親族以外	15.5	20.3	29.5	30.2	36.5	38.8
役員・従業員（親族以外）	12.3	16.3	19.1	22.7	24.0	28.6
社外の人（親族以外）	3.2	4.0	10.4	10.6	14.8	12.8
n	293	356	313	444	448	364

資料：日本政策金融公庫総合研究所「中小企業の事業承継に関するインターネット調査」
（注）1　割合はウエイトづけして算出した値。ただしnは実際の回答数（表 5 - 2 まで同じ）。
　　　2　決定企業は後継者が決まっており後継者本人も承諾している企業に尋ねたもの。未定企業は事業承継の意向はあるが後継者が決まっていない企業のうち、後継者が決まっていない理由として「後継者にしたい人はいるが本人が承諾していない」「後継者にしたい人はいるが本人がまだ若い」「後継者の候補が複数おり誰を選ぶかまだ決めかねている」のいずれかを回答した企業に複数回答で尋ねたもの。
　　　3　2015年調査では「長女」「長女以外の女の実子」を合わせて「女の実子」として尋ねている。

　なり、後継者候補の約半数は経営者の子どもである。未定企業でも同様の傾向がみてとれる。
　中小企業において経営者の子どもが後継者候補となることが多いのは、以下のような理由で親族以外への承継が容易ではないからであろう。
　第 1 に、子ども以外の後継者候補を探すことが難しい点である。子ども以外の後継者を考える場合、まず候補として挙がるのは従業員だが、規模が特に小さい企業では、家族以外の従業員がいなかったり、いたとしても経営者と同年代であったりするなど、後継者として適当な従業員がいないことが多々ある。

　第2に、候補となる従業員がいたとしても、事業の承継を承諾してくれるとは限らない点である。事業を承継するなら、もうかっている事業を継ぎたいと思うのは自然なことであり、好んで赤字の企業を継ぎたいとは思わない。しかし、小企業の多くは業況が良いとはいえない[3]。経営者の子どもであれば、家業としての思いや従業員への責任などから、赤字でも承継することがあるかもしれないが、親族以外の場合は何らかの強みがなければ承継を承諾してもらうのは難しいだろう[4]。M&A などによる第三者への承継も事情は同じであり、経営状況が良くなければ、売却先や譲渡先を見つけるのに苦労する。

　第3に、事業の承継を承諾してくれても、親族以外の後継者候補は実際の承継までに乗り越えなければならない問題がある。株式や事業用資産の買い取りはその典型といえる。**図5−1**は、事業承継の際に問題になりそうなことを、後継者候補が「経営者の子ども」の企業と、「親族以外」の企業に分けてみたものである。「親族以外」では「後継者による株式・事業用資産の買い取り」が32.5％で「経営者の子ども」の19.2％より高い。相続や贈与という方法で株式や事業用資産の譲り受けが可能な子どもと違い、親族以外の後継者は買い取るための資金を用意しなければならない。事業で使用している不動産の買い取りを求められることもあり、その負担が重いことで承継を諦めるケースもみられる。

　さらに、経営者自身が子どもへの承継を望んでいるという点も、経営者の子どもが後継者候補となることが多い理由に挙げられるだろう。当研究所が2021年7月に実施した「全国小企業月次動向調査」[5]では、特別質問として事業承継の状況を尋ねている。その自由記述欄には、「息子に継いでほしいが、すでに就職しており難しい。同業者に承継をお願いする考えもあるが、廃業の可能性が高い」（自動車部品卸売業）、「息子はいるが別の会社に勤めているので、自分の代で廃業になると思う」（呉服小売業）といったコメントが寄せられていた。子どもへの承継がかなわない場合は自分の代で廃業しようと考える経営

---

[3]　当研究所の「小企業の決算状況調査」（2022年度）によると、採算が「黒字」である小企業の割合は36.5％で、「収支ゼロ」が28.0％、「赤字」が35.5％となっている。

[4]　従業員本人が承諾しても、その家族が反対して事業を承継できないこともある。

[5]　調査対象は従業者数が原則20人未満（卸売業、小売業、飲食店は10人未満）の小企業1,500社。

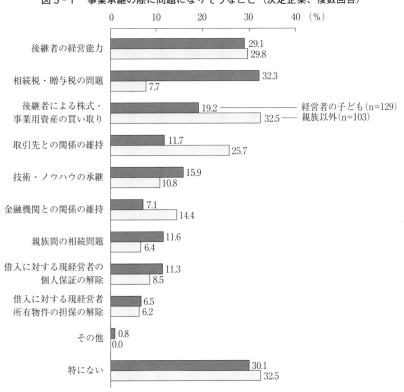

図 5 - 1　事業承継の際に問題になりそうなこと（決定企業、複数回答）

資料：日本政策金融公庫総合研究所「中小企業の事業承継に関するインターネット調査」（2023年）
（注）　1　後継者が決まっており後継者本人も承諾している決定企業の事業承継の際に問題になりそうなことを集計したもの。
　　　　2　経営者の子どもは「長男」「長男以外の男の実子」「長女」「長女以外の女の実子」、親族以外は「役員・従業員（親族以外）」「社外の人（親族以外）」。

者が少なからずいることがうかがえる。

　経営者の子どもについて尋ねた結果をみても、子どもの存在が後継者の決定状況に影響を及ぼしていることがわかる。2023年調査で男の子どもがいる割合をみると、「決定企業」では68.5％で、「未定企業」（60.4％）や自分の代で事業をやめるつもりである「廃業予定企業」（52.3％）、自分がまだ若いので今は決める必要がない「時期尚早企業」（41.6％）より高い（表 5 - 2）。平均人数で

表 5 - 2　子どもがいる割合と子どもの数

（単位：％、人）

		子どもがいる割合			子どもの平均人数		
		2015年調査	2019年調査	2023年調査	2015年調査	2019年調査	2023年調査
男の子ども	決定企業	77.2	75.5	68.5	1.17	1.18	0.96
	未定企業	61.9	60.2	60.4	0.95	0.87	0.89
	廃業予定企業	53.8	52.7	52.3	0.75	0.76	0.74
	時期尚早企業	46.9	37.0	41.6	0.66	0.50	0.58
女の子ども	決定企業	65.9	62.3	62.0	0.99	0.88	0.86
	未定企業	61.9	58.5	54.5	0.93	0.82	0.75
	廃業予定企業	53.8	53.2	49.4	0.76	0.74	0.70
	時期尚早企業	46.9	39.9	38.0	0.65	0.55	0.52

資料：表 5 - 1 に同じ
（注）1 決定企業は後継者が決まっており後継者本人も承諾している企業、未定企業は事業承継
　　　の意向はあるが後継者が決まっていない企業、廃業予定企業は自分の代で事業をやめる
　　　つもりである企業、時期尚早企業は自分がまだ若いので今は決める必要がない企業。
　　　2 子どもがいる場合はその人数を「1人」「2人」「3人」「4人」「5人以上」の選択肢で尋ねて
　　　いるため、「5人以上」は「5人」とみなして平均人数を計算している。

みると、決定企業は0.96人、未定企業は0.89人、廃業予定企業は0.74人、時期
尚早企業は0.58人である[6]。女の子どもも男の子どもと同様の傾向がある。ま
た、2015年調査と2023年調査を比較すると、日本社会全体の少子化を反映して
か、子どもがいる割合と平均人数ともに、いずれの類型でも減少している。

　以上のように、後継者難による廃業の主たる要因には、経営者の子どもが後
継者候補の筆頭であるにもかかわらず、以前と比べて子どもが親の事業を継ぐ
ケースが減っている点が挙げられる。事業承継を進めるためには、第三者承継
を促進していくことはもちろん大切だが、並行して経営者の子どもに承継を促
す取り組みを実施していくべきだろう。

　経営者の子どもに承継を促すに当たっては、子どもの承継意欲を高める要因
について理解しておく必要がある。しかし、子どもの側の承継意欲を対象にし
た先行研究は少なく、承継意欲に違いをもたらすような子どもの性格や経験、

---

[6]　平均人数は「いない」企業を含んで計算した値である。なお、時期尚早企業で男の子どもがいる割
　合が低く、平均人数が少ないのは、ほかの類型と比べて年齢が若い経営者が多いことが要因と考え
　られる（第 4 章図 4 - 4 参照）。

承継対象の企業の属性といった点の詳細は必ずしも明らかになっていない。

　そこで本章では、経営者または元経営者を親にもつ子どもの事業承継意欲について明らかにすることを目的に、当研究所が2021年 8 月に実施した「子どもの事業承継意欲に関する調査」の結果を分析していく。

　構成は以下のとおりである。次の第 2 節は問題意識と先行研究について整理し、第 3 節以降は、事業承継意欲のある子どもとない子どもに分けたうえで、アンケート調査の結果を分析する。具体的には、第 3 節で調査の実施要領と分析対象について述べた後、第 4 節では子どもの属性や性格、事業を継ぐ理由、継がない理由など、子ども自身に関する結果の違いを、第 5 節では業種や規模、業績など親の事業に関する結果の違いをみていく。第 6 節は、親の事業に関しての知識や経験、子どもが親の事業を承継した場合の収入や満足度の変化など、子どもの意識と親の事業との関係についてみていく。最後の第 7 節は、分析の総括を行う。

第 2 節　子どもの承継意欲に関する先行研究

　事業承継に関する研究は数多く行われている。これまでの先行研究を丹念にフォローした藤井（2020）は、その内容を①事業承継の実態に関するもの、②事業承継プロセス上の課題に関するもの、③事業承継の意義や効果に関するもの、④事業承継にまつわる法律や制度に関するものの四つに整理したうえで、これらの分野が相互に関係し合っていることを指摘する。

　このうち、①事業承継の実態に関する先行研究の多くはアンケート調査の結果に基づくものである。当研究所でも「中小企業の事業承継に関するアンケート」（2009年）のほか、前述した「中小企業の事業承継に関するインターネット調査」（2015年、2019年、2023年）などを実施し、研究成果を公表してきた。

　しかし、経営者の子どもの事業承継意欲の論点は、事業承継の実態に関する研究において引き合いに出されるものの、経営者や企業の視点から、いかにして継がせるか、継いでもらうためにはどうするべきかといった切り口のものが大半を占めている。経営者の子どもが事業承継をどのように考えているのか、なぜ承継したいと思わないのか、子どもの属性や環境が承継意欲にどのような

影響を及ぼしているのかといった経営者の子ども側の視点から分析した研究は、経営者や企業側の視点から分析したものに比べて少ない。

経営者の子どもに対する調査の一つに、Zellweger and Sieger（2012）がある。世界26カ国約500の大学の学生のうち、親がファミリー企業を経営する2万8,105人に、大学卒業後のキャリアパスとその動機などを尋ねるアンケート調査を実施した。ファミリー企業を承継したいと考える学生は、ほかのキャリアパスを望む学生より、「家業の伝統を継続する」「子どもが受け継ぐことができるビジネスをつくる」などを重要視していると指摘する。また、ファミリー企業に好意的であるほど、承継を選択する可能性が高いと述べている。

また、Schröder, Schmitt-Rodermund, and Arnaud（2011）は、ドイツのファミリー企業106社の代表者とその子ども[7]を対象にアンケート調査とインタビューを行った。その結果から性格や性別、ファミリー企業との思春期における関わり度合い、親の収入、親側の意向などが、経営者の子どもの職業選択に関与していることを明らかにしている。

日本における経営者の子どもを対象にした調査としては、中小企業庁編（2005）で分析された「働く人の就業実態・就業意識に関する調査」[8]がある。親が事業を行っている就業者に、親の事業に対する承継意思や承継しない理由などを尋ねている。調査結果によると経営者の子どものうち、「承継者は決まっていないが、自分が承継してもいいと思っている」という人は9.7％に対して、「承継者は決まっておらず、自分は承継するつもりはない」人は49.5％に上る。後者の人にその理由を尋ねたところ、「親の事業に将来性・魅力がないから」（45.8％）、「自分には経営していく能力・資質がないから」（36.0％）などが多く、「今の収入が維持できないから」（13.9％）は相対的に少ないことから、予想収入よりも、事業継続への不安や経営能力に対する不安が、事業を継がない大きな要因になっていることを指摘している。ただし、その背景にある回答者の属性や置かれた環境、経験などについて詳細は分析されていない。

山口（2013）は、前述した Zellweger and Sieger（2012）など海外の先行研

---

[7]　調査対象の子どもの年齢は平均16.9歳で、大半が高校生であった。

[8]　㈱ニッセイ基礎研究所が2004年12月に実施したインターネットによる調査。20～59歳の民間企業で働く人を対象に、6,310人から有効回答を得ている。

究の論点を整理したうえで、先行研究では十分に明らかになっていない承継意欲に影響を与える要因について、仮説を提示した。具体的には、ロールモデルの存在や家族の結束力、事業への関心、生年順位、承継後の予想収入、家業の将来性、労働環境などの要素が、承継意欲の強弱の背景にあると述べている[9]。ただし、あくまで仮説の提示にとどまり、その先の調査や分析は行われていない。

　藤野・天龍（2017）も、これまでの先行研究について、現経営者の承継意識に比べて、潜在承継者（経営者の親をもつ子ども）の意識に関する研究が少ないこと、事業を継がない理由を尋ねた研究は一部あるものの、その背景まで掘り下げられていないことを指摘している。さらに、こうした問題意識の下、九州国際大学の在学生のうち経営者を親にもつ人を対象にアンケート調査とヒアリング調査を実施している。調査の結果から、承継意欲にプラスに働くと仮定していた地域内のつながり[10]が、潜在承継者にとってむしろ重荷になっている可能性を示した。

　以上のとおり、経営者の子どもの承継意欲に関する先行研究はいくつか存在しており、継ぐ理由や継がない理由などは調査されているものの、その背景にある子どもの属性や子どもが置かれた環境にまで踏み込んだ調査・分析は十分に行われていない。また、先行研究は対象を学生に絞った調査が多いが、承継候補になるのは、学生だけではない。年齢や職業など対象を幅広く設定して調査する必要がある。山口（2013）が仮説として指摘するように、子どもの承継意欲には、ロールモデルの存在や事業への関心、承継後の予想収入、家業の将来性、労働環境など複数の要因が影響し合っていると考えられる。加えて、現在の本人の就労状況や収入、親の事業の内容、外部環境、本人の性格なども影響を与えている可能性がある。

　そこで当研究所は、先行研究で指摘された特徴や仮説、先行研究が残した課題を踏まえて、親が事業を経営している人または経営していた人を対象に「子

---

[9]　山口（2013）は、これらの仮説について、①引き継ぐ意欲を高める要因、②引き継ぐ意欲を承継プロセスが完了するまで維持するための要因に大別し、分析モデルを提示している。それに対して、本章は、①引き継ぐ意欲を高める要因に注目して分析を進める。

[10]　藤野・天龍（2017）は、「閉鎖的なネットワーク」と表現し、信頼関係や社会関係資本を生み出すものと分析している。

どもの事業承継意欲に関する調査」（以下、承継意欲調査）を2021年 8 月に実施した。筆者の知る限り、わが国において、子どもの側に対して大規模なアンケートを行い、承継意欲の有無の背景にまで踏み込んだ調査は見当たらない。

第 3 節　アンケート調査の概要

　承継意欲調査は全国の18歳から69歳までの人を対象にインターネット上のアンケートで行った（**表 5 - 3**）。調査は 2 段階に分けて実施している。まず事前調査として、父、母、義父、義母のいずれかに事業経営の経験があるかどうかを尋ね、「現在、事業を経営している」「過去に事業を経営したことがある」と回答した人に対して、それぞれの親の事業について、現在の経営者、事業承継の予定、回答者本人の承継意欲などを回答してもらった。

　回収に当たっては、年齢層、性別、地域ブロックの割合が、2021年時点のわが国の人口構成[11]に準拠するようにインターネット調査会社の登録モニターに回答を依頼し、 2 万件の回答を得た。

　そして、事前調査の回答をもとに、業種が「不動産賃貸業」「農林漁業」、従業者規模が「300人以上」、所在地が「海外」である親の事業を除いたうえで、**表 5 - 3** に記載した五つのカテゴリー（承継者、承継決定者、後継予備軍、無関心層、未決定層）に該当する人を抽出し、親の事業との関わりや承継意欲についてさらに詳しく尋ねる詳細調査を実施した。有効回答数は832件、各カテゴリーの人が回答の対象とした親の事業の数は、父の事業が560件、母の事業が215件、義父の事業が185件、義母の事業が83件の計1,043件である。

　調査対象の五つのカテゴリーのうち、承継者はすでに親の事業を承継した人で、かなり前に承継した人も含まれる。また、未決定層は事業承継に対する態度が定まっていない人である。そこで本章では、まだ事業を承継していないものの、承継に対する態度を明らかにしている承継決定者、後継予備軍、無関心層の三つを分析対象とし、承継決定者と後継予備軍を合わせて「承継意欲有り」、無関心層を「承継意欲無し」と再定義し、違いをみていくことにする。

---

[11]　2021年 1 月 1 日現在の総務省「住民基本台帳に基づく人口」による人口構成。

表5-3　「子どもの事業承継意欲に関する調査」実施要領

調査時点	2021年8月	
調査方法	インターネットによるアンケート（インターネット調査会社の登録モニターに回答を依頼） 事前調査で詳細調査の調査対象に該当する人を抽出し、詳細調査を実施	
調査対象	事前調査	全国の18歳から69歳までの人 ※年齢層、性別、地域ブロックの割合が、わが国の人口構成（2021年時点）に準拠するように回収
	詳細調査	親（父、母、義父、義母）が経営している事業または経営していた事業について、以下のいずれかの類型に該当する人 ※業種が「不動産賃貸業」「農林漁業」、従業者規模が「300人以上」、所在地が「海外」である親の事業を除く

承継者	親の事業を承継した人	〈分析対象〉
承継決定者	親の事業を承継することが決まっている人	承継意欲有り
後継予備軍	親の事業を承継したい、承継してもよいと思っている人	(n=478)
無関心層	親の事業を承継するつもりはない人	承継意欲無し
未決定層	親の事業を承継するかどうか、まだ判断できない人	(n=294)

※調査に当たっては、各類型を一定数確保したうえで、承継決定者と後継予備軍を優先して回収

有効回答数	事前調査	20,000人（うち配偶者がいる人は10,847人、詳細調査の調査対象に該当する人は956人）
	詳細調査	832人

資料：日本政策金融公庫総合研究所「子どもの事業承継意欲に関する調査」（2021年）（以下、断りのない限り同じ）
(注) n は事業の数（以下同じ）。

　分析対象となる親の事業の数は772件で、内訳は承継意欲有りが478件（父の事業246件、母の事業130件、義父の事業65件、義母の事業37件）、承継意欲無しが294件（父の事業140件、母の事業40件、義父の事業84件、義母の事業30件）である。分析対象全体における承継意欲の有無の分布をみると、承継意欲有りは、61.9％と半数以上を占める（**表5-4**）。父または母の事業（以下、実親の事業）と義父または義母の事業（以下、義親の事業）に分けてみると、承継意欲有りの割合は実親の事業の方が高い。

　アンケート調査では親の事業に関する設問は親の事業ごとに回答してもらっているが、義母の事業や承継意欲無しの母の事業など、回答数が少ない親の事業がある。そのため、以降の分析では、各親の事業を合算して集計した結果を示す。ただし、従業者規模や業況、事業への適性、承継した場合の収入の満足

表 5 - 4　承継意欲の有無

(単位：％)

	承継意欲有り	承継意欲無し	合　計
全体（n=772）	61.9	38.1	100.0
実親の事業（n=556）	67.6	32.4	100.0
父の事業（n=386）	63.7	36.3	100.0
母の事業（n=170）	76.5	23.5	100.0
義親の事業（n=216）	47.2	52.8	100.0
義父の事業（n=149）	43.6	56.4	100.0
義母の事業（n=67）	55.2	44.8	100.0

(注) 1 「承継意欲有り」は、親の事業を承継することが決まっている人（承継決定者）と、親の事業を承継したい、承継してもよいと思っている人（後継予備軍）、「承継意欲無し」は、親の事業を承継するつもりはない人（無関心層）（以下同じ）。
　　 2 「実親の事業」は父または母が経営している（していた）事業の合計、「義親の事業」は義父または義母が経営している（していた）事業の合計 (以下同じ）。

度の変化といった親の事業に関する調査項目の一部については、実親の事業と義親の事業で回答結果に顕著な差がみられるため、実親と義親に分けた結果も併せて示すことにする。

第 4 節　子ども自身に関する調査結果

　ここからは、承継意欲有りのグループと承継意欲無しのグループで調査結果を比較していく。まず、子ども自身の属性として年齢と性別を確認したうえで、性格、事業を継ぐ理由と継がない理由をみていく。

　年齢層をみると、承継意欲有りは「18〜29歳」が27.0％で承継意欲無しの19.4％に比べて7.6ポイント多い（図 5 - 2）。「30歳代」も承継意欲有りは35.4％で承継意欲無しの28.2％を7.2ポイント上回っている。対して承継意欲無しでは「50歳代」と「60歳代」が承継意欲有りをそれぞれ6.5ポイント、6.8ポイント上回っている。承継意欲無しの方が相対的に年齢層が高い人が多い。

　承継意欲無しの方が年齢層が高いのは、承継意欲がない人は年齢を重ねても承継意欲無しのままであるのに対して、承継意欲がある人は事業を承継すると承継意欲有りの定義から外れて承継者に移行してしまうからだと思われる。承

図5-2　年　齢

（単位：%）

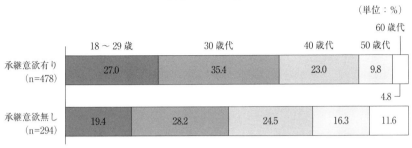

図5-3　性　別

（単位：%）

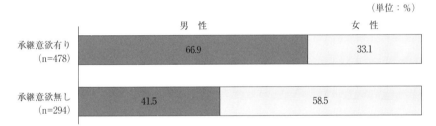

継意欲有りに、実際に事業を承継した承継者を加えて各年齢層の構成比を算出すると、「18～29歳」は20.7％、「30歳代」は28.1％、「40歳代」は23.4 ％、「50歳代」は15.2％、「60歳代」は12.6％となる。承継意欲無しの値とほぼ同じで、カイ二乗検定した結果は非有意となり、両者に違いはみられなかった。

性別をみると、承継意欲有りは「男性」が66.9％、「女性」が33.1％と、男性の割合が大きく上回っている（**図5-3**）。他方、承継意欲無しでは「男性」が41.5％、「女性」が58.5％で、女性が半数を超えている。もともと経営者は男性が多いが、承継意欲も男性の方が強い傾向にあることがわかる。

次に、心理学の研究で使われている性格特性尺度を用いて事業承継意欲と性格の関係を分析したい。ここでは、小塩・阿部・カトローニ（2012）を参考に、人の行動様式に関係する「外向性」「協調性」「勤勉性」「神経症傾向」「開放性」の性格に関する五つの特性について指標化を試みる。具体的には、各特

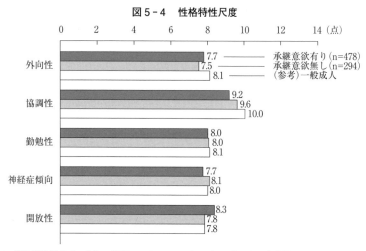

図 5 - 4　性格特性尺度

性について二つの文章にそれぞれどれだけ当てはまるかを 1 ～ 7 の 7 段階で答
えてもらった結果を合計し、 2 点から14点のスコアを算出した[12]。各特性の平
均点を示したのが、**図 5 - 4** である。なお、同様の質問方法で調査を行った川
本ほか（2015）の結果から、一般成人のスコアを参考として記載した。

　承継意欲の有無別に平均点をみると、「勤勉性」は承継意欲有りと承継意欲
無しで違いがなく、それ以外の特性は0.2点から0.5点の違いがある。両者の平
均点に差があるかを検証する t 検定を実施したところ、「協調性」「神経症傾向」
「開放性」の三つは、それぞれ 1 ％、 5 ％、 1 ％の水準で有意となった。

---

[12]　各特性に関連する文章は以下のとおりである。外向性は「A：活発で、外交的だと思う」「B：ひか
えめで、おとなしいと思う」、協調性は「A：人に気をつかう、やさしい人間だと思う」「B：他人
に不満をもち、もめごとを起こしやすいと思う」、勤勉性は「A：しっかりしていて、自分に厳し
いと思う」「B：だらしなく、うっかりしていると思う」、神経性傾向は「A：心配性で、うろたえ
やすいと思う」「B：冷静で、気分が安定していると思う」、開放性は「A：新しいことが好きで、
変わった考えをもつと思う」「B：発想力に欠けた、平凡な人間だと思う」。各特性に関する文章 B
は、得点が高いほど特性が低いことを示す逆転項目である。各特性の合計スコアは、文章 A の得
点＋（ 8 点 - 文章 B の得点）の式で算出した。

　この三つの特性の差をみると、親の事業を継ごうと思う人は、そうでない人と比べると、「開放性」が高く、「神経症傾向」が低いことから、楽観的な性格で物おじせず、事業経営に関するリスクも許容しやすい傾向があるといえそうである。

　他方、「協調性」は承継意欲有りの方が低く、親や従業員のために親の事業を存続させようとする一般的な後継者像から考えると意外な結果といえるかもしれない。これは、経営という仕事に求められる適性が関係しているのではないだろうか。起業家を対象に同様の分析を行った深沼（2019）は、起業家が一般成人に比べて「協調性」の得点が低い結果を、他人の言葉に惑わされず行動していることの表れと解釈している。こうした行動が経営者に必要だとすれば、後述するように経営者に向いていると感じている人が多い承継意欲有りのグループの方が、経営者に向いていないと感じている承継意欲無しのグループより、協調性のスコアが低くなるのはうなずける。

　続いて、承継意欲有りのグループに親の事業を承継したい、承継してもよいと思った理由を、承継意欲無しのグループに承継するつもりがない理由を、それぞれ尋ねた結果をみていきたい。

　まず、承継したい、承継してもよい理由は、最も割合が高い「事業経営に興味があったから」（34.9％）をはじめ、「事業内容にやりがいを感じたから」（22.2％）や「収入が増えると思ったから」（16.1％）など事業の魅力を挙げる人が多い（図5-5）。「自分は経営者に向いていると思ったから」（20.5％）や「仕事の経験・知識や資格を生かしたかったから」（12.1％）といった能力発揮に関する理由も多い。少し割合は減るが、事業への愛着を感じさせる「廃業させたくなかったから」（12.8％）と「ほかに継ぐ人がいなかったから」（10.0％）のような理由や、「年齢や性別に関係なく仕事ができるから」（10.9％）のように希望の働き方ができるという理由も挙がっている。

　次に、事業を継がない理由は、「事業経営に興味がないから」が35.4％と最も高く、次いで「必要な技術・ノウハウを身につけていないから」が26.5％、「自分は経営者に向いていないと思うから」が26.2％、「必要な免許・資格を取得していないから」が19.7％となった（図5-6）。こうした事業への無関心や能力不足を挙げる人のほかに、「事業の先行きが不安だから」（16.0％）や「事

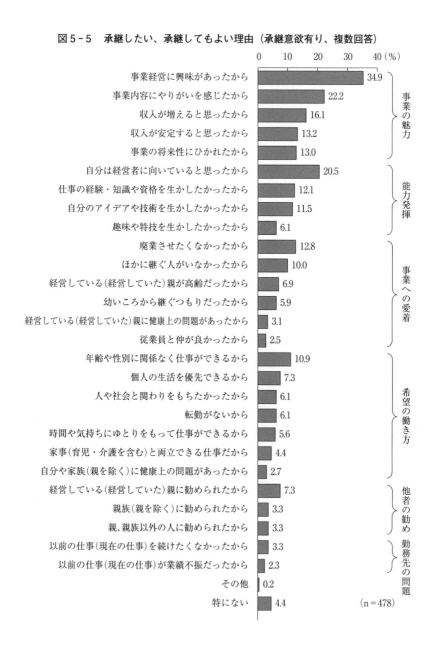

図 5-5　承継したい、承継してもよい理由（承継意欲有り、複数回答）

図5-6　承継するつもりがない理由（承継意欲無し、複数回答）

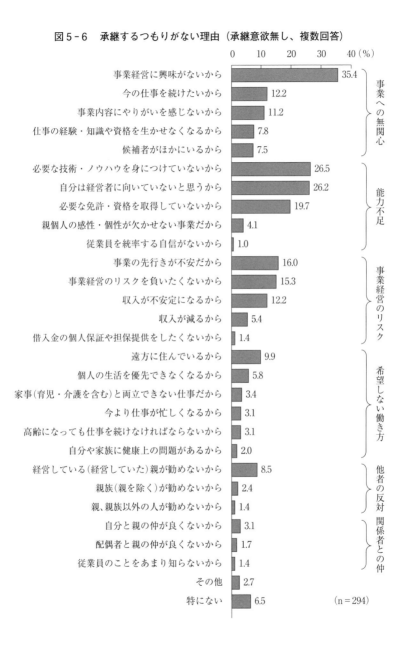

理由	%
事業経営に興味がないから	35.4
今の仕事を続けたいから	12.2
事業内容にやりがいを感じないから	11.2
仕事の経験・知識や資格を生かせなくなるから	7.8
候補者がほかにいるから	7.5
必要な技術・ノウハウを身につけていないから	26.5
自分は経営者に向いていないと思うから	26.2
必要な免許・資格を取得していないから	19.7
親個人の感性・個性が欠かせない事業だから	4.1
従業員を統率する自信がないから	1.0
事業の先行きが不安だから	16.0
事業経営のリスクを負いたくないから	15.3
収入が不安定になるから	12.2
収入が減るから	5.4
借入金の個人保証や担保提供をしたくないから	1.4
遠方に住んでいるから	9.9
個人の生活を優先できなくなるから	5.8
家事（育児・介護を含む）と両立できない仕事だから	3.4
今より仕事が忙しくなるから	3.1
高齢になっても仕事を続けなければならないから	3.1
自分や家族に健康上の問題があるから	2.0
経営している（経営していた）親が勧めないから	8.5
親族（親を除く）が勧めないから	2.4
親、親族以外の人が勧めないから	1.4
自分と親の仲が良くないから	3.1
配偶者と親の仲が良くないから	1.7
従業員のことをあまり知らないから	1.4
その他	2.7
特にない	6.5

区分：事業への無関心／能力不足／事業経営のリスク／希望しない働き方／他者の反対／関係者との仲

（n＝294）

業経営のリスクを負いたくないから」（15.3％）、「収入が不安定になるから」
（12.2％）など事業経営のリスクを懸念する人もみられる。

　総じて、継ぐ理由と継がない理由を並べてみると、事業への興味や本人の能
力に関する項目が共通して高い割合になっており、前出の中小企業庁編（2005）
が紹介する調査結果とも整合している。子どもの承継意欲の有無に大きな影響
を及ぼす要因は、事業に魅力があるか、本人に親の事業を行う能力があるかの
2点にまとめられるだろう。

第 5 節　親の事業に関する調査結果

　子ども自身に関する調査結果に続いて、本節では親の事業に関する調査結果
から、承継意欲があるグループとないグループの違いをみていく。まずは、親
の事業の魅力を左右しそうな事業の属性として、従業者規模、業種、業況を分
析する。

　親の事業の従業者規模をみると、承継意欲有りと承継意欲無しともに「1～
4人」が最も多いが、その割合はそれぞれ43.9％、64.3％で承継意欲無しの方
が高い（図5-7）。「5～9人」（18.0％）を合わせると、承継意欲無しは9人
以下の企業が8割を占めている。対して、承継意欲有りは「10～19人」が
13.8％、「20～49人」が11.5％、「50～299人」が16.5％と、10人以上の企業が4
割以上を占め、相対的に規模が大きい。子どもが承継したいと思う企業の方が
より多くの従業員を雇っているのは、それだけ事業が順調に推移していること
の表れでもあるだろう。

　また、親の事業の従業者規模は、実の親か義理の親かによって回答結果に顕
著な差がみられるため、図5-7では実親の事業と義親の事業に分けた結果も
掲載した。承継意欲有りのグループをみると、「1～4人」が占める割合は、
実親の事業で46.8％と義親の事業の33.3％より13.5ポイントも高く、逆に「1～
4人」以外の区分の割合は、差が0.1ポイントの「10～19人」以外は、すべて
義親の事業が実親の事業を上回っている。特に「50～299人」は義親の事業が
21.6％、実親の事業が15.2％と差が大きい。規模の大きい企業の方が継がれや
すい傾向は、義親の事業でより強く観察される。

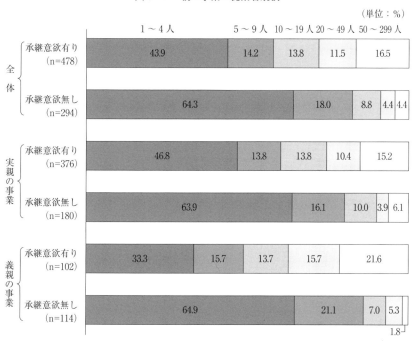

図5-7　親の事業の従業者規模

（単位：％）

前掲表5-4でみたとおり、義親の事業は実親の事業よりも「承継意欲有り」が少ない。義理の子ども（以下、義子）は、実の子ども（以下、実子）に比べて親の事業との接点が少ないこともあってか、従業者規模が大きく良い企業だと思える場合でなければ承継しようと考えない傾向があるのかもしれない。

親の事業の業種については、承継意欲有りと承継意欲無しで特に大きな差があるのは「情報通信業」の割合である。承継意欲有りでは情報通信業が業種全体の14.9％を占めており、承継意欲無しの3.1％と比べると11.8ポイントも高い（表5-5）。デジタルトランスフォーメーションの必要性が叫ばれるなか、情報通信に関する市場は今後も引き続き需要が伸びていくと考えられる。後継者にとっては、成長が期待できる魅力ある事業に映るのかもしれない。

次に、従業者規模や業種と同じように事業の魅力になりそうな要素として業況をみてみる。親の事業の業況が「良い」「やや良い」の割合をみると、承継

表5-5　親の事業の業種

(単位：%)

	承継意欲有り (n=478)	承継意欲無し (n=294)	(参考) 中小企業全体
建設業	16.3	20.7	12.6
製造業	14.9	11.6	10.0
情報通信業	14.9	3.1	1.6
運輸業	4.2	1.0	1.9
卸売業	5.6	4.8	6.0
小売業	12.3	13.3	15.7
不動産業、物品賃貸業	4.2	1.0	9.6
宿泊業・飲食サービス業	5.4	8.2	12.6
医療、福祉	4.8	3.4	6.1
教育、学習支援業	2.9	2.0	2.8
学術研究、専門・技術サービス業	6.7	11.2	6.0
生活関連サービス業・娯楽業	6.3	8.5	9.8
その他のサービス業	1.3	9.5	5.1
その他	0.2	1.7	
合　計	100.0	100.0	100.0

資料：日本政策金融公庫総合研究所「子どもの事業承継意欲に関する調査」(2021年)、総務省・経済
　　　産業省「経済センサス-活動調査」(2021年)
(注) 中小企業全体は民営、非1次産業における企業数の構成比。

　意欲有りではそれぞれ23.2％、40.2％となっており、合わせて63.4％が業況は良好であると回答している（図5-8）。承継意欲無しはそれぞれ7.1％、20.1％の計27.2％であるから、その差は36.2ポイントにもなる。業況が良ければ、それだけ事業の継続が容易で、高い収入も期待できる。承継したいと考えるのは自然なことだろう。

　図5-8にも、前掲図5-7と同様、実親の事業と義親の事業に分けた結果を掲載した。承継意欲有りのグループをみると、「良い」「やや良い」の合計は、義親の事業が67.6％と、実親の事業の62.2％より5.4ポイント高い。対して、承継意欲無しのグループをみると、実親の事業が31.6％と、義親の事業の20.2％を11.4ポイント上回っている。義子は実子に比べて、業況が良いと承継意欲をもちやすく、逆に業況が悪いと承継意欲をもちにくいという傾向が読み

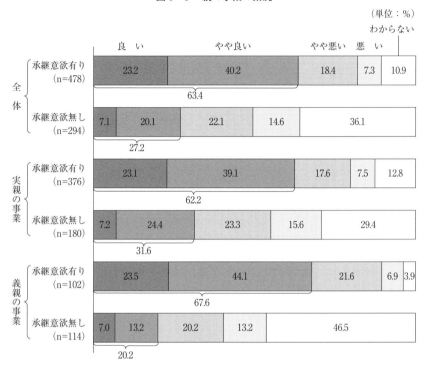

図 5 - 8　親の事業の業況

取れる。前掲**図 5 - 7**の結果と併せて考えると、義子が親の事業を継ぎたいと思うかどうかは、実子の場合以上に、従業者数や業況の良さといった事業の魅力に影響されやすいのではないだろうか。

　承継意欲の有無に影響を及ぼすもう一つの要因が、本人に親の事業を行う能力があるか、言い換えれば適性があるかである。親の事業の属性に続いて、親の事業に対する適性があると思うかどうかを尋ねた結果をみると、承継意欲有りでは「大いにある」が23.4％、「ある程度ある」が41.6％となっており、合わせて65.0％が自ら適性を感じている（**図 5 - 9**）。これは、承継意欲無しのそれぞれ2.7％、8.2％、合計10.9％と比べて、かなり高い値である。承継意欲無しは「まったくない」が50.7％と半数を占めており、「わからない」と回答した人も 2 割ほどいる。

図 5 - 9　親の事業に対する適性

(単位：%)

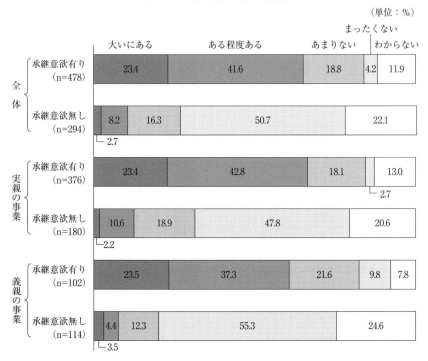

　実親の事業と義親の事業に分けた結果をみると、従業者規模や業況ほど大きな差はない。どちらも、承継意欲有りのグループは適性があると考える人が多く、承継意欲無しのグループでは適性がないと思っている人が多い。義子も実子も同じように、適性があると感じれば、承継意欲をもつ可能性が高まるといえそうである。

　こうした適性の感じ方の差は、親の事業との関わり方の違いから生じることが推測される。そこで、現在の勤務先と親の事業との関係を尋ねると、承継意欲有りでは、「親の事業の役員・正社員」である人が28.2％を占めている（図 5 -10）。「勤務せず手伝い」をしている人も23.2％おり、「取引先に勤務」（7.1％）や「同業種の他社に勤務」（4.8％）など、承継のための準備中と思われるケースも 1 割ほどある。他方、承継意欲無しは「関わりのある企業には勤

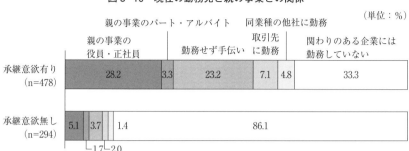

図5-10　現在の勤務先と親の事業との関係

（単位：％）

務していない」が86.1％と大多数を占めており、親の事業との関わりが薄い。

　適性がないと思っているから親の事業との関わりも薄くなっているのかもしれないが、実際に関わってみなければ、適性があるかどうかわからない面もあるだろう。とはいえ、いきなり親のところに勤務してもらうのは難しいかもしれない。承継意欲有りのグループで、勤務せずに手伝っているケースが2割ほどあったように、まずは子どもに事業を手伝ってもらい感触を得てもらうことが有効な手だてになるのではないだろうか。

第6節　子どもの承継意欲と親の事業の関係

　ここまでみてきたように、承継意欲有りのグループは承継意欲無しのグループと比べて親の事業に魅力があるといえる。しかし、承継意欲無しでは、親の事業の業況（前掲図5-8）や親の事業に対する適性（前掲図5-9）について「わからない」と回答している割合が承継意欲有りと比べて高い。これは、承継意欲有りと比べて、事業の内容について詳しく知らない人がいることを示している。事業に魅力があっても、子どもに伝わっていなければ、魅力がないのと同じである。後継者が承継したくなるような事業にすることはもちろん、その魅力をしっかりと伝えることが必要といえるだろう。

　図5-10でみたように、すでに親の事業で働いていたり手伝っていたりする人の多くは、承継を視野に入れており、意欲をもっているといえる。経営者の

図5-11　承継したい、承継してもよいと思ったときの年齢（承継意欲有り、勤務先の種類別）

(単位：%)

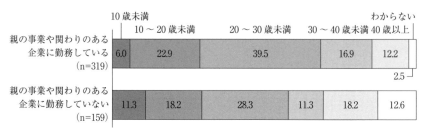

(注)　「親の事業や関わりのある企業に勤務している」は、「親の事業の役員・正社員」「親の事業の
　　　パート・アルバイト」「勤務せず手伝い」「取引先に勤務」「同業種の他社に勤務」と回答した
　　　人。「親の事業や関わりのある企業に勤務していない」は、「関わりのある企業には勤務していな
　　　い」と回答した人。

立場からみれば、後継者の確保という事業継続における最大の課題をすでに乗り越えている状態である。

　しかし、そうでない場合、つまり子どもが親の事業や関わりのある企業に勤務していない場合、子どもは事業の承継に対する意欲をもっていないことが多い。子どもに事業を承継させたいのであれば、何とかして承継意欲をかき立てなければならないだろう。ここまでの分析から事業に対する適性と事業の魅力が重要であることはわかったが、親である経営者の側はどのように行動すればよいのだろうか。

　その手がかりを得るために、承継意欲有りの人が親の事業を承継したい、承継してもよいと思ったときの年齢を、親の事業や関わりのある企業に勤務していない人と、勤務している人に分けて集計した結果が図5-11である。

　両者を比べると、親の事業や関わりのある企業に勤務している人は、「10〜20歳未満」「20〜30歳未満」「30〜40歳未満」の割合が、関わりのある企業に勤務していない人より高い。特に「20〜30歳未満」は39.5％と、勤務していない人（28.3％）より11.2ポイントも高い。将来の進路や就職先を決めるタイミング、あるいは実際に社会に出て数年が経過したタイミングなどで、自身の具体的な職業キャリアをどうするか、親の事業の承継と他社での就業をてんびんにかけて承継の道を選択した人が多いのではないかと思われる。

　他方、親の事業や関わりのある企業に勤務していない人は、「10歳未満」（11.3％）、「40歳以上」（18.2％）、「わからない」（12.6％）の割合が、勤務している人（それぞれ6.0％、12.2％、2.5％）より高い値となっている。子どもの頃から、あるいは気がつかないうちに自然と承継を考えていた人や、いったんは他社への就職を選択したものの、親の引退時期が近づいてきた頃に改めて親の事業の行く末を考えた人が相対的に多いといえる。

　両者の違いを踏まえると、親の事業や関わりのある企業に勤務していない人の方が、親の事業を継ぐのは自分しかいない、親が続けてきた事業を何とかして残したいといった思いが強く、それが承継の強い動機になっていると考えられる。子どもが親の事業や関わりのある企業に勤務していない場合でも、事業に魅力があれば承継意欲を引き出すことができるのではないだろうか。

　子どもの承継意欲を高めるには、親の事業に対する思いを強めてもらうことがポイントになりそうである。親の事業や関わりのある企業に勤務している人は、事業承継の準備に入っているとも考えられ、すでにその思いをもっているといえそうである。そこで、分析の対象を親の事業や関わりのある企業に勤務していない子どもに絞って、親の事業への思いを抱いてもらうための方策を探ってみたい。

　図5-12は親の事業に関する知識や経験の内容について複数回答で尋ねた結果を、親の事業や関わりのある企業には勤務していないと回答した人だけで集計したものである。これをみると、親の事業や関わりのある企業に勤務していない場合でも、承継意欲有りは承継意欲無しよりも、それまでの人生において親の事業との関わりが多かったといえる。

　例えば、「親の事業の商品・サービスについて詳しく知っていた」「親の事業の業界動向について詳しく知っていた」「親の事業の経営状態について詳しく知っていた」など事業の知識を有している割合は、承継意欲有りがいずれも20％を超えており、承継意欲無しより高い。

　さらに、ここで注目したいのは「親の事業のやりがいについて親から聞いた」の割合が承継意欲有りの20.8％に比べて、承継意欲無しでは5.9％と低いことである。そして、同じような項目の「親の事業の苦労について親から聞いた」の割合は、承継意欲有りが22.6％、承継意欲無しが20.2％で、ほとんど差

図 5-12　親の事業に関する知識や経験
（親の事業や関わりのある企業に勤務していない人、複数回答）

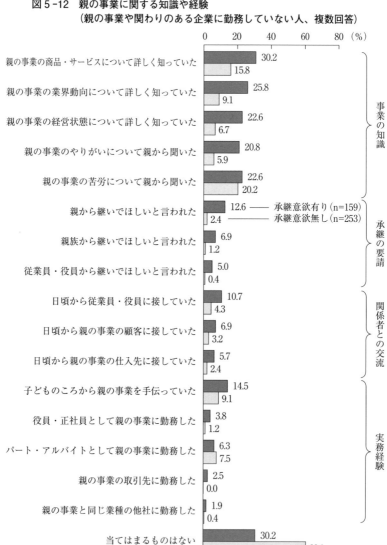

（注）親の事業と「関わりのある企業には勤務していない」と回答した人について集計したもの。

はない。承継意欲有りは事業のやりがいも苦労も聞いている一方、承継意欲無しは事業の苦労しか聞いていないわけである。

　また、承継意欲有りは「親から継いでほしいと言われた」との回答が12.6％となっている。全体に占める割合を考えると高い水準とはいえないものの、承継意欲無し（2.4％）と比べると10.2ポイントも高い。「親族から継いでほしいと言われた」や「従業員・役員から継いでほしいと言われた」といった親以外からの要請も相対的に高く、承継意欲がある子どもの周りでは、事業承継が話題に上ることが多い傾向にあるといえる。

　親と子どもの対話には日常生活での距離感が影響すると思われる。親の事業や関わりのある企業に勤務していない人について、親と同居している割合[13]をみると、承継意欲有りでは33.1％であるのに対して、承継意欲無しでは17.4％である。同居していれば会話の機会が多くなり、事業のやりがいや事業承継について話すことも出てくるだろう。逆に、子どもと同居していない親は、同居している親以上に意識して子どもに事業の話をする機会をつくる必要がある。

　もちろん、親が事業の魅力を伝えて承継を頼んでも、子どもがメリットを感じなければ、事業承継には至らない。前掲図5-5でみた承継意欲有りに尋ねた承継したい、承継してもよい理由のなかには、「事業内容にやりがいを感じたから」（22.2％）、「収入が増えると思ったから」（16.1％）といった回答があった。そこで、承継した場合に収入や仕事のやりがいへの満足度が、現在の仕事と比べてどのように変化すると思うかを尋ねた結果[14]をみてみたい。

　まず、収入の満足度の変化をみると、承継意欲有りは承継後に「かなり高くなる」が17.3％、「やや高くなる」が28.4％となっており、合計して45.7％が現在より満足度が上がると予想している（図5-13）。他方、承継意欲無しは「かなり高くなる」は9.3％、「やや高くなる」は14.2％で、満足度が高くなると考えている割合は合わせて23.5％と承継意欲有りより22.2ポイント低い。承継意欲無しは「かなり低くなる」（20.8％）や「わからない」（28.8％）の割合が相対的に高い。

---

[13]　親が他界していると回答した人には尋ねていない。

[14]　経営者または勤務者として働いている人に対して尋ねたもの。承継意欲無しに対しては、親の事業を継いだと仮定した場合の満足度の変化を答えてもらっている。

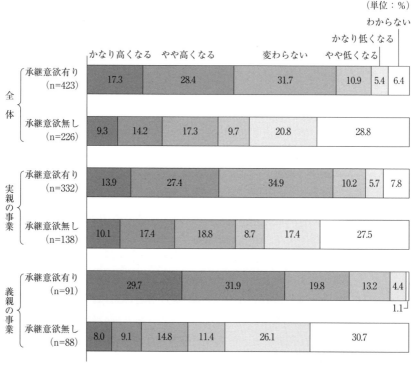

図5-13　親の事業を承継した場合の収入の満足度の変化

（単位：％）

（注）現在、経営者または勤務者である人に、親の事業を承継した場合の収入の満足度の変化を尋ねた
　　　もの。

　ただし、現在の収入の満足度が低ければ、承継した場合の満足度は高くなり
やすいだろう。そこで、現在の収入の満足度をみたところ、承継意欲有りは
「かなり満足」の割合が27.7％で、承継意欲無しの11.5％より16.2ポイントも高
い。「やや満足」はそれぞれ31.2％、32.7％と、両者でほとんど違いがない。承
継意欲有りは、すでに収入に対して満足している人が相対的に多いが、承継に
よってさらに満足度が高くなると考えているようである。

　なお、図5-13には前掲図5-7から図5-9と同じく、実親の事業と義親の
事業に分けた結果を掲載している。承継意欲有りのうち、「かなり高くなる」
「やや高くなる」と回答した割合は、義親の事業が合計して61.6％、実親の事

図 5 -14　親の事業を承継した場合の仕事のやりがいの満足度の変化

(注) 現在、経営者または勤務者である人に、親の事業を承継した場合の仕事のやりがいの満足度の変化を尋ねたもの。

業が41.3％である[15]。他方、承継意欲無しは、「やや低くなる」「かなり低くなる」と回答した割合が義親の事業で合計37.5％であるのに対して、実親の事業では26.1％となっている。義子は実子以上に、事業の魅力を重視する傾向が強いことは前節で述べたが、承継した場合の収入の満足度についてもドライな傾向が読み取れる。総じて、義子の承継意欲の有無は、親の事業を承継するメリットがあるかどうかに大きく左右されているといえる。

次に、承継した場合の仕事のやりがいの満足度の変化をみると、こちらも承継意欲有りでは「かなり高くなる」が11.6％、「やや高くなる」が29.6％と、承継意欲無しの2.7％、8.4％より高い (**図 5 -14**)[16]。承継意欲無しでは、「やや低くなる」「かなり低くなる」「わからない」が承継意欲有りより高く、それぞれ13.3％、15.9％、36.7％となっている。

仕事のやりがいについても現在の満足度をみてみると、「かなり満足」の割合は承継意欲有りで18.2％、承継意欲無しで15.9％と、収入の満足度ほど大き

---

[15] 現在の収入の満足度をみると、承継意欲有りのグループのうち、「かなり満足」「やや満足」と回答した割合は、義親の事業が合計して63.7％、実親の事業が57.5％となっている。この結果をみる限り、承継意欲有りのグループにおいて、義親の事業は実親の事業と比べて、すでに現在の収入に満足している人が多く、承継することでさらに満足度が高まると考えているといえる。

[16] 実親の事業と義親の事業に分けて集計したところ、承継意欲有りのグループで「かなり高くなる」「やや高くなる」と回答した割合は、実親の事業と義親の事業ではとんど差がみられなかった。

な差はない。しかし、「やや満足」の割合は、承継意欲有りで43.3％と、承継意欲無しの32.7％より10.6ポイント高い。承継意欲有りが承継によって仕事のやりがいの満足度が高まると回答しているのは、収入の満足度と同様に、現在の満足度が低いことが理由ではないといえる。

　これに関連して、仕事をするうえで最も重視することは何かを尋ねてみると、承継意欲有りは「収入」が42.5％、「仕事のやりがい」が37.0％を占め、承継意欲無しの33.7％、27.9％よりもそれぞれ割合が高い。逆に承継意欲無しは「私生活との両立」（38.4％）を挙げる人の割合が最も高い。

　承継意欲のある人は、収入や仕事のやりがいを重視する人が多く、魅力ある親の事業の承継がこれらの満足度を高めてくれるものと考えている。だからこそ事業を承継したいと思うのではないだろうか。そうした子どもの期待に応えるためには、一定以上の収益力があり、やりがいも感じられる事業にしなければならない。経営環境が厳しく業績が振るわなかったり、自分の代で終わらせるつもりで縮小経営に入ったりすると、子どもはその事業を継ぎたいとは思ってくれないだろう。

　ここまで分析してきた結果を整理すると、規模や収益力、やりがいといった事業の魅力を高め、その内容をできるだけ身近で伝えることが、子どもの事業承継意欲を醸成すると考えられる。そうした行為によって、親の事業に対する思いや経営者への憧れが生まれ、中小企業の経営に対する悪いイメージが抑えられるからである。

　承継意欲調査で中小企業の経営者や個人事業主に対するイメージを尋ねた結果をみると、承継意欲有りと承継意欲無しで違いがみられる。承継意欲有りは「経営について自分で決めなければならない」（23.4％）、「取引先や従業員に対する責任が重い」（22.8％）、「常に忙しい」（17.6％）などネガティブなイメージの回答が、承継意欲無し（それぞれ37.4％、37.4％、27.9％）と比べて低い割合となっている（図5-15）。他方、ポジティブなイメージでは、「柔軟な働き方をしている」（23.2％）や「収入が多い」（14.9％）など、承継意欲有りが承継意欲無し（それぞれ18.0％、5.8％）を上回る項目がみられる。子どもの目からみた働く親の姿が魅力的に映れば、それだけ中小企業に対しても良いイメージを抱き、承継に意欲を示すということだろう。

図5-15　中小企業の経営者や個人事業主に対するイメージ（複数回答）

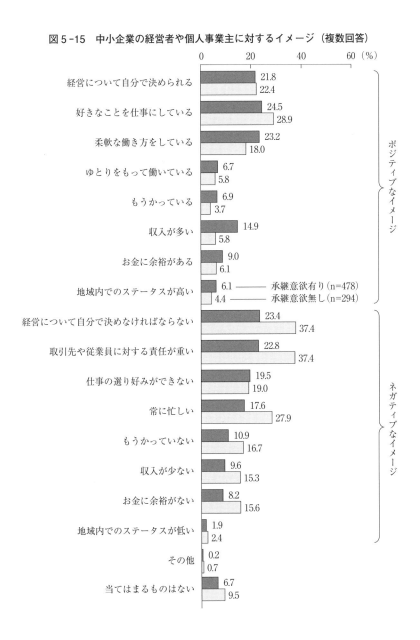

第7節　おわりに

　本章では、親に事業経営の経験がある人を対象に実施したアンケートの結果から、親の事業を承継することが決まっている人と親の事業を承継したい人、承継してもよいと思っている人を「承継意欲有り」、親の事業を承継するつもりがない人を「承継意欲無し」と定義し、両者の違いとその背景を分析した。

　承継意欲有りは承継意欲無しより、年齢が若く、男性が多い傾向がみられた。性格特性尺度を用いた分析からは、承継意欲有りは承継意欲無しに比べて「開放性」が高く、「協調性」「神経性傾向」が低いことがわかった。いずれも企業経営者向きの性格と解釈できる。また、事業を継ぎたい理由、継がない理由ともに、本人の能力や事業への興味に関する理由を挙げる人が多く、本人に親の事業を行う能力があるか、親の事業に魅力があるかの2点が、子どもの事業承継意欲に大きく影響を及ぼしていることがわかった。

　親の事業を行う能力について、承継意欲有りでは半数以上の人が親の事業に対する適性を感じている。対して、承継意欲無しではほとんどの人が適性を感じていない。現在の勤務先と親の事業の関係について、承継意欲無しでは「関わりのある企業には勤務していない」と回答した人が承継意欲有りより多いことから、まずは事業を手伝ってもらうなどして感触を得てもらうことが、子ども自身の適性を高めたり、見極めたりするうえで有効な方策となり得る。

　親の事業について、承継意欲有りは、将来性が高いと思われる「情報通信業」の割合が承継意欲無しよりも高かった。従業者規模が大きく、業況が良い傾向もみられた。これらの要素が親の事業の魅力を高め、結果として承継意欲を高めることにつながったといえそうである。

　承継意欲を高める具体的な行動を探るため、親の事業や関わりのある企業に勤務していない人を対象に過去の経験を尋ねると、承継意欲有りの親は承継意欲無しの場合と比べて、事業の苦労だけではなくやりがいも子どもに話すことで事業経営の魅力を伝えているほか、事業を継いでほしいと明確に伝えているケースが多いことがわかった。

　また、仕事をするうえで最も重視することについて、承継意欲有りは承継意

欲無しに比べて「収入」「仕事のやりがい」を挙げる割合が高く、「私生活との両立」を挙げる割合が低かった。そして、承継意欲有りは事業を承継した場合に収入や仕事のやりがいの満足度が「かなり高くなる」「やや高くなる」と回答する割合が承継意欲無しを大きく上回っている。魅力のある親の事業の承継がこれらの満足度を高めてくれると考えていることがわかった。承継意欲有りは中小企業の経営者や個人事業主に対してポジティブなイメージをもつ傾向があるのも、親の事業に魅力を感じているからという面があるのだろう。

　なお、親の事業の魅力や収入に関連する調査項目について実親の事業と義親の事業に分けて集計したところ、明らかな違いがみられた。例えば、承継意欲有りのなかで、義親の事業は実親の事業に比べて、従業者規模が大きく、業況も良いケースが多い。事業を引き継いだときに収入の満足度が高まると考える割合も義親の事業の方が高い。

　以上の分析結果から得られるインプリケーションは次のとおりである。

　まず、従業員承継やM&Aを促進する動きが近年活発になっているが、第三者への事業承継は中小企業経営者にとってあくまでも次善の策であり、子どもへの承継を促す取り組みも引き続き実施していくべきであろう。後継者候補の筆頭は経営者の子どもである。早くから子どもが後を継いでくれることがわかっていれば、将来に向けて思い切った投資を決断でき、後継者探しに時間をとられることもなく本業に集中できる。所有と経営が必ずしも明確に分離されていないケースが多い中小企業にとって、資産の承継も容易になるといえよう。

　ただし、子どもの人生は子どものものである。あくまで子どもが自発的に承継を選択することが望ましい。では、子どもの承継意欲を高めるためにどうすればよいか。まずは、魅力的な事業であると子どもに思ってもらえるよう、自社の業績を上げる努力を重ねることが必要である。親自身が事業に魅力を感じ、経営に対して常に前向きな姿勢でいることも大切だろう。子どもにとって親は最も身近なロールモデルである。親が生き生きと事業を営んでいる姿は、言葉以上に経営の魅力を伝えてくれるはずだ。そして、事業への愛着を高めるために、親の事業に接する機会を増やす努力も欠かせない。実際に職場に連れてきて仕事をしている姿をみせたりアルバイトや手伝いで一緒に働いてもらったりと、幼い頃から意識的に事業に触れさせることも有効であろう。

　もっとも子どもの承継意欲が高まり、無事に承継できたからといって安泰ではない。引き継いだ事業を後継者にしっかりと経営してもらうことが、事業承継の最終的な目的である。中小企業の経営は無論、良い面ばかりではない。苦労や困難に直面することが多々ある。承継時点で事業に魅力があったとしても、昨今の激しい経営環境の変化のなかでは、その魅力が損なわれてしまうこともある。そうした状況に陥っても打開策を講じて経営を続けていける力を培っていくことが後継者候補の子どもたちに求められているのではないだろうか。

参考文献

川本哲也・小塩真司・阿部晋吾・坪田祐基・平島太郎・伊藤大幸・谷伊織（2015）「ビッグ・ファイブ・パーソナリティ特性の年齢差と性差：大規模横断調査による検討」日本発達心理学会『発達心理学研究』第26巻第2号、pp.107-122

小塩真司、阿部晋吾、カトローニ・ピノ（2012）「日本語版 Ten Item Personality Inventory（TIPI-J）作成の試み」日本パーソナリティ心理学会『パーソナリティ研究』第21巻第1号、pp.40-52

中小企業庁編（2005）『2005年版中小企業白書』ぎょうせい

深沼光（2019）「新規開業企業の成長パターンとその特徴」日本政策金融公庫総合研究所『日本政策金融公庫論集』第43号、pp.39-57

藤井辰紀（2020）「大廃業時代の到来」日本政策金融公庫総合研究所編『経営者の引退、廃業、事業承継の研究―日本経済、地域経済、中小企業経営の視点から―』同友館、pp.1-21

藤野義和・天龍洋平（2017）「なぜファミリービジネスを継がないのか？～学生の事業承継意識を通じた大学の役割の探索～」九州国際大学社会文化研究所『社会文化研究所紀要』78号、pp.71-93

山口勝士（2013）「ファミリー企業の承継プロセスにおける潜在後継者の引き継ぐ意欲の影響要因―リサーチ・モデルの構築―」早稲田大学大学院商学研究科『商学研究科紀要』77号、pp.33-56

Schröder, Elke, Eva Schmitt-Rodermund, and Nicolas Arnaud（2011）"Career Choice Intentions of Adolescents With a Family Business Background." *Family Business Review*, 24（4）, pp.305-321.

Zellweger, Thomas M. and Philipp Sieger（2012）*Coming Home or Breaking Free? Career Choice Intentions of the Next Generation in Family Businesses,* Ernst & Young.

第6章

経営資源の引き継ぎ

深沼　光／原澤 大地／中島 章子

第1節　はじめに

　中小企業の廃業は、雇用や国内総生産の減少というマクロな観点のみならず、地域のインフラの崩壊や技術・ノウハウの喪失といったミクロな観点からも、経済社会に大きな悪影響をもたらす[1]。これを少しでも抑えるために、第4章で挙げた事業承継への支援に関する情報発信や、第5章で挙げた中小企業経営者の子どもに対する承継意欲の向上といった対応を通じて、事業承継を促進していくことが求められている。ただし、なかには業績不振により事業承継ができる状況にない企業や、どうしても後継者が見つけられない企業もあるだろう。また、そもそも経営者自身が事業承継を望まず、自分の代限りで事業をやめるつもりであるという企業も多数存在する[2]。中小企業経営者の高齢化が進むなかで、こうした事業承継が難しい企業の廃業が一定数生じることは避けられない。

　そうなると、事業承継の促進と並行して、事業承継以外の手法を通じて、廃業による悪影響をいかに抑えられるかが重要となる。その手法の一つが、経営資源の引き継ぎである。企業自体は廃業することになったとしても、その企業が保有していた従業員、不動産、設備、製品・商品、販売先、仕入先などの経営資源が他社に引き継がれ、有効に活用されれば、悪影響を最小限に抑制できるだろう。

　日本政策金融公庫総合研究所では、経営資源の引き継ぎの実態を明らかにするため、2017年1月に「小企業における経営資源の引き継ぎに関する実態調査」（以下、2017年調査）を実施している。その結果、廃業した企業の約3割が経営資源を譲り渡していること、既存企業の1割強が経営資源を譲り受けていること、経営資源を譲り渡した企業と譲り受けた企業のそれぞれ約5割が引き継ぎに満足していることなどがわかった（井上、2017）。

　経営者の高齢化に伴って、経営資源の引き継ぎの重要性は高まっており、研

---

[1]　廃業がもたらす社会的な影響については、第7章で詳しく論じる。

[2]　第4章図4-15で示したように、廃業予定企業の約4割は「そもそも誰かに継いでもらいたいと思っていない」を廃業理由として挙げている。

究も徐々に進められている[3]。だが、実態はいまだ明らかでない部分も多い。そこで当研究所では、2017年調査以降の状況を把握するため、2023年9月に「経営資源の引き継ぎに関する実態調査」（以下、2023年調査）を実施した。本章では、2017年調査と2023年調査の結果を組み合わせて分析することで、引き継ぎの実態を探るとともに、その状況がどう変化しているのかを明らかにしていく。

　本章の構成は以下のとおりである。第2節では、2回の調査の概要と、それらの調査結果を組み合わせたうえでの集計方法を説明する。第3節では、引き継ぎを行った企業の属性や業況とその変化をみていく。第4節では、引き継がれている経営資源の種類と引き継いだ相手を時系列で分析する。第5節では、引き継ぎの効果と課題について、実態の変遷を踏まえつつ明らかにする。最後に第6節では、引き継ぎを促進するための方策を検討する。

第2節　調査の概要と集計方法

　経営資源の引き継ぎは、経営資源を譲り渡す側と譲り受ける側の両者が存在することで成り立つため、その実態を把握するには、譲り渡す側と譲り受ける側の双方について調査を行う必要がある。従って、2017年調査と2023年調査はそれぞれ、譲り渡す側を対象とする「経営資源の譲り渡しに関するアンケート」（以下、譲り渡し調査）と、譲り受ける側を対象とする「経営資源の譲り受けに関するアンケート」（以下、譲り受け調査）の、二つのアンケートで構成されている。調査の実施要領は、**表6‐1**のとおりである。

　譲り渡し調査と譲り受け調査のいずれも、2017年調査、2023年調査ともインターネットにより無記名で実施した。インターネット調査会社の登録モニターに対し、調査対象に該当するかを確認する事前調査を行い、該当者に詳細調査を実施している。

　譲り渡し調査の調査対象は、事業をやめる際、他社や開業予定者などに対し、経営資源を譲り渡した企業（以下、「譲渡企業」という）と、経営資源を

---

[3]　例えば、中小企業庁編（2019）では、廃業企業による従業員、販売先・顧客、設備、事業用不動産の引き継ぎ状況を明らかにしている。

表 6-1　調査概要

(1)　経営資源の譲り渡しに関するアンケート（譲り渡し調査）

	2017年調査	2023年調査
調査時点	2017年1月	2023年9月
調査方法	インターネットを使ったアンケート（インターネット調査会社の登録モニターに回答を依頼）。 事前調査により調査対象に該当するかを確認後、該当者に対して詳細調査を実施。	
調査対象	事前調査　事業を経営したことがある人（経営中である人を含む）。ただし、農林水産業と不動産賃貸業、従業者数が300人以上（経営者本人を含む）の企業を除く。 詳細調査　事業をやめる際、他社や開業予定者などに対し、①経営資源を譲り渡した企業（譲渡企業）と、②経営資源を譲り渡さなかった企業（非譲渡企業）。	
依頼件数	16,264件 登録モニターの属性情報をもとに、2015年以前に経営者である人のうち、2016年までに経営者でなくなったと考えられる人に依頼。	40,000件 登録モニターの属性情報をもとに、過去に経営者である人のうち、調査時点までに経営者でなくなったと考えられる人に依頼。
有効回答数	事前調査　2,825件（うち詳細調査の調査対象1,220件） 詳細調査　831件（うち譲渡企業253件、非譲渡企業578件）	事前調査　4,647件（うち詳細調査の調査対象1,985件） 詳細調査　572件（うち譲渡企業297件、非譲渡企業275件）

(2)　経営資源の譲り受けに関するアンケート（譲り受け調査）

	2017年調査	2023年調査
調査時点	2017年1月	2023年9月
調査方法	インターネットを使ったアンケート（インターネット調査会社の登録モニターに回答を依頼）。 事前調査により調査対象に該当するかを確認後、該当者に対して詳細調査を実施。	
調査対象	事前調査　事業を経営中である人。ただし、農林水産業と不動産賃貸業、従業者数が300人以上（経営者本人を含む）の企業を除く。 詳細調査　事業をやめたり縮小したりした企業から、①経営資源を譲り受けたことがある企業（譲受企業）と、②経営資源を譲り受けたことがない企業（非譲受企業）。	
依頼件数	59,032件 登録モニターの属性情報をもとに、2016年に経営者である人に依頼。	10,000件 登録モニターの属性情報をもとに、調査時点で経営者である人に依頼。
有効回答数	事前調査　6,641件（うち詳細調査の調査対象6,219件） 詳細調査　770件（うち譲受企業512件、非譲受企業258件）	事前調査　6,442件（うち詳細調査の調査対象6,008件） 詳細調査　795件（うち譲受企業540件、非譲受企業255件）

資料：日本政策金融公庫総合研究所「小企業における経営資源の引き継ぎに関する実態調査」(2017年)、「経営資源の引き継ぎに関する実態調査」(2023年)（以下同じ）

譲り渡さなかった企業（以下、「非譲渡企業」という）である[4]。事前調査で、経営資源の譲り渡し経験の有無、現在の経営状況、現在経営していない場合の事業の現況の3点を尋ねて、**表6−2**(1)のとおりに分類した[5]。それに対して、譲り受け調査の調査対象は、事業をやめたり縮小したりした企業から、経営資源を譲り受けたことがある企業（以下、「譲受企業」という）と、経営資源を譲り受けたことがない企業（以下、「非譲受企業」という）である[6]。事前調査で、経営資源の譲り受け経験の有無、経営者となった経緯の2点を尋ねて、**表6−2**(2)のとおりに分類した[7]。なお、譲り渡しや譲り受けの際に対価が発生したかどうかは問わない[8]。

2017年調査の詳細調査の有効回答数は、譲り渡し調査が831件（うち譲渡企業253件、非譲渡企業578件）、譲り受け調査が770件（うち譲受企業512件、非譲受企業258件）であった[9]。また、2023年調査の詳細調査の有効回答数は、譲り渡し調査が572件（うち譲渡企業297件、非譲渡企業275件）、譲り受け調査が795件（うち譲受企業540件、非譲受企業255件）であった[10]。

2017年調査と2023年調査を組み合わせた分析に入る前に、そもそも経営資源の引き継ぎを行っている企業の割合が、2回の調査の間でどう変化したかをみていこう。**表6−2**(1)をみると、「譲り渡し経験あり」（2017年調査で18.0％、2023年調査で23.9％）のうち、「廃業した」（それぞれ10.4％、8.6％）と「事業

---

[4]　アンケートでは、「譲り渡し」を「事業をやめたり縮小したりする際に自社が保有している経営資源を、他社や開業予定者、自治体、その他の団体などに、事業に活用してもらうために譲り渡すこと」と定義した。

[5]　「譲り渡し経験あり」のうち、現在の経営状況が「経営中」である企業と、事業の現況が「親族への事業全部承継」「休業中」である企業は、詳細調査の対象からは除いている。

[6]　アンケートでは、「譲り受け」を「事業をやめたり縮小したりする企業や団体が保有する経営資源を、自社の事業に活用するために譲り受けること」と定義した。

[7]　「譲り受け経験あり」のうち、経営者となった経緯が「親族からの事業全部無償承継」である企業は、詳細調査の対象からは除いている。

[8]　車両をマイカーとして使用するといった、引き継いだ経営資源が事業目的以外で利用される場合や、市場を通じて経営資源を取引した場合、中古品を仕入れて販売や加工をしている業者に売却した場合、賃借である場合は、譲り渡し・譲り受けに含まない。

[9]　2017年調査の詳細調査の回答率は、譲り渡し調査が68.1％（譲渡企業が69.3％、非譲渡企業が67.6％）、譲り受け調査が12.4％（譲受企業が65.5％、非譲受企業が4.7％）であった。

[10]　2023年調査の詳細調査の回答率は、譲り渡し調査が28.8％（譲渡企業が45.6％、非譲渡企業が20.6％）、譲り受け調査が13.2％（譲受企業が60.6％、非譲受企業が5.0％）であった。

表 6 - 2　調査対象企業の分布状況（事前調査）

(1)　譲り渡し調査

	2017年調査		2023年調査	
	件　数（件）	構成比（％）	件　数（件）	構成比（％）
譲り渡し経験あり	509	18.0	1,112	23.9
経営中	82	2.9	307	6.6
現在は経営していない	427	15.1	805	17.3
譲渡企業	365	12.9	651	14.0
廃業した	294	10.4	399	8.6
事業一部承継等	71	2.5	252	5.4
親族への事業全部承継	33	1.2	110	2.4
休業中	29	1.0	44	0.9
譲り渡し経験なし	2,316	82.0	3,535	76.1
経営中	1,243	44.0	2,051	44.1
現在は経営していない	1,073	38.0	1,484	31.9
廃業した（＝非譲渡企業）	855	30.3	1,334	28.7
休業中	218	7.7	150	3.2
n	2,825	100.0	4,647	100.0

(2)　譲り受け調査

	2017年調査		2023年調査	
	件　数（件）	構成比（％）	件　数（件）	構成比（％）
譲り受け経験あり	1,204	18.1	1,325	20.6
譲受企業	782	11.8	891	13.8
自ら開業した	404	6.1	449	7.0
事業承継等	378	5.7	442	6.9
親族からの事業全部無償承継	422	6.4	434	6.7
譲り受け経験なし（＝非譲受企業）	5,437	81.9	5,117	79.4
自ら開業した	4,398	66.2	4,073	63.2
事業承継等	1,039	15.6	1,044	16.2
n	6,641	100.0	6,442	100.0

（注）1　nは回答数（以下同じ）。
　　　2　構成比は小数第2位を四捨五入して表示しているため、合計は100％にならない場合がある（以下同じ）。
　　　3　網かけは詳細調査の調査対象。
　　　4　譲り渡し調査の「事業一部承継等」は、現在の経営状況が「親族への事業一部承継」「従業員への事業全部承継・一部承継」「その他の理由で現在は経営していない」である企業。
　　　5　譲り受け調査の「事業承継等」は、経営者になった経緯が「親族からの事業全部有償承継・一部承継」「従業員として働いていた事業の全部承継・一部承継」「その他の理由で経営している」である企業。

一部承継等」（それぞれ2.5％、5.4％）を合わせた「譲渡企業」（それぞれ12.9％、14.0％）の割合は、2017年調査から2023年調査にかけて1.1ポイント上昇している。この間、「譲り渡し経験なし」（それぞれ82.0％、76.1％）のうち、「廃業した」（それぞれ30.3％、28.7％）と回答した企業、つまり「非譲渡企業」の割合は、1.6ポイント低下しており、事業をやめる際に他社へと経営資源を譲り渡す動きは少しずつ広がっているようだ[11]。

　続いて、**表6-2(2)**をみると、「譲り受け経験あり」（2017年調査で18.1％、2023年調査で20.6％）のうち、「自ら開業した」（それぞれ6.1％、7.0％）と「事業承継等」（それぞれ5.7％、6.9％）を合わせた「譲受企業」（それぞれ11.8％、13.8％）の割合は、2回の調査の間で2.0ポイント上昇している。一方、「譲り受け経験なし」（それぞれ81.9％、79.4％）の企業、つまり「非譲受企業」の割合は、2.5ポイント低下している。事業をやめたり縮小したりする企業から経営資源を譲り受ける動きも、2回の調査の間で少しずつ広がっていることがうかがえる[12]。なお、本章では、これらのうち「譲渡企業」と「譲受企業」のデータをもとに、中小企業における経営資源の引き継ぎの実態とその変化について明らかにしていく。

　なお、2017年調査、2023年調査のどちらも、譲渡企業には何年まで事業を経営していたか（以下、譲り渡し年）を、譲受企業には経営資源を譲り受けた年（以下、譲り受け年）を、それぞれ尋ねている[13]。ただし、2回の調査で譲り渡し年と譲り受け年に重なりがあるため、単純に比較しても時系列の変化は不明瞭になる。そこで本章では、2回の調査のサンプルをプールし、譲渡企業と譲受企業について、それぞれ譲り渡し年別、譲り受け年別に、2010年以前、

---

[11] これ以外に注目すべき点として、「譲り渡し経験なし」のうち「休業中」（2017年調査で7.7％、2023年調査で3.2％）の割合が低下し、「譲り渡し経験あり」のうち「経営中」（それぞれ2.9％、6.6％）の割合が上昇している点が挙げられる。詳細調査の調査対象ではないため、要因は定かではないが、それまで休業によって死蔵されていた経営資源が他社によって活用されている可能性や、経営資源を譲り渡した側がいったん事業をやめて新たな事業に挑戦したり、事業を縮小して継続したりしている可能性を示しており、前向きな変化であるといえる。

[12] 譲り渡し調査、譲り受け調査とも、経営資源の引き継ぎだけでなく事業承継に関連する回答割合も2017年調査から2023年調査にかけて上昇傾向にある。

[13] 経営資源の譲り渡しの場合、譲り渡した年は同じであっても、事業をやめた年は大きく異なるケースが想定されるため、譲り渡し調査では事業をやめた年を譲り渡し年とみなした。

表 6-3　サンプルの構成（譲り渡し年・譲り受け年別）

(1) 譲渡企業

（単位：件）

譲り渡し年	2017年調査	2023年調査	合　計
2010年以前	114	14	128
2011～2019年	139	142	281
2020年以降	0	141	141
n	253	297	550

(2) 譲受企業

（単位：件）

譲り受け年	2017年調査	2023年調査	合　計
2010年以前	251	142	393
2011～2019年	220	229	449
2020年以降	0	169	169
n	471	540	1,011

（注）　1　2017年調査の譲り渡し年は「2016年」から「2011年」までの1年刻みと「2010年以前」の7択
　　　　で、譲り受け年は「2017年」から「2011年」までの1年刻みと「2006～2010年」「2005年以前」
　　　　の9択で、それぞれ尋ねたもの。
　　　　2　2023年調査の譲り渡し年と譲り受け年は「2023年」から「2006年」までの1年刻みと「2005年
　　　　以前」の19択で尋ねたもの。

2011～2019年、2020年以降の三つに区分して分析する[14]。

　サンプルの構成は**表 6-3**のとおりである[15]。2010年以前は、譲渡企業で2017年
調査が114件、2023年調査が14件、譲受企業でそれぞれ251件、142件と、2017年
調査の割合が高い。2011～2019年は、譲渡企業でそれぞれ139件、142件、譲受
企業でそれぞれ220件、229件と、2回の調査が同程度となっている。2020年以降
はすべて2023年調査のもので、譲渡企業が141件、譲受企業が169件だった。

---

[14]　**表 6-3**の（注）1のとおり、2017年調査の譲り渡し年、譲り受け年は、2010年以前が細かく分け
　　られないため、2010年以前を一つの区分とした。そこから10年で区切ると、2011～2020年、2021年
　　以降の3区分になるが、国内で初めて新型コロナウイルス感染症の患者が確認された2020年1月以
　　降、経営環境が大きく変化したため、本章では2011～2019年、2020年以降の3区分を採用した。

[15]　譲り受け調査は2017年調査、2023年調査とも同じインターネット調査会社に依頼したため、重複回
　　答を49件（うち譲受企業41件、非譲受企業8件）特定できた。これらについては、2017年調査の回
　　答をサンプルから除外している。一方、譲り渡し調査については、2回の調査で異なるインター
　　ネット調査会社に依頼したため、重複の判別が困難である。ただし、2023年調査の譲渡企業のう
　　ち、76.8％は譲り渡し年が2017年以降であり、重複回答はきわめて少ないと推測される。

図6-1　引き継ぎ時の経営者の年齢

(1) 譲渡企業

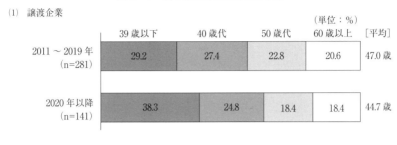

(2) 譲受企業

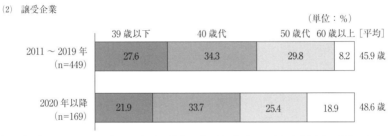

(注) 1 「調査時点の経営者の年齢 -（調査実施年 - 譲り渡し年または譲り受け年）」で算出したもの。
　　　2 譲り渡し年が2005年以前、譲り受け年が2010年以前の回答は、引き継ぎ年が特定できず、年齢を計算できないため、2010年以前に引き継いだ企業については掲載を省略。

第3節　譲渡企業と譲受企業の実態

　第3節では、経営資源の引き継ぎを行った企業の実態と、その変化について分析する。まず、引き継ぎ時の経営者の年齢をみると、譲渡企業のうち、2011～2019年に譲り渡した企業では、「39歳以下」が29.2％、「40歳代」が27.4％、「50歳代」が22.8％、「60歳以上」が20.6％で、平均年齢は47.0歳であった（**図6-1**(1)）。2020年以降に譲り渡した企業では、それぞれ38.3％、24.8％、18.4％、18.4％で、「39歳以下」の割合が上昇している。それに伴って、平均年齢も44.7歳と、2.3歳若くなっており、経営者全体が高齢化していることを考えるとやや意外な結果となった[16]。一方、譲受企業では、2011～2019年に譲り受けた企業で、

---

[16]　非譲渡企業における事業をやめたときの経営者の平均年齢は、2011～2019年に事業をやめた企業で50.4歳、2020年以降に事業をやめた企業で49.0歳と、譲渡企業に比べると変化が少ない。

図6-2　経営者の性別

(1) 譲渡企業

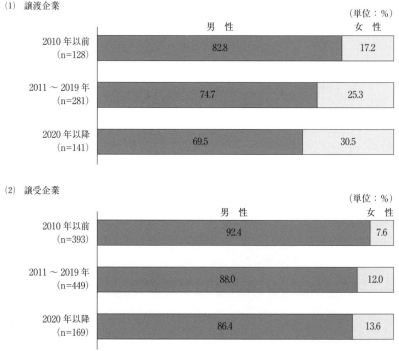

（単位：％）

男　性　　　　　　　　　　女　性

2010年以前（n=128）　82.8　　17.2

2011〜2019年（n=281）　74.7　　25.3

2020年以降（n=141）　69.5　　30.5

(2) 譲受企業

（単位：％）

男　性　　　　　　　　　　女　性

2010年以前（n=393）　92.4　　7.6

2011〜2019年（n=449）　88.0　　12.0

2020年以降（n=169）　86.4　　13.6

「39歳以下」が27.6％、「40歳代」が34.3％、「50歳代」が29.8％、「60歳以上」が8.2％で、平均年齢は45.9歳であった（**図6-1(2)**）。2020年以降に譲り受けた企業では、それぞれ21.9％、33.7％、25.4％、18.9％、48.6歳となっている。譲り受け時の年齢は、経営者全体の高齢化と歩調を合わせて高まっているようだ。

　経営者の性別は、譲渡企業では、2010年以前は「男性」が82.8％、「女性」が17.2％、2011〜2019年はそれぞれ74.7％、25.3％、2020年以降はそれぞれ69.5％、30.5％と、女性の割合が高まっている（**図6-2(1)**）。それに対し、譲受企業では、2010年以前で「男性」が92.4％、「女性」が7.6％、2011〜2019年でそれぞれ88.0％、12.0％、2020年以降でそれぞれ86.4％、13.6％と、女性の割合が徐々に高まっているものの、譲渡企業に比べると緩やかな変化である（**図6-2(2)**）。

　経営者の代をみると、譲渡企業は、2010年以前で「創業者」が71.1％と最

図 6 - 3　経営者の代

(1)　譲渡企業

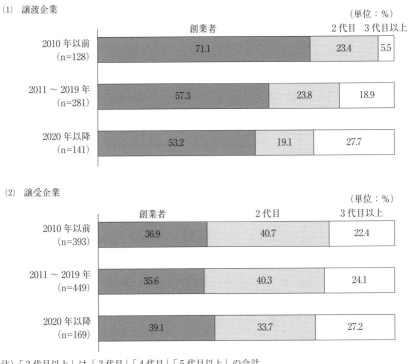

(単位：%)

	創業者	2代目	3代目以上
2010 年以前 (n=128)	71.1	23.4	5.5
2011 ～ 2019 年 (n=281)	57.3	23.8	18.9
2020 年以降 (n=141)	53.2	19.1	27.7

(2)　譲受企業

(単位：%)

	創業者	2代目	3代目以上
2010 年以前 (n=393)	36.9	40.7	22.4
2011 ～ 2019 年 (n=449)	35.6	40.3	24.1
2020 年以降 (n=169)	39.1	33.7	27.2

(注)「3代目以上」は「3代目」「4代目」「5代目以上」の合計。

も多く、「2代目」が23.4％、「3代目以上」が5.5％であった（**図 6 - 3(1)**）。
2011～2019年でそれぞれ57.3％、23.8％、18.9％、2020年以降でそれぞれ53.2％、
19.1％、27.7％と、「3代目以上」の割合が上昇しており、歴史のある企業によ
る譲り渡しが増えているといえる。譲受企業は、2010年以前でそれぞれ36.9％、
40.7％、22.4％、2011～2019年でそれぞれ35.6％、40.3％、24.1％、2020年以降
でそれぞれ39.1％、33.7％、27.2％と、「3代目以上」の割合が上昇している点
は譲渡企業と同じだが、やはり変化は緩やかだった（**図 6 - 3(2)**）[17]。

　続いて、業種をみてみよう。譲渡企業では、上位3業種が2010年以前は

---

[17]　回答時点の違いによる影響を除くため、2023年調査のみでみても、譲受企業における「3代目以上」
の割合は上昇傾向であった。

「サービス業」（25.0％）、「小売業」（16.4％）、「飲食店・宿泊業」（11.7％）、
2011～2019年は「飲食店・宿泊業」（19.2％）、「サービス業」（17.4％）、「小売
業」（14.6％）、2020年以降は「サービス業」（24.8％）、「小売業」（16.3％）、
「飲食店・宿泊業」（13.5％）となっている（**表6-4⑴**）。割合と順位に変化
はあるが、上位3業種の顔ぶれは同じであった。譲受企業では、上位3業種
が2010年以前は「サービス業」（22.9％）、「小売業」（18.1％）、「製造業」
（13.7％）、2011～2019年は「サービス業」（26.7％）、「小売業」（14.3％）、「製
造業」（13.6％）、2020年以降は「サービス業」（28.4％）、「製造業」（14.8％）、
「小売業」（11.8％）となっている（**表6-4⑵**）。こちらも上位3業種の顔ぶれ
は同じだが、「サービス業」と「製造業」の割合が上昇ないし横ばいの傾向で
あるのに対して、「小売業」の割合は低下している[18]。

　従業者数をみると、譲渡企業では、2010年以前は「1～4人」が40.6％、
「5～19人」が46.9％、「20人以上」が12.5％、従業者数の平均は12.9人であっ
た（**図6-4⑴**）。これが、2011～2019年ではそれぞれ36.7％、41.6％、21.7％
で、平均は16.7人、2020年以降ではそれぞれ30.5％、39.0％、30.5％で、平均は
28.1人と、規模の大きい企業の割合が高まっている。一方、譲受企業では、
2010年以前は「1～4人」が57.0％、「5～19人」が31.0％、「20人以上」が
12.0％で、従業者数の平均は12.8人、2011～2019年ではそれぞれ49.9％、30.3％、
19.8％で、平均は16.1人、2020年以降ではそれぞれ40.8％、29.0％、30.2％で、
平均は22.6人だった（**図6-4⑵**）。譲渡企業と同様に、譲受企業も規模の大き
い企業の割合が高まっているようである[19]。

　次に、譲渡企業の経営状況をみていく[20]。まず、同業他社と比べた業況が

---

[18]　譲り受け年に相当する設問がないため、同じ区分では比較できないが、非譲受企業における「小売
業」の割合は、2017年調査で14.0％、2023年調査で14.9％であった。

[19]　回答時点の違いによる影響を除くため、2023年調査のみでみても、譲受企業における従業者数は増
加傾向であった。

[20]　企業の経営状況は、その時々の経済情勢の影響を受けるため、「現在」の状況を尋ねている譲り受け
調査において、2回の調査を組み合わせて分析することは困難である。なお、2023年調査のみでみる
と、譲受企業のうち同業他社と比べた業況が「良い」企業は、2010年以前で10.6％、2011～2019年
で20.1％、2020年以降で26.6％、「資産超過である」企業は、それぞれ31.0％、33.6％、32.5％であった。
直近に経営資源を譲り受けた企業ほど業況が良いが、これは譲り受けが一時的に業況を改善させ
ている可能性と、業況が良い企業による譲り受けが増えている可能性の双方が考えられる。

表6-4　業　種

(1)　譲渡企業

（単位：％）

業　種	2010年以前	2011〜2019年	2020年以降
建設業	8.6	10.7	9.9
製造業	7.8	8.9	10.6
情報通信業	7.8	3.9	4.3
運輸業	3.9	2.1	7.1
卸売業	7.8	7.8	7.1
小売業	16.4	14.6	16.3
飲食店・宿泊業	11.7	19.2	13.5
医療、福祉	4.7	7.1	2.8
教育、学習支援業	1.6	3.2	2.1
サービス業	25.0	17.4	24.8
不動産業	3.1	1.8	0.7
その他	1.6	3.2	0.7
n	128	281	141

(2)　譲受企業

（単位：％）

業　種	2010年以前	2011〜2019年	2020年以降
建設業	13.2	11.4	10.7
製造業	13.7	13.6	14.8
情報通信業	2.3	2.2	4.1
運輸業	2.0	3.3	3.0
卸売業	7.6	5.8	8.3
小売業	18.1	14.3	11.8
飲食店・宿泊業	4.3	8.5	9.5
医療、福祉	5.3	5.3	3.6
教育、学習支援業	5.3	5.3	1.8
サービス業	22.9	26.7	28.4
不動産業	2.5	1.8	1.8
その他	2.5	1.8	2.4
n	393	449	169

（注）　1　業種ごとのｎの記載は省略。
　　　　2　「持ち帰り・配達飲食サービス業」は「小売業」に含む。

図6-4　従業者数

(1) 譲渡企業

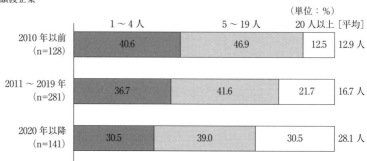

(2) 譲受企業

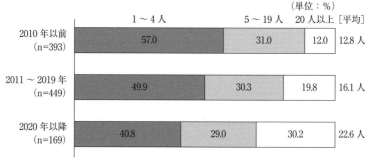

(注) 1 従業者数は、経営者本人、家族従業員（常勤役員である家族を含む）、常勤役員（家族を除く）、正社員・職員（家族を除く）、非正社員・職員（パート・アルバイト、契約社員など。家族を除く）の合計。

　　　 2 譲渡企業は「事業をやめることを具体的に考え始めた時点」、譲受企業は「現在」の従業者数。

「良かった」割合は、2010年以前で24.2％、2011～2019年で19.9％、2020年以降で39.0％、「どちらともいえない」割合は、それぞれ48.4％、38.4％、27.0％、「良くなかった」割合は、それぞれ27.3％、41.6％、34.0％であった（**図6-5(1)**）。財務状況についても尋ねたところ、「資産超過だった」割合は、2010年以前で39.1％、2011～2019年で33.5％、2020年以降で38.3％、「どちらともいえない」割合は、それぞれ23.4％、23.5％、23.4％、「債務超過だった」割合は、それぞれ37.5％、43.1％、38.3％だった（**図6-5(2)**）。

　譲り渡し年が2020年以降の譲渡企業は、新型コロナウイルス感染症の流行

図6-5　経営状況（譲渡企業）

(1) 同業他社と比べた業況

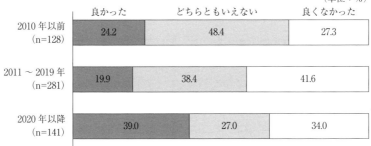

（単位：％）

	良かった	どちらともいえない	良くなかった
2010年以前 （n=128）	24.2	48.4	27.3
2011〜2019年 （n=281）	19.9	38.4	41.6
2020年以降 （n=141）	39.0	27.0	34.0

(2) 財務状況

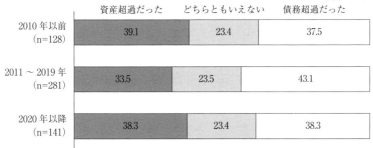

（単位：％）

	資産超過だった	どちらともいえない	債務超過だった
2010年以前 （n=128）	39.1	23.4	37.5
2011〜2019年 （n=281）	33.5	23.5	43.1
2020年以降 （n=141）	38.3	23.4	38.3

(注) 1 「事業をやめることを具体的に考え始めた時点」の経営状況。
　　　2 同業他社と比べた業況は、「同業他社と比べて業況（事業の状況）は良かった」という設問に
　　　　対して「当てはまる」を「良かった」、「当てはまらない」を「良くなかった」とした。
　　　3 財務状況は、「資産は負債より多かった（資産超過だった）」という設問に対して「当てはま
　　　　る」を「資産超過だった」、「当てはまらない」を「債務超過だった」とした。

（以下、「コロナ禍」という）以降に事業をやめた企業が大半である。それに
もかかわらず、同業他社と比べた業況と財務状況の両方とも、それよりも前
の譲渡企業と比べてかなり良い[21]。

---

[21] 非譲渡企業における、同業他社と比べた業況が「良かった」割合は、2010年以前に事業をやめた企
　　業で12.7％、2011〜2019年に事業をやめた企業で12.3％、2020年以降に事業をやめた企業で10.1％、
　　財務状況が「資産超過だった」割合は、それぞれ21.3％、21.5％、13.2％であった。それぞれ、譲渡
　　企業に比べて低い水準であり、特に2020年以降は同答割合が低下している。

図6-6　後継者に事業を承継させていない理由（譲渡企業）

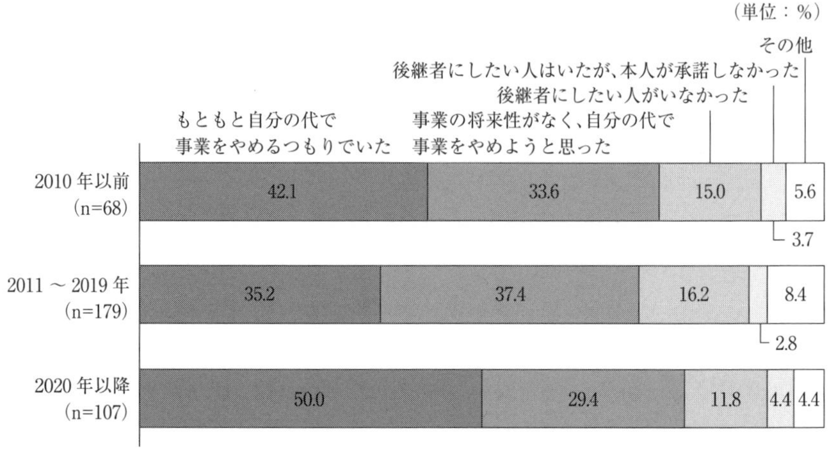

（単位：％）

（注）譲渡企業のうち、親族や従業員に事業の全体・一部を承継させていない企業に尋ねたもの。

　この背景にあると思われるのが、後継者に事業を承継させていない理由である。2010年以前は「もともと自分の代で事業をやめるつもりでいた」が42.1％で最も割合が高く、次いで「事業の将来性がなく、自分の代で事業をやめようと思った」が33.6％、「後継者にしたい人がいなかった」が15.0％、「後継者にしたい人はいたが、本人が承諾しなかった」が3.7％であった（図6-6）。2011～2019年は「事業の将来性がなく、自分の代で事業をやめようと思った」が37.4％と、「もともと自分の代で事業をやめるつもりでいた」の35.2％を上回り、「後継者にしたい人がいなかった」が16.2％、「後継者にしたい人はいたが、本人が承諾しなかった」が2.8％となった。2020年以降は「もともと自分の代で事業をやめるつもりでいた」が50.0％と割合を高めて再び1位となり、続いて「事業の将来性がなく、自分の代で事業をやめようと思った」が29.4％、「後継者にしたい人がいなかった」が11.8％、「後継者にしたい人はいたが、本人が承諾しなかった」が4.4％だった。

　2020年以降で「もともと自分の代で事業をやめるつもりでいた」の割合が高まったのは、もともと事業承継意欲のない経営者がコロナ禍を機に廃業を決意し、経営資源を譲り渡したケースが少なからず存在することを示していると思わ

図6-7　コロナ禍が事業をやめる判断に与えた影響
（譲り渡し年が2020年以降の譲渡企業）

（単位：％）

（n=141）

影響はあった	影響はなかった
66.7	33.3

（注）譲り渡し年が2020年以降の企業に尋ねているため、新型コロナウイルス感染症の患者が日本で初めて確認された2020年1月15日より前に事業をやめる判断を行った企業が含まれている可能性がある。

れる[22]。2023年調査で、譲り渡し年が2020年以降の企業に対し、コロナ禍が事業をやめる判断に影響したか尋ねたところ、「影響はあった」の割合が66.7％に上ったことも、これを裏づけているといえよう（**図6-7**）[23]。

　次に、譲受企業が経営資源を譲り受けたタイミングについてみてみよう。譲り受けのタイミングは、大きく二つある。一つ目は開業時である。事業承継とまではいかずとも、事業をやめる企業や団体から何らかの経営資源を譲り受けることができれば、コストやリスクを抑えつつスムーズに開業できる可能性が高まる。二つ目は開業後である。開業後に何らかの経営資源を引き継ぐことで、人員の確保、販路の開拓、事業拡大時のコストの低減といった効果が期待できる。

　譲受企業が経営資源を譲り受けたタイミングをみると、「開業時」の割合は2010年以前で85.2％、2011～2019年で84.2％、2020年以降で82.8％と、ほぼ横ばいとなっている（**図6-8**）[24]。これに対し、「開業後」の割合はそれぞれ60.1％、65.7％、77.5％と、上昇傾向であった。なお、「開業時」「開業後」の両方で譲り受けたことがある割合は、それぞれ45.3％、49.9％、60.4％となっており、開業時に経営資源を譲り受け、開業後にも譲り受ける企業が増えているようである。

[22]　非譲渡企業における、「もともと自分の代で事業をやめるつもりでいた」割合は、2010年以前に事業をやめた企業で48.9％、2011～2019年に事業をやめた企業で56.8％、2020年以降に事業をやめた企業で57.4％と、コロナ禍前後でも大きな変化はみられず、いずれの区分も譲渡企業より高い。

[23]　非譲渡企業における、コロナ禍が事業をやめる判断に「影響はあった」割合は、2020年以降に事業をやめた企業で48.8％と、譲渡企業に比べて低い。

[24]　譲り受け年は、複数回譲り受けたことがある場合、最も新しい譲り受けについて回答するよう求めている。そのため、例えば譲り受け年が2020年以降で、「開業時」に譲り受けたと回答した企業が、2020年以降に開業したとは限らない。

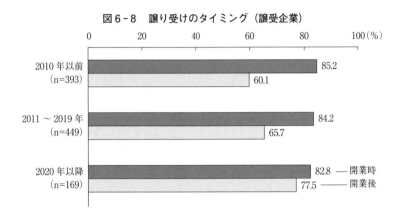

図 6-8　譲り受けのタイミング（譲受企業）

第4節　引き継がれている経営資源と引き継ぎ相手

　ここからは、どのような経営資源が引き継がれているのかをみていく。譲り渡した経営資源として最も割合が高いのは「従業員」で、2010年以前は39.1％だったものが、2011～2019年には55.2％と上昇し、2020年以降も52.5％と高い水準となっている（**表6-5**）。「販売先・受注先」はそれぞれ21.1％、21.0％、20.6％、「仕入先・外注先」はそれぞれ14.8％、15.3％、13.5％と、両者とも割合はほぼ横ばいである。一方、「機械・車両などの設備」はそれぞれ28.9％、21.0％、13.5％と割合が大きく低下している。「製品・商品」はそれぞれ21.1％、15.7％、18.4％、「土地や店舗・事務所・工場などの不動産」はそれぞれ17.2％、11.7％、12.8％となった。全体として、譲り渡しの内容が物から人へとシフトする傾向がうかがえる。

　続いて、譲り受けた経営資源をみていこう。開業時に譲り受けた経営資源として、「従業員」（2010年以前で30.4％、2011～2019年で39.4％、2020年以降で45.7％）の回答割合が上昇傾向にある点は、譲り渡した経営資源と同じであるが、「土地や店舗・事務所・工場などの不動産」（それぞれ35.8％、39.4％、39.3％）、「機械・車両などの設備」（それぞれ34.3％、34.4％、39.3％）、「製品・商品」（それぞれ24.2％、24.6％、33.6％）の2020年以降の回答割合は、いずれ

表6-5　引き継いだ経営資源（譲渡企業、複数回答）

（単位：％）

	2010年以前	2011～2019年	2020年以降
従業員	39.1	55.2	52.5
販売先・受注先	21.1	21.0	20.6
製品・商品	21.1	15.7	18.4
機械・車両などの設備	28.9	21.0	13.5
仕入先・外注先	14.8	15.3	13.5
土地や店舗・事務所・工場などの不動産	17.2	11.7	12.8
免許・資格	10.2	10.0	7.8
のれん・ブランド・商標	11.7	8.2	7.1
貸付金・売掛金などの資産	2.3	5.3	5.0
特許・実用新案などの知的財産	1.6	2.1	4.3
資金（現預金・有価証券）	10.9	7.1	4.3
借入金・買掛金などの負債	7.0	6.0	3.5
その他の経営資源	3.1	2.5	3.5
n	128	281	141

(注)　1 「土地や店舗・事務所・工場などの不動産」は、経営者本人、家族・親族、経営していた法人
　　　　が所有していた不動産に限る（以下同じ）。
　　　2 濃い網かけは20％以上、薄い網かけは10％以上20％未満（表6-6～7、表6-11～12も同
　　　　じ）。

も2010年以前と比べると上昇している（**表6-6**）。開業時に譲り受けを行った
企業では、既存の企業が保有していた人と物の双方を積極的に活用するところ
が増えているようだ。

　開業後に譲り受けた経営資源においても、やはり「従業員」（2010年以前で
23.3％、2011～2019年で25.4％、2020年以降で30.5％）の割合が上昇している
一方で、「製品・商品」（それぞれ24.2％、21.7％、24.4％）はほぼ横ばい、「土
地や店舗・事務所・工場などの不動産」（それぞれ33.1％、28.5％、23.7％）と
「機械・車両などの設備」（それぞれ31.4％、30.2％、26.7％）は低下傾向にあ
る（**表6-7**）。人手不足が叫ばれるなか、すでに事業を営んでいる企業にとっ
ては、譲り受けに当たって不動産、設備、製品といった物のニーズよりも、人
のニーズの方が高まっているのかもしれない。

　次に、経営資源を引き継いだ相手をみよう。譲り受けた相手として、2010年

表6-6　引き継いだ経営資源（譲受企業、開業時、複数回答）

（単位：％）

	2010年以前	2011～2019年	2020年以降
従業員	30.4	39.4	45.7
土地や店舗・事務所・工場などの不動産	35.8	39.4	39.3
機械・車両などの設備	34.3	34.4	39.3
仕入先・外注先	27.8	32.0	38.6
製品・商品	24.2	24.6	33.6
販売先・受注先	33.7	33.6	27.9
のれん・ブランド・商標	23.6	21.2	19.3
免許・資格	11.6	14.3	16.4
資金（現預金・有価証券）	15.5	13.8	15.0
借入金・買掛金などの負債	15.8	15.3	14.3
貸付金・売掛金などの資産	12.5	12.7	12.1
特許・実用新案などの知的財産	3.6	6.6	6.4
その他の経営資源	0.6	0.8	1.4
n	335	378	140

表6-7　引き継いだ経営資源（譲受企業、開業後、複数回答）

（単位：％）

	2010年以前	2011～2019年	2020年以降
従業員	23.3	25.4	30.5
機械・車両などの設備	31.4	30.2	26.7
販売先・受注先	28.4	27.8	25.2
製品・商品	24.2	21.7	24.4
仕入先・外注先	23.3	24.7	24.4
土地や店舗・事務所・工場などの不動産	33.1	28.5	23.7
のれん・ブランド・商標	15.7	12.2	9.9
資金（現預金・有価証券）	11.4	13.9	9.9
免許・資格	9.7	7.1	7.6
借入金・買掛金などの負債	11.4	9.5	6.9
貸付金・売掛金などの資産	9.7	8.1	4.6
特許・実用新案などの知的財産	4.2	5.8	3.1
その他の経営資源	0.8	1.4	0.8
n	236	295	131

表 6 - 8　経営資源を引き継いだ相手（譲渡企業、複数回答）

（単位：％）

	2010年以前	2011～2019年	2020年以降
②独立を予定している役員・従業員（①を除く）	25.0	19.2	38.3
④開業を予定している友人・知人（①～③を除く）	17.2	13.9	26.2
③当社の商品やサービスを利用、消費していた開業予定者	10.2	14.2	24.1
①開業を予定している家族・親族	8.6	12.8	21.3
⑨家族・親族が経営している企業	5.5	8.5	12.8
⑬同業者（⑨～⑫を除く）	32.8	19.2	11.3
⑩販売先や受注先	10.2	12.5	10.6
⑪仕入先や外注先	10.2	11.0	8.5
⑧地方公共団体等の公的機関	1.6	3.2	6.4
⑤支援機関に紹介された開業予定者	3.1	2.1	4.3
⑫支援機関に紹介された既存企業	1.6	3.9	4.3
⑦NPO法人など非営利の法人・団体	0.0	1.1	2.8
⑭その他の既存企業	19.5	12.8	1.4
⑥その他の開業予定者	14.8	8.2	0.0
n	128	281	141

（注）　1　丸数字はアンケートにおける選択肢の番号（表 6 -10まで同じ）。
　　　　2　支援機関については、2017年調査では「税理士、商工会、事業引継ぎ支援センターなど」、
　　　　　2023年調査では「税理士、商工会、事業承継・引継ぎ支援センターなど」と、選択肢のなか
　　　　　でそれぞれ例示。
　　　　3　濃い網かけは15％以上、薄い網かけは10％以上15％未満（表 6 - 9 ～10、表 6 -13～14も同
　　　　　じ）。

以前は「同業者」（32.8％）の割合が最も高く、続く「独立を予定している役員・従業員」（25.0％）、「その他の既存企業」（19.5％）、「開業を予定している友人・知人」（17.2％）が、15％を上回った（**表 6 - 8**）。2011～2019年になると、「同業者」（19.2％）の割合が低下して「独立を予定している役員・従業員」（19.2％）の割合と並び、この二つが15％を上回った。2020年以降では、「独立を予定している役員・従業員」（38.3％）の割合が大きく高まり、「開業を予定している友人・知人」（26.2％）、「当社の商品やサービスを利用、消費していた開業予定者」（24.1％）、「開業を予定している家族・親族」（21.3％）が15％を上回る。三つの期間を通じて、「同業者」や「その他の既存企業」への譲り

表6-9　経営資源を引き継いだ相手（譲受企業、開業時、複数回答）

(単位：%)

	2010年以前	2011～2019年	2020年以降
①家族・親族が経営していた企業で自分も勤務していた企業	54.6	51.1	50.7
③勤務していた企業（①を除く）	20.6	20.6	24.3
②家族・親族が経営していた企業（①を除く）	13.1	11.9	17.9
⑤勤務していた企業の仕入先や外注先	8.7	14.8	15.0
④勤務していた企業の販売先や受注先	11.0	13.5	12.9
⑥面識があった同じ業種の企業（①～⑤を除く）	8.7	11.6	10.7
⑦面識があった異なる業種の企業（①～⑤を除く）	4.2	7.1	7.1
⑨面識がなかった異なる業種の企業	5.1	4.2	7.1
⑧面識がなかった同じ業種の企業	4.2	8.7	4.3
⑩NPO法人など非営利の法人・団体	1.2	2.4	2.9
⑪地方公共団体等の公的機関	2.1	1.9	0.7
⑫その他	1.5	0.3	0.7
n	335	378	140

渡しが減り、開業や独立を予定している人への譲り渡しが増えるという傾向がみられた[25]。

　開業時に譲り受けた相手をみると、2010年以前は「家族・親族が経営していた企業で自分も勤務していた企業」（54.6％）の割合が最も高く、次点である「勤務していた企業」（20.6％）までの二つが15％を上回った（**表6-9**）。2011～2019年では、「家族・親族が経営していた企業で自分も勤務していた企業」（51.1％）、「勤務していた企業」（20.6％）と、2010年以前と同じ引き継ぎ相手が15％を上回っている。2020年以降では、「家族・親族が経営していた企業で自分も勤務していた企業」（50.7％）、「勤務していた企業」（24.3％）に加え、「家族・親族が経営していた企業」（17.9％）、「勤務していた企業の仕入先や外注先」（15.0％）が15％を上回った。

---

[25]　「開業を予定している家族・親族」「独立を予定している役員・従業員」「当社の商品やサービスを利用、消費していた開業予定者」「開業を予定している友人・知人」「支援機関に紹介された開業予定者」「その他の開業予定者」のいずれかに経営資源を譲り渡した割合は、2010年以前が53.1％、2011～2019年が58.7％、2020年以降は76.6％であった。

表6-10　経営資源を引き継いだ相手（譲受企業、開業後、複数回答）

（単位：％）

	2010年以前	2011～2019年	2020年以降
①家族・親族が経営していた企業で自分も勤務していた企業	50.8	42.0	40.5
⑥面識があった同じ業種の企業（①～⑤を除く）	16.1	18.3	20.6
②家族・親族が経営していた企業（①を除く）	9.7	14.2	15.3
⑤勤務していた企業の仕入先や外注先	6.4	12.2	15.3
③勤務していた企業（①を除く）	12.7	19.7	14.5
④勤務していた企業の販売先や受注先	8.9	14.2	13.7
⑧面識がなかった同じ業種の企業	5.5	7.5	7.6
⑨面識がなかった異なる業種の企業	5.5	6.1	5.3
⑦面識があった異なる業種の企業（①～⑤を除く）	8.1	7.8	4.6
⑩NPO法人など非営利の法人・団体	0.0	2.7	2.3
⑪地方公共団体等の公的機関	1.3	1.7	0.8
⑫その他	0.0	1.0	1.5
n	236	295	131

　開業後に譲り受けた相手をみると、こちらも2010年以前は「家族・親族が経営していた企業で自分も勤務していた企業」（50.8％）の割合が圧倒的に高く、続く「面識があった同じ業種の企業」（16.1％）までの二つが15％を上回っている（表6-10）。2011～2019年では、「家族・親族が経営していた企業で自分も勤務していた企業」（42.0％）に続いて、「勤務していた企業」（19.7％）、「面識があった同じ業種の企業」（18.3％）の三つが15％を上回った。2020年以降は、「家族・親族が経営していた企業で自分も勤務していた企業」（40.5％）、「面識があった同じ業種の企業」（20.6％）、「家族・親族が経営していた企業」「勤務していた企業の仕入先や外注先」（いずれも15.3％）の四つが、15％を上回っていた。

　このように、譲受企業の引き継ぎ相手は、開業時と開業後の譲り受けで、おおむね似たような変化をたどっていることがわかる。なかでも、「家族・親族が経営していた企業」と「勤務していた企業の仕入先や外注先」の割合が上昇傾向にあることが目立つ。譲り受けの相手として、以前は自分が勤務していた企業が比較的多かったものが、徐々に多様化しているといえそうだ。

表 6 -11　経営資源を引き継いで良かったこと（譲渡企業、複数回答）

(単位：%)

	2010年以前	2011～2019年	2020年以降
従業員の雇用を守ることができた	24.2	25.6	29.1
販売先や受注先に迷惑をかけずにすんだ	24.2	23.5	27.7
負債を整理または軽減できた	24.2	20.3	24.1
事業をやめる際の費用を軽減できた	21.1	26.0	24.1
事業をやめた後の生活資金を得ることができた	18.0	21.7	23.4
仕入先や外注先に迷惑をかけずにすんだ	18.8	14.2	22.0
地場産業や商店街を衰退させずにすんだ	2.3	1.4	3.5
その他	0.0	0.7	0.0
特にない	25.8	19.6	16.3
n	128	281	141

第 5 節　引き継ぎの効果・課題とその変化

　第 5 節では、これまでみてきた引き継ぎの実態の変化が、引き継ぎの効果や課題に影響しているかを検証する。まず、譲渡企業に対し、経営資源を引き継いで良かったことを尋ねたところ、2010年以前は「従業員の雇用を守ることができた」「販売先や受注先に迷惑をかけずにすんだ」「負債を整理または軽減できた」が24.2％で同率 1 位となり、2011～2019年はそれぞれ25.6％、23.5％、20.3％、2020年以降はそれぞれ29.1％、27.7％、24.1％と、いずれも上昇または横ばいであった（**表 6 -11**）。「事業をやめる際の費用を軽減できた」（2010年以前で21.1％、2011～2019年で26.0％、2020年以降で24.1％）、「事業をやめた後の生活資金を得ることができた」（それぞれ18.0％、21.7％、23.4％）、「仕入先や外注先に迷惑をかけずにすんだ」（それぞれ18.8％、14.2％、22.0％）も、同様に上昇または横ばいの傾向にある。一方、「特にない」（それぞれ25.8％、19.6％、16.3％）の割合は低下しており、譲り渡しによって何らかのメリットを享受した企業は増えているようだ。

　続いて、譲受企業に対し、経営資源を引き継いで良かったことを尋ねたところ、「開業にかかる費用や時間を節約できた」（2010年以前で49.9％、2011～

表6-12　経営資源を引き継いで良かったこと（譲受企業、複数回答）

（単位：％）

	2010年以前	2011〜2019年	2020年以降
開業にかかる費用や時間を節約できた	49.9	44.8	45.6
販売先・受注先を確保できた	34.4	31.6	30.2
事業拡大にかかる費用や時間を節約できた	22.6	26.5	27.8
仕入先・外注先を確保できた	26.7	25.6	24.3
優秀な従業員を確保できた	9.4	14.9	14.2
従業員を増やすことができた	2.8	8.2	10.1
利益率が良くなった	3.8	9.4	5.9
地場産業や商店街を衰退させずにすんだ	2.8	2.9	4.1
その他	0.8	0.9	1.2
特にない	18.6	19.8	16.6
n	393	449	169

2019年で44.8％、2020年以降で45.6％）が、いずれの区分でも最も高い割合となった（**表6-12**）。続いて、「販売先・受注先を確保できた」（それぞれ34.4％、31.6％、30.2％）、「仕入先・外注先を確保できた」（それぞれ26.7％、25.6％、24.3％）、「事業拡大にかかる費用や時間を節約できた」（それぞれ22.6％、26.5％、27.8％）、「優秀な従業員を確保できた」（それぞれ9.4％、14.9％、14.2％）、「従業員を増やすことができた」（それぞれ2.8％、8.2％、10.1％）などとなっている。「特にない」はそれぞれ18.6％、19.8％、16.6％であった。

　引き継ぎの満足度をみると、譲渡企業では、2010年以前で「満足している」が51.6％、「どちらともいえない」が35.2％、「満足していない」が13.3％、2011〜2019年でそれぞれ45.2％、35.6％、19.2％、2020年以降でそれぞれ51.8％、29.1％、19.1％となった（**図6-9**(1)）。前述のように、譲り渡しによるメリットを享受している企業が増えたにもかかわらず、2020年以降の「満足している」の割合は2010年以前と比較して0.2ポイントの上昇にとどまり、「満足していない」の割合は5.9ポイントも上昇している。

　譲受企業では、2010年以前で「満足している」が46.8％、「どちらともいえない」が36.1％、「満足していない」が17.0％、2011〜2019年でそれぞれ

図 6-9　引き継ぎの満足度

(1) 譲渡企業

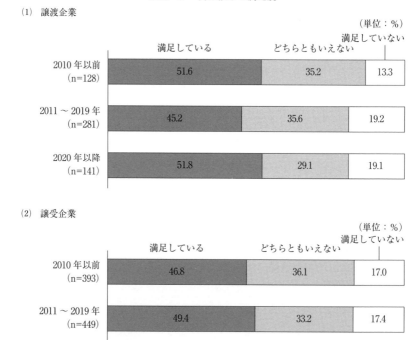

(単位：%)

	満足している	どちらともいえない	満足していない
2010 年以前 (n=128)	51.6	35.2	13.3
2011 〜 2019 年 (n=281)	45.2	35.6	19.2
2020 年以降 (n=141)	51.8	29.1	19.1

(2) 譲受企業

(単位：%)

	満足している	どちらともいえない	満足していない
2010 年以前 (n=393)	46.8	36.1	17.0
2011 〜 2019 年 (n=449)	49.4	33.2	17.4
2020 年以降 (n=169)	51.5	32.0	16.6

49.4％、33.2％、17.4％、2020年以降でそれぞれ51.5％、32.0％、16.6％となった（図 6-9(2)）。2020年以降の「満足している」の割合は、2010年以前と比べると4.7ポイント高まっているのに対して、「満足していない」の割合は0.4ポイント低下とほぼ同水準であり、全体として満足度はやや高まったとみてよいだろう。

　譲渡企業で、経営資源を譲り渡したことによるメリットを享受する企業が増えているのにもかかわらず、引き継ぎの満足度があまり高まっていない要因の一つとして、譲り渡し時の苦労が考えられる。引き継ぎに当たって困ったことや大変だったことを譲渡企業に尋ねたところ、2010年以前で「残っている債務

表 6 -13　引き継ぎに当たって困ったことや大変だったこと（譲渡企業、複数回答）

（単位：%）

	2010年以前	2011〜2019年	2020年以降
譲り渡す相手がすぐに見つからなかった	11.7	17.1	22.0
誰に相談してよいかわからなかった	7.8	16.4	20.6
残っている債務を整理しなければならなかった	13.3	16.7	19.9
譲り渡せる状態にするための費用（メンテナンスや改装工事など）がかかった	8.6	7.1	17.7
譲り渡す経営資源の対価以外の条件に関する交渉が大変だった	5.5	10.7	17.0
譲り渡す経営資源の対価に関する交渉が大変だった	12.5	12.8	15.6
譲り渡しにかかる手続きがわからなかった	2.3	8.2	15.6
仕入先や外注先の同意を得るのに苦労した	7.0	7.1	14.9
契約書の作成など譲り渡しにかかる手続きが大変だった	8.6	8.2	14.2
販売先や受注先の同意を得るのに苦労した	9.4	7.1	12.8
不動産は自宅と兼用していたため、転居する必要があった	1.6	3.9	5.7
不動産は自宅と兼用していたため、改装して自宅部分と区分けする必要があった	0.0	1.4	4.3
不動産の自分以外の名義人（家族や親族など）の同意を得るのに苦労した	0.0	1.1	1.4
その他	1.6	0.7	0.0
特にない	46.9	33.5	24.8
n	128	281	141

を整理しなければならなかった」（13.3％）、「譲り渡す経営資源の対価に関する交渉が大変だった」（12.5％）、「譲り渡す相手がすぐに見つからなかった」（11.7％）の三つの回答割合が10％を上回った（**表 6 -13**）。これが、2011〜2019年になると、「譲り渡す相手がすぐに見つからなかった」（17.1％）、「残っている債務を整理しなければならなかった」（16.7％）、「誰に相談してよいか

わからなかった」（16.4％）、「譲り渡す経営資源の対価に関する交渉が大変だった」（12.8％）、「譲り渡す経営資源の対価以外の条件に関する交渉が大変だった」（10.7％）の五つが10％を上回っている。そして、2020年以降は、「譲り渡す相手がすぐに見つからなかった」（22.0％）、「誰に相談してよいかわからなかった」（20.6％）、「残っている債務を整理しなければならなかった」（19.9％）、「譲り渡せる状態にするための費用（メンテナンスや改装工事など）がかかった」（17.7％）、「譲り渡す経営資源の対価以外の条件に関する交渉が大変だった」（17.0％）、「譲り渡す経営資源の対価に関する交渉が大変だった」「譲り渡しにかかる手続きがわからなかった」（いずれも15.6％）、「仕入先や外注先の同意を得るのに苦労した」（14.9％）、「契約書の作成など譲り渡しにかかる手続きが大変だった」（14.2％）、「販売先や受注先の同意を得るのに苦労した」（12.8％）と、実に10もの項目が10％を上回った。

　この間、「特にない」（2010年以前で46.9％、2011～2019年で33.5％、2020年以降で24.8％）の回答割合は大きく低下している。譲り渡しに当たって、何らかの苦労を経験した企業が増えているようだ。

　譲受企業に対しても、引き継ぎに当たって困ったことや大変だったことを尋ねたところ、2010年以前は、「誰に相談してよいかわからなかった」（11.7％）、「譲り受ける経営資源の対価に関する交渉が大変だった」（10.2％）の二つだけが、10％を上回っていた（**表6-14**）。これが2011～2019年になると、「誰に相談してよいかわからなかった」（18.3％）、「譲り渡してくれる相手を見つけることが大変だった」（13.4％）、「譲り受ける経営資源の対価に関する交渉が大変だった」（13.1％）、「譲り受ける経営資源の対価以外の条件に関する交渉が大変だった」（12.5％）、「譲り受けに必要な資金の調達に苦労した」「譲り受けた経営資源を使用可能な状態にするための費用（メンテナンスや改装工事など）がかかった」（いずれも10.7％）、「契約書の作成など譲り受けにかかる手続きが大変だった」「譲り受けにかかる手続きがわからなかった」（いずれも10.2％）の八つが10％を上回った。さらに2020年以降でも、「誰に相談してよいかわからなかった」（24.9％）、「契約書の作成など譲り受けにかかる手続きが大変だった」（17.8％）、「譲り渡してくれる相手を見つけることが大変だった」「譲り受けに必要な資金の調達に苦労した」（いずれも13.0％）、「譲り受け

表6-14　引き継ぎに当たって困ったことや大変だったこと（譲受企業、複数回答）

（単位：％）

	2010年以前	2011〜2019年	2020年以降
誰に相談してよいかわからなかった	11.7	18.3	24.9
契約書の作成など譲り受けにかかる手続きが大変だった	7.9	10.2	17.8
譲り渡してくれる相手を見つけることが大変だった	9.4	13.4	13.0
譲り受けに必要な資金の調達に苦労した	8.4	10.7	13.0
譲り受ける経営資源の対価以外の条件に関する交渉が大変だった	6.9	12.5	12.4
譲り受ける経営資源の対価に関する交渉が大変だった	10.2	13.1	11.8
譲り受けにかかる手続きがわからなかった	7.9	10.2	11.8
譲り受けた経営資源を使用可能な状態にするための費用（メンテナンスや改装工事など）がかかった	7.9	10.7	10.7
譲り受ける従業員の同意を得るのに苦労した	2.3	5.1	3.6
譲り受ける販売先や受注先の同意を得るのに苦労した	3.6	3.8	2.4
譲り受ける仕入先や外注先の同意を得るのに苦労した	2.0	2.7	2.4
その他	0.8	0.9	0.6
特にない	56.0	44.1	34.3
n	393	449	169

る経営資源の対価以外の条件に関する交渉が大変だった」（12.4％）、「譲り受ける経営資源の対価に関する交渉が大変だった」「譲り受けにかかる手続きがわからなかった」（いずれも11.8％）、「譲り受けた経営資源を使用可能な状態にするための費用（メンテナンスや改装工事など）がかかった」（10.7％）と、2011〜2019年と同じ八つの項目が10％を上回っており、水準も全体的に高まる傾向にある。

　その一方、「特にない」（2010年以前で56.0％、2011〜2019年で44.1％、2020年以降で34.3％）の割合は大きく低下している。譲り受けにおいても、満足度は

やや高まっているとはいえ、何らかの苦労が発生する場面が増えていることがわかる。

　ここで、引き継ぎに当たって困ったことや大変だったことのうち、2010年以前と2020年以降の回答割合を比較して、それぞれ上昇幅が大きいものから順に三つをピックアップしたところ、譲渡企業は「譲り渡しにかかる手続きがわからなかった」（13.3ポイント上昇）、「誰に相談してよいかわからなかった」（12.8ポイント上昇）、「譲り渡す経営資源の対価以外の条件に関する交渉が大変だった」（11.6ポイント上昇）、譲受企業は「誰に相談してよいかわからなかった」（13.1ポイント上昇）、「契約書の作成など譲り受けにかかる手続きが大変だった」（9.9ポイント上昇）、「譲り受ける経営資源の対価以外の条件に関する交渉が大変だった」（5.6ポイント上昇）となった。これをみると、引き継ぎ時の「手続き」「相談相手探し」「対価以外の条件交渉」で苦労したという企業が、譲渡企業と譲受企業の双方で増えているようだ。

　こうした変化が生じている理由としては、2点考えられる。1点目は、第3節で示した、経営資源を引き継ぐ企業の大規模化である。経営者が1人で営んでいたり、従業員が家族だけだったりするような、ごく小規模な企業同士で行われる引き継ぎであれば、場合によっては簡素な手続きで進められることもあるかもしれないが、中小企業のなかでも比較的規模の大きい企業が引き継ぎの主体になると、やはりきちんとした手続きを踏む必要が出てくるのだろう。

　2点目は、第4節で示した、従業員を引き継ぐ割合の上昇である。従業員を引き継ぐに当たっては、引き継ぎ後の労働条件に関する交渉や雇用契約をめぐる手続きが生じるうえ、引き継ぐ従業員本人の同意も必要であり、不動産や設備の引き継ぎと比べて手続きの負担が大きくならざるを得ない。

　言い換えれば、中小企業における経営資源の引き継ぎは、インフォーマルなものからフォーマルなものへと変わりつつある。引き継ぎに伴うトラブルを避けるためには、専門家などに相談しながら細かい条件を決定し、適切な手続きを踏むことが、以前に増して求められるようになってきているのだろう。

　加えて、2020年以降において、譲渡企業では「譲り渡す相手がすぐに見つからなかった」の回答割合が最も高く、譲受企業では「譲り渡してくれる相手を見つけることが大変だった」の回答割合が3番目に高くなっている点も見逃せ

ないだろう。2010年以前と2020年以降を比較した回答割合も、前者は10.3ポイント、後者は3.6ポイント上昇している。

　経営資源を譲り渡したくても、譲り受けてくれる相手が身近にいるとは限らない。その逆もしかりである。実際に引き継ぎを行った企業からこうした声が上がっているということは、その裏には、相手が見つからず、引き継ぎができなかった企業も少なからず存在している可能性が高い。

第6節　おわりに

　本章では、経営資源の引き継ぎの実態とその変化について、2017年調査と2023年調査の結果を組み合わせて、譲渡企業と譲受企業について、それぞれ譲り渡し年別、譲り受け年別に、2010年以前、2011〜2019年、2020年以降の三つに区分したうえで分析を行った。それにより、譲渡企業と譲受企業のいずれも従業者規模が拡大傾向にあること、2020年以降の譲渡企業はそれよりも前の譲渡企業と比べて経営状況がかなり良いこと、もともと事業承継意欲のない経営者がコロナ禍を機に廃業を決意し、経営資源を譲り渡したケースが少なからず存在する可能性があることなどがわかった。また、従業員の引き継ぎが増えていること、譲渡企業の引き継ぎ相手として開業や独立を予定している人の割合が高まっていること、譲受企業の引き継ぎ相手は徐々に多様化していることなど、経営資源の引き継ぎの実態には変化がみられた。

　こうした変化に伴い、引き継ぎによるメリットを享受している企業は増えている。その一方で、引き継ぎ時に「手続き」「相談相手探し」「対価以外の条件交渉」などと関連する何らかの苦労を伴った企業も、譲渡企業と譲受企業の双方で増えていることも明らかとなった。

　経営資源を引き継ぐことで、譲り渡す側にとっては、従業員の雇用を守ることができたり、取引先や地域へ迷惑をかけずに済んだりするだけでなく、譲り渡しによって対価を得られれば、それを負債の返済や引退後の生活費に充てることができる。譲り受ける側にとっても、人材、設備、販路などを手に入れることで、コストやリスクを抑えつつ、事業の拡大や多角化を進められる。経営資源の引き継ぎは、譲り渡す側と譲り受ける側双方にとってメリットが大き

く、事業承継を補完する手法として、今後より重要になっていくだろう[26]。

　経営資源の引き継ぎを促進するためには、大きく二つの方策が求められる。一つ目は、引き継ぎのプロセスの円滑化だ。前述のように、経営資源の引き継ぎが手法として一般的になるにつれて、手続きや交渉といった実務面で何らかの苦労をする場面も増えてきている。そのため、引き継ぎの是非や必要な手続きについて相談できる窓口を設けたり、弁護士や税理士のような専門家を企業に紹介したりすることで、実務の負担を軽減していく必要があるだろう。

　二つ目は、引き継ぎを仲介する機能の強化だ。個々の企業にとって、引き継ぎ相手を探すのは容易ではないため、行政や金融機関などが主導して、経営資源を譲り渡したい企業と譲り受けたい企業をマッチングする場をつくっていくことが求められる。経営資源の種類によっては、譲り渡す側と譲り受ける側が地理的に離れていても引き継ぎが可能であることから、より広域の情報が伝わるような仕組みづくりも欠かせない。

　こうした取り組みは、事業承継においてはすでにある程度進んでいる。それを生かして、経営資源の引き継ぎを望む企業も包摂するような仕組みにつくり変えていくことができれば、経営資源の散逸を防ぎ、経済社会への損失をより小さなものに抑えられるのではないだろうか。

参考文献

井上考二（2017）「中小企業における経営資源の引き継ぎの実態」日本政策金融公庫総合研究所『日本政策金融公庫論集』第36号、pp.21-53
中小企業庁編（2019）『2019年版中小企業白書』日経印刷

---

[26]　第4章図4-9で示したように、現時点で後継者が決まっていない未定企業に対して、最終的に後継者が見つからなかった場合、無償譲渡や売却等によって、同業者や独立予定の従業員に引き継いでもらいたい経営資源があるかを尋ねたところ、「引き継いでもらいたい経営資源はない」の割合は2019年調査で28.8％、2023年調査で23.7％となり、経営資源を譲り渡したいと考えている企業は増加傾向にある。

第 7 章

廃業の社会的影響

深沼　光／山田 佳美／中島 章子

第1節　はじめに

　第4章では、日本政策金融公庫総合研究所が2023年1月に実施した「中小企業の事業承継に関するインターネット調査」と、同様の手法で行った2019年調査、2015年調査のデータから、中小企業の事業承継問題と、その変化について分析した[1]。その結果、中小企業のうち、経営者が自分の代で事業をやめようと考えている廃業予定企業の割合は、2015年調査で50.0％、2019年調査で52.6％、2023年調査で57.4％と、上昇を続けていることが明らかになった[2]。

　廃業は必ずしも倒産を意味するわけではなく、経営者自身にとって問題があるとはいえないケースも少なくない[3]。しかし、事業を行っている以上、一般消費者、企業、公共団体など、一定の顧客を抱えている。廃業した場合には、そうした顧客は何らかの不便を被ることが予想される。特に、廃業した企業に代わって商品・サービスを供給する企業が身近に存在しないと、影響はより深刻である。廃業した企業に商品を納めていたり、サービスを提供していたりしていた企業や農家なども、取引先を失うことになる。また、廃業予定企業であっても、現時点では経営者や従業員が働いており、事業活動によって付加価値を生み出している。そうした企業が廃業することは、雇用と国内総生産の減少にもつながる。

　そこで第7章では、中小企業の廃業が外部に与える影響について、アンケート結果から整理する。さらに、中小企業の廃業件数と、それによって失われる従業者数、付加価値額、売上高の大きさを、それぞれ2023年調査の結果から推計し、2019年調査をもとにした推計と比較することで、廃業がマクロ経済に与える影響の変化をみていくことにする[4]。

---

[1]　調査の実施要領は、第4章表4-1参照。以下本章では、各年の調査を示す場合は「2015年調査」「2019年調査」「2023年調査」、複数年の調査をまとめて示す場合は「事業承継調査」と記述する。

[2]　第4章表4-3参照。本章における「決定企業」「未定企業」「廃業予定企業」「時期尚早企業」の定義は表4-3に同じ。

[3]　第9章参照。

[4]　使用するデータは異なるが、推計手法は同じ。2019年調査をもとにした推計の詳細は深沼・山崎・山田（2020）参照。

第 2 節　事業承継調査にみる廃業の影響

　第 2 節では、中小企業の廃業が外部に与える影響について、事業承継調査から整理していきたい。まず、中小企業が所在する都市の規模によって、事業承継の状況が異なるのか確認するため、2023年調査で、所在地別に廃業予定企業の割合をみると、「100万人以上（東京23区を含む）」でも54.8％と半数を超えている（図 7 - 1 ）。より小規模な都市では、「50万人以上100万人未満」で61.6％、「10万人以上50万人未満」で58.9％、「 5 万人以上10万人未満」で58.8％、「 1 万人以上 5 万人未満」で53.8％、「 1 万人未満」で60.1％となっており、都市規模によって割合に大きな違いがないことがわかる。中小企業の廃業は、必ずしも地方の小都市や町村部においてだけではなく、大都市を含む全国で進行するということである。つまり、その廃業の影響も、全国で発生すると考えられる。

　続いて、廃業の取引先への影響をみてみよう。廃業予定企業に対し、事業をやめた場合に困る販売先・受注先の割合を尋ねたところ、2023年調査では、「 0 ％」、すなわち困る販売先・受注先がまったくないと考えている企業が29.5％みられた（図 7 - 2 ）。一方で、「 1 ～19％」が17.5％、「20～49％」が11.0％、「50～79％」が4.1％、「80～99％」が3.5％、「100％」が2.7％と、全体の38.8％が「困る販売先・受注先がある」と答えている。割合は低いものの、大半の販売先・受注先が困るケースもあるようだ。また、「わからない」との回答も31.7％みられた。このなかには、実際に廃業した場合には、販売先・受注先に影響が出る廃業予定企業も含まれていると考えられる。2019年調査でみても、「 0 ％」が30.0％、「困る販売先・受注先がある」が45.2％、「わからない」が24.8％で、傾向は大きくは変化していない。

　「困る販売先・受注先がある」と回答した企業に、具体的な内容について尋ねたところ、2023年調査では、「調達に余計な時間・手間がかかるようになる」（20.0％）、「販売先・受注先の企業が商品・サービスの一部を提供できなくなる」（19.6％）、「代替品を入手すること自体が難しくなる」（18.6％）、「品質の低いものしか入手できなくなる」（11.9％）、「値段の高いものしか入手できなくなる」（10.7％）、「販売先・受注先の企業が商品・サービスのすべてを提供

図 7 - 1　所在地の都市規模別の類型分布

(単位：％)

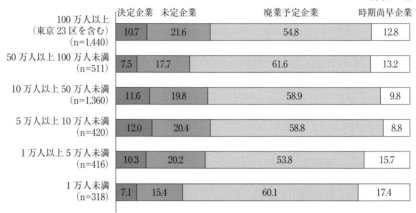

	決定企業	未定企業	廃業予定企業	時期尚早企業
100 万人以上 （東京 23 区を含む） （n=1,440）	10.7	21.6	54.8	12.8
50 万人以上 100 万人未満 （n=511）	7.5	17.7	61.6	13.2
10 万人以上 50 万人未満 （n=1,360）	11.6	19.8	58.9	9.8
5 万人以上 10 万人未満 （n=420）	12.0	20.4	58.8	8.8
1 万人以上 5 万人未満 （n=416）	10.3	20.2	53.8	15.7
1 万人未満 （n=318）	7.1	15.4	60.1	17.4

資料：日本政策金融公庫総合研究所「中小企業の事業承継に関するインターネット調査（2023年調査）」（図 7 - 6 も同じ）
(注) n は回答数（以下同じ）。

図 7 - 2　事業をやめた場合に困る販売先・受注先の割合（廃業予定企業）

(単位：％)

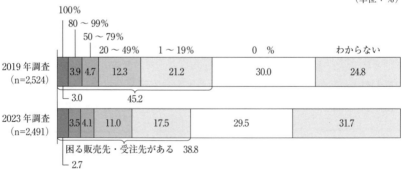

資料：日本政策金融公庫総合研究所「中小企業の事業承継に関するインターネット調査（2019年調査）」、「中小企業の事業承継に関するインターネット調査（2023年調査）」（図 7 - 5 まで同じ）

できなくなる」（9.2％）などと、さまざまな影響が予想されていることがわか
る（**図 7 - 3**）。販売先・受注先への直接の影響だけではなく、販売先・受注
先の企業が提供する商品・サービスの価格上昇や、提供そのものが困難になる

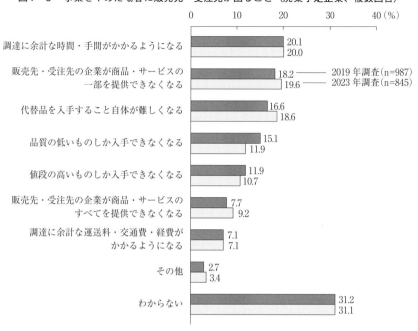

図7-3　事業をやめた場合に販売先・受注先が困ること（廃業予定企業、複数回答）

（注）「事業をやめた場合、販売先・受注先（企業・一般消費者など）のうち、どのくらいが困ると思いますか」との設問に、1％以上を回答した企業に尋ねたもの。

など、サプライチェーンを通じて広い範囲に影響が及ぶケースも予想されていることがわかった。2019年調査でも、「調達に余計な時間・手間がかかるようになる」（20.1％）、「販売先・受注先の企業が商品・サービスの一部を提供できなくなる」（18.2％）、「代替品を入手すること自体が難しくなる」（16.6％）など、回答割合は2023年調査とほぼ同じであった。

　次に、事業をやめた場合に困る仕入先・外注先の割合を尋ねたところ、2023年調査では、「0％」、すなわち困る仕入先・外注先がまったくない企業は28.5％で、「1～19％」は12.5％、「20～49％」は7.5％、「50～79％」は2.4％、「80～99％」は1.9％、「100％」は1.7％となっている（図7-4）。「仕入先・外注先はない」が20.9％あるため、「困る仕入先・外注先がある」は26.0％と、「困る販売先・受注先がある」の38.8％と比べて割合は低いものの、なかには廃業によって大

図 7 - 4　事業をやめた場合に困る仕入先・外注先の割合（廃業予定企業）

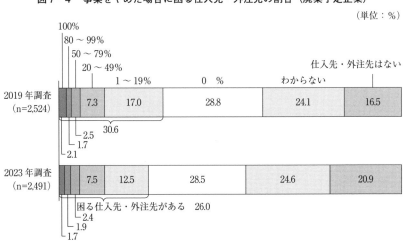

（単位：％）

きな影響を受ける仕入先・外注先もあることがみてとれる。また、販売先・受注先と同様、「わからない」（24.6％）のなかにも、実際に廃業した場合には影響が出るところが含まれている可能性がある。2019年調査でも、「０％」が28.8％、「困る仕入先・外注先がある」が30.6％、「わからない」が24.1％、「仕入先・外注先はない」が16.5％と、回答割合に大きな違いはみられなかった。

　ここで、「困る仕入先・外注先がある」と回答した廃業予定企業に、事業をやめた場合に仕入先・外注先に及ぶ影響を具体的に尋ねたところ、2023年調査では、「売上高の減少」が36.4％で最も回答割合が高く、「商品・サービスの一部の販売中止」が15.3％と続く（**図 7 - 5**）。また、割合は低いものの6.6％が「廃業」と答えており、中小企業の廃業が連鎖的に発生する可能性があることがわかる。「従業員の削減」も4.6％みられ、仕入先・外注先の雇用に影響を与えるケースもあるようだ[5]。2019年調査でも「売上高の減少」（29.8％）、「商品・サービスの一部の販売中止」（11.1％）、「廃業」（5.1％）の順となっており、水準は異なるものの回答の傾向に大きな変化は観察されなかった。

---

[5]　廃業した場合は、経営者と従業員の雇用がすべて失われることになる。

図 7 - 5 事業をやめた場合に仕入先・外注先に及ぶ影響（廃業予定企業、複数回答）

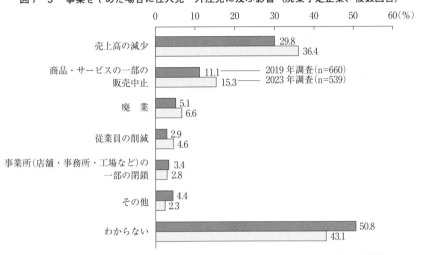

(注)「事業をやめた場合、仕入先・外注先のうち、どのくらいが困ると思いますか」との設問に、1％
以上を回答した企業に尋ねたもの。

　このように、中小企業の廃業は、取引相手の企業や消費者に対してそれほど
影響を与えない場合もある一方で、一部では消費者への商品・サービスの提供
や、企業間のサプライチェーンにきわめて大きな影響を与える場合もあること
がわかる。廃業予定企業が今後実際に廃業していくと、必要な商品・サービス
が提供されなくなる地域が発生したり、取引先の連鎖的な廃業につながったり
することが、大いに懸念される。2019年調査と2023年調査を比べても、回答の
傾向は変わらない。この間にも廃業予定企業の割合が高まっていることから、
事態はより深刻になってきていると考えた方がよいだろう。

第 3 節　廃業予定企業の廃業による影響

　第 2 節では事業承継調査をもとに、中小企業の廃業の影響について考察した。
それでは、中小企業の廃業がマクロ経済に与える影響は、どのくらいの大きさな
のだろうか。当研究所では、2019年調査と官公庁統計のデータをもとに、中小企
業の廃業によって失われる従業者数、付加価値額、売上高の大きさについて推計

を行っている（深沼・山崎・山田、2020）。第 3 節では、この推計と同じ手法を用いて、2023年調査と最新の官公庁統計データから、これらを改めて計算することで、廃業のマクロ経済に与える影響がどう変化しているのかをみていく[6]。

　まず、廃業する企業の数を確認する。2023年調査の廃業予定企業の割合は前述のとおり全体の57.4％であった。総務省・経済産業省「経済センサス‐活動調査」（2021年）（以下、経済センサス）の従業者数299人以下の中小企業は361.6万件で、うち57.4％の207.7万件がいずれ廃業するということである（**表 7 - 1**）[7]。廃業予定企業の数を廃業予定時期別にみると、「 5 年以内」が103.1万件で49.6％に上る。「 6 ～10年後」は57.4万件、27.7％で、10年後までの累計で160.5万件、廃業予定企業全体の77.3％に達する。その後は、「11～15年後」が22.4万件で10.8％、「16～20年後」が12.9万件で6.2％と続き、「21年後以降」と、これからもかなり長い期間存続するだろう企業も5.7％の11.9万件存在している[8]。

　次に、廃業によって失われる従業者数を推計する。経済センサスでは、中小企業で働く従業者数は合計3,179.0万人であった[9]。2023年調査の回答から 4 類型の合計従業者数を計算すると2,985.8万人で、そのうち廃業予定企業の従業者数は25.9％の773.7万人となった。この中小企業全体の従業者数は、経済センサスの値とは一致しない[10]。そこで、経済センサスの中小企業従業者数3,179.0万人のうち、2023年調査から求めた25.9％が廃業予定企業の従業者数と考えて、823.8万人との推計結果を得た（**表 7 - 2**）[11]。廃業予定時期ごとに失われる従業者数を推計すると、50.6％に当たる417.1万人の雇用が「 5 年以内」に失われるという結果となった。「 6 ～10年後」では222.8万人、27.0％で、10年後までの累計は639.9万人、77.7％となった。その後、「11～15年後」では87.2万人、

---

[6]　業種や経営組織にかかわらず、従業者数299人以下の企業を中小企業として推計する。

[7]　2019年調査による推計の200.2万件と比べて7.5万件、3.7％増加している。

[8]　**表 7 - 1** の網かけ部分が、最終的な廃業件数である。以下の表も同じ。

[9]　従業者には経営者自身を含む。

[10]　ウエイト算出にはデータの制約から2016年の経済センサスを用いたこと、使用した年齢データは経済センサスのものではないことから、誤差が発生する。

[11]　2019年調査による推計の704.3万人と比べて119.5万人、17.0％増加している。件数よりも増加率が高いのは、推計で使用した経済センサスの中小企業従業者数が3,185.8万人から3,179.0万人へと、6.8万人、0.2％減少した一方で、 4 類型合計の従業者数に占める廃業予定企業の従業者数割合が、2019年調査の22.1％から25.9％（22.1％を基準とすると1.17倍）へと上昇したことが大きな要因である。

表 7 - 1　失われる企業数（廃業予定企業、廃業予定時期別）

廃業予定時期	企業数（件）		累　計（件）	
		割　合（%）		割　合（%）
5年以内	1,030,604	49.6	1,030,604	49.6
6～10年後	574,372	27.7	1,604,976	77.3
11～15年後	223,893	10.8	1,828,869	88.1
16～20年後	129,245	6.2	1,958,114	94.3
21年後以降	118,915	5.7	2,077,028	100.0

資料：日本政策金融公庫総合研究所「中小企業の事業承継に関するインターネット調査（2023年調査）」、総務省・経済産業省「経済センサス‐活動調査」（2021年）（以下断りのない限り同じ）
(注)　1　従業者数299人以下の企業を中小企業とした（以下同じ）。
　　　2　網かけ部分が最終的な値（以下同じ）。
　　　3　割合は小数第2位以下を四捨五入して表示しているが、計算には小数第2位以下も使用（以下同じ）。
　　　4　表中のその他の数値は、小数第1位を四捨五入している（以下同じ）。
　　　5　廃業予定時期は「何歳くらいまで現在の事業を経営したいと思いますか」との設問で答えた年齢から現在の年齢を差し引いて算出。割合は第4章図4-13と同じ。

表 7 - 2　失われる従業者数（廃業予定企業、廃業予定時期別）

廃業予定時期	従業者数（人）		累　計（人）	
		割　合（%）		割　合（%）
5年以内	4,171,470	50.6	4,171,470	50.6
6～10年後	2,227,637	27.0	6,399,107	77.7
11～15年後	872,286	10.6	7,271,394	88.3
16～20年後	517,967	6.3	7,789,361	94.6
21年後以降	448,147	5.4	8,237,508	100.0

10.6％、「16～20年後」では51.8万人、6.3％、「21年後以降」では44.8万人、5.4％と続く。

　続いて、廃業によって失われる付加価値額を推計していく。事業承継調査では付加価値額を尋ねていないため、まず、経済センサスから、経営組織別、従業者規模別の従業者1人当たり付加価値額のデータを算出した（**表 7 - 3**）[12]。

---

[12]　推計のカテゴリーと経済センサスのカテゴリーは一致しないため、一部は近いカテゴリーのデータを採用した。従業者数による加重平均を行ったカテゴリーもある。経営者の年齢別のデータはないため、経営者の年齢による付加価値額の違いは考慮していない。なお、分析で使用した2021年の経済センサスにおける付加価値額と売上高（後述）は、調査年の前年の2020年のデータ。

表7-3　従業者1人当たり付加価値額

経営組織	従業者数	従業者1人当たり付加価値額（万円）	使用したデータ（参考表番号）
個人企業	1　人	232	①
	2〜4人	313	④
	5〜299人	461	⑤〜⑩
法人企業	1〜4人	313	④
	5〜9人	405	⑤
	10〜19人	463	⑥
	20〜49人	466	⑦⑧
	50〜299人	649	⑨⑩

(注)　1　使用した経済センサスのデータのカテゴリーについては、以下の参考表の番号を示した。複数のカテゴリーを示している場合は、それぞれに属する従業者の数によって加重平均している。

参考表　経済センサスのカテゴリー

経営組織	従業者規模区分		
①個　人	④1〜4人	⑦20〜29人	⑩100人以上
②会社企業	⑤5〜9人	⑧30〜49人	
③会社以外の法人	⑥10〜19人	⑨50〜99人	

　　2　カテゴリー⑩には従業者数300人以上の企業も含まれるが、ここでは従業者数「100〜299人」の企業のデータとみなして使用。
　　3　経済センサスの調査年は2021年だが、取得されたデータは前年の2020年のもの。

　推計は、従業者数と同様の手法で行った。まず、従業者1人当たり付加価値額と従業者数合計をもとに、4類型別の付加価値額を算出した。算出した廃業予定企業の付加価値額が全体に占める割合は21.1％であった。従業者数と同じく、ここでの4類型別の合計も経済センサスの数値とは一致しないため、経済センサスの付加価値額に21.1％をかけて、実際に失われる付加価値額は32.7兆円であるという推計結果を得た（**表7-4**）[13]。これは、大企業も含めた民営企業（農林漁業、公務を除く）の付加価値額335.1兆円の9.8％、2022年の国内総生産557.2兆円の5.9％に相当する[14]。

---

[13]　2019年調査による推計の25.1兆円と比べて、7.6兆円、30.2％増加している。従業者数よりも増加率が高いのは、4類型合計の付加価値額に占める廃業予定企業の付加価値額割合が、2019年調査の17.9％から21.1％（17.9％を基準とすると1.18倍）へと上昇したことに加え、推計で使用した経済センサスの中小企業付加価値額が140.2兆円から154.9兆円へ、14.7兆円、10.5％増加しているためである。

[14]　国内総生産は、2022年の名目暦年（支出側）のデータ。以下、国内総生産を示す場合には、同じ数値を使用。

表7-4　失われる付加価値額（廃業予定企業、廃業予定時期別）

廃業予定時期	付加価値額（百万円）		累　計（百万円）	
		割　合（%）		割　合（%）
5年以内	16,470,943	50.3	16,470,943	50.3
6〜10年後	9,148,449	27.9	25,619,392	78.3
11〜15年後	3,372,319	10.3	28,991,711	88.6
16〜20年後	2,009,638	6.1	31,001,349	94.7
21年後以降	1,733,486	5.3	32,734,834	100.0

　これを廃業予定時期別にみていくと、「5年以内」に失われる付加価値額は16.5兆円で全体の50.3%、「6〜10年後」では9.1兆円で全体の27.9%となった。国内総生産に対する比率は、「5年以内」が3.0%、「6〜10年後」が1.6%である。10年後までの累計では、25.6兆円、78.3%で、ここまでで国内総生産の4.6%が失われるという計算になった。その後は、「11〜15年後」が3.4兆円、10.3%、「16〜20年後」が2.0兆円、6.1%、「21年後以降」が1.7兆円、5.3%と続いている。

　売上高も、付加価値額と同じ方法で計算を行った。まず、経済センサスから、経営組織別、従業者規模別の従業者1人当たり売上高のデータを算出した（**表7-5**）。それをもとに計算したところ、4類型の売上高合計が679.5兆円で、そのうち廃業予定企業の売上高は133.8兆円と、全体の19.7%を占めているという結果が得られた[15]。ここから、経済センサスの中小企業売上高741.1兆円の19.7%に当たる145.9兆円が、廃業予定企業の廃業によって失われる売上高であると、最終的に推計した（**表7-6**）[16]。これは、経済センサスにおける、大企業も含めた民営企業（農林漁業、公務を除く）の売上高1,687.4兆円の、8.6%に相当する。

---

[15]　脚注12でも示したとおり、経済センサスの売上高は2020年のデータ。

[16]　2019年調査による推計の110.3兆円と比べて、35.7兆円、32.3%増加している。増加割合は付加価値額よりさらに高いが、これは、4類型合計の売上高に占める廃業予定企業の売上高割合が、2019年調査の15.3%から19.7%（15.3%を基準とすると1.29倍）へと上昇したこと、推計で使用した経済センサスの中小企業売上高が719.9兆円から741.1兆円へ、21.2兆円、2.9%増加したことが、要因となっている。

表7-5　従業者1人当たり売上高

経営組織	従業者数	従業者1人当たり 売上高（万円）	使用したデータ （参考表番号）
個人企業	1　人	588	①
	2〜4人	1,310	④
	5〜299人	2,233	⑤〜⑩
法人企業	1〜4人	1,310	④
	5〜9人	1,660	⑤
	10〜19人	1,963	⑥
	20〜49人	2,130	⑦⑧
	50〜299人	3,403	⑨⑩

（注）表7-3に同じ。

表7-6　失われる売上高（廃業予定企業、廃業予定時期別）

廃業予定時期	売上高（百万円）	割合（%）	累計（百万円）	割合（%）
5年以内	73,801,573	50.6	73,801,573	50.6
6〜10年後	41,233,909	28.3	115,035,482	78.8
11〜15年後	14,572,264	10.0	129,607,746	88.8
16〜20年後	8,769,314	6.0	138,377,060	94.8
21年後以降	7,563,480	5.2	145,940,540	100.0

　廃業予定時期別にみると、「5年以内」に失われる売上高は73.8兆円で全体の50.6％、「6〜10年後」では41.2兆円で全体の28.3％となった。10年後までの累計は、115.0兆円、78.8％である。その後は、「11〜15年後」が14.6兆円、10.0％、「16〜20年後」が8.8兆円、6.0％、「21年後以降」が7.6兆円、5.2％と推計された。

第4節　廃業に向けた規模縮小の影響

　第4節では、廃業予定企業が、廃業するまでに規模を縮小した場合を想定した推計を行う。2023年調査における廃業予定企業の調査時点の従業者数は、「1人」が34.6％、「2人」が28.5％、「3〜4人」は18.8％と、4人以下で約8割

図7-6　現在と廃業時の従業者規模（廃業予定企業）

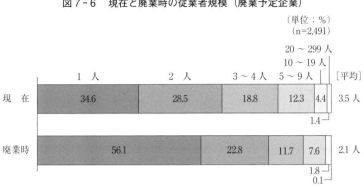

（注）廃業時の従業者数は、「事業をやめる時点で従業者数をどのくらいにしておきたいですか」との設問で答えた人数。

となった（**図7-6**）。従業者には経営者自身も含むため、もともと経営者だけで稼働している非常に小さい企業が3分の1を占めていることになる。これが、廃業時点では「1人」が56.1％、「2人」が22.8％、「3～4人」が11.7％で、4人以下が約9割となり、経営者だけの企業も半数を超える。平均の人数も、3.5人から2.1人まで低下する[17]。経営者を除いた従業員数の平均は、2.5人から1.1人になるということである。廃業予定企業の従業者規模は、もともとほかの類型よりも小さい傾向にあるが、廃業に向けてさらに規模を縮小しようと考えているようだ。このことは、廃業時点での周りへの影響を抑える効果がある一方で、廃業の影響は、前倒しで発生することになる。廃業までの従業者数の減少は、推計値にどう影響するだろうか。

　ここでは、まず、廃業時まで従業者数が一定の速度で減少すると仮定し、5年後、10年後、15年後、20年後の従業者数を、事業承継調査の回答企業ごとに算出した。そのデータをもとに、各時点の4類型別の従業者数を計算し、経済センサスのデータによる補正を行った。さらに、第3節と同様の手法で、それぞれの時点での各企業の付加価値額と売上高を積算した。従業者数と同じく、事業承継調査と経済センサスのデータを用いて補正を行って、最終的な推計値

---

[17]　従業員には家族従業員も含まれるため、家族以外の従業員の人数は、さらに少なくなる。ただし、事業承継調査では家族従業員の人数を尋ねていないため、内訳は不明である。

表 7 - 7　失われる従業者数（廃業予定企業、廃業予定時期別、従業者数減少考慮）

廃業予定時期	従業者数（人）	割　合（％）	累　計（人）	割　合（％）
5 年以内	5,013,341	60.9	5,013,341	60.9
6 〜10 年後	1,787,961	21.7	6,801,302	82.6
11〜15 年後	770,363	9.4	7,571,665	91.9
16〜20 年後	367,342	4.5	7,939,006	96.4
21 年後以降	298,502	3.6	8,237,508	100.0

表 7 - 8　失われる付加価値額（廃業予定企業、廃業予定時期別、従業者数減少考慮）

廃業予定時期	付加価値額（百万円）	割　合（％）	累　計（百万円）	割　合（％）
5 年以内	20,535,985	62.7	20,535,985	62.7
6 〜10 年後	6,813,087	20.8	27,349,072	83.5
11〜15 年後	2,942,549	9.0	30,291,621	92.5
16〜20 年後	1,372,220	4.2	31,663,841	96.7
21 年後以降	1,070,994	3.3	32,734,834	100.0

を導いた[18]。

　その結果得られたのは、以下のデータである。失われる従業者数は、「 5 年以内」が501.3万人で全体の60.9％、「 6 〜10年後」が178.8万人で全体の21.7％となった（表 7 - 7）。10年後までの累計は680.1万人、全体の82.6％で、規模縮小を考慮しない場合と比べ、雇用減少が40.2万人、4.9ポイント加速している[19]。その後は、「11〜15年後」では77.0万人、9.4％、「16〜20年後」では36.7万人、4.5％、「21年後以降」では29.9万人、3.6％と続く。

　失われる付加価値額は、「 5 年以内」が20.5兆円で全体の62.7％、「 6 〜10年後」が6.8兆円で全体の20.8％となった（表 7 - 8）。10年以内に失われる付加価値額は27.3兆円、割合は83.5％で、規模が縮小しないと仮定した場合と比べて1.7兆円、5.2ポイント減少幅が大きくなる[20]。「11〜15年後」では2.9兆円、9.0％、

---

[18]　廃業予定時期別の廃業件数については、従業者数減少の影響を受けないため、再計算は行わない。

[19]　前掲表 7 - 2 との比較。

[20]　前掲表 7 - 4 との比較。

表7-9　失われる売上高（廃業予定企業、廃業予定時期別、従業者数減少考慮）

廃業予定時期	売上高（百万円）		累　計（百万円）	
		割　合（%）		割　合（%）
5年以内	92,016,770	63.9	92,016,770	63.9
6～10年後	29,153,345	20.3	121,170,115	84.2
11～15年後	12,517,449	8.7	133,687,564	92.9
16～20年後	5,759,181	4.0	139,446,745	96.9
21年後以降	4,474,982	3.1	143,921,727	100.0

「16～20年後」では1.4兆円、4.2%、「21年後以降」では1.1兆円、3.3%となった。

　失われる売上高は、「5年以内」が92.0兆円で全体の63.9%、「6～10年後」が29.2兆円で全体の20.3%となる（**表7-9**）。10年後までの累計では121.2兆円、全体の84.2%で、規模が縮小しないと仮定した場合と比べて6.1兆円、5.4ポイント増加した[21]。「11～15年後」では12.5兆円、8.7%、「16～20年後」では5.8兆円、4.0%、「21年後以降」では4.5兆円、3.1%と続いている。

　このように、廃業に向けた従業者の減少を考慮すると、従業者数、付加価値額、売上高ともに、10年後の時点で5ポイント程度、影響が大きくなることが確認できた。

第5節　決定企業と未定企業の廃業による影響

　第5節では、廃業予定企業以外の廃業の可能性を検討したうえで、その影響について推計する。当研究所が、廃業した企業の元経営者に対して2023年1月に実施した「経営者の引退と廃業に関するアンケート」（以下、「廃業調査」という）から、廃業した企業の後継者の検討状況をみると、「後継者を探すことなく事業をやめた」との回答は95.9%であった（**表7-10**）[22]。これを廃業予定企業に比定する。次に、「後継者にふさわしい人を探したが見つからなかった」（2.6%）、「後継者にしたい人はいたが承諾してくれなかった」（0.4%）を、未定企業と考える。「後継者は決まっていたが事情により承継できなくなった」

---

[21]　前掲**表7-6**との比較。

[22]　調査結果の詳細は第9章参照。

表 7 -10　決定企業と未定企業の廃業割合

（単位：％）

	中小企業の事業承継に関するインターネット調査（事業承継調査）		経営者の引退と廃業に関するアンケート（廃業調査）		実際に廃業する割合（b ÷ a）
	回答割合	廃業予定企業に対する割合(a)	回答割合	廃業予定企業に対する割合(b)	
決定企業	10.5	18.4	1.1	1.2	6.3
未定企業	20.0	34.9	3.0	3.1	8.8
廃業予定企業	57.4	100.0	95.9	100.0	100.0

資料：日本政策金融公庫総合研究所「中小企業の事業承継に関するインターネット調査（2023年調査）」、「経営者の引退と廃業に関するアンケート」（2023年）
（注）　1　廃業調査から得られた後継者の検討状況の選択肢に基づき、実際に廃業した企業のうち、「後継者を探すことなく事業をやめた」を廃業予定企業、「後継者にふさわしい人を探したが見つからなかった」「後継者にしたい人はいたが承諾してくれなかった」を未定企業、「後継者は決まっていたが事情により承継できなくなった」を決定企業に対応させたうえで、それぞれの割合が、事業承継調査の回答企業が実際に廃業する割合にも当てはまると仮定。
　　　　2　実際に廃業する割合は、事業承継調査の各類型に占める割合。計算方法の詳細は脚注24参照。

（1.1％）との回答は、決定企業に当たると想定した。そのうえで、廃業調査における、決定企業、未定企業、廃業予定企業に相当する回答の比率が、事業承継調査と同じと考え、決定企業、未定企業の廃業割合を算出した[23]。その結果、決定企業の6.3％、未定企業の8.8％が廃業するという結果が得られた[24]。2019年調査の推計での廃業割合は、決定企業で7.2％、未定企業で12.8％と、それぞれ0.9ポイント、4.0ポイント低下している。

　廃業の影響に関する計算方法は、廃業予定企業の場合と同じである。廃業までの年数の分布は、それぞれ廃業予定企業と同じと仮定した。また、従業者数は企業数の減少と同じペースで減っていくと考えた。第 4 節で検討した個別企

[23]　時期尚早企業からも、廃業する企業が出てくる可能性があるが、廃業する割合や時期を推測するためのデータがないため、ここでは推計に含めていない。

[24]　決定企業の廃業予定企業に対する割合は、事業承継調査で18.4％、廃業調査で1.2％であった。この結果から、事業承継調査の決定企業18.4％のうち1.2％が廃業、残りの17.2％が事業を承継したとすると、事業承継調査の決定企業で実際には廃業してしまう企業の割合は、1.2％÷18.4％＝6.3％ということになる。同様に、事業承継調査の未定企業のうち実際には廃業してしまう企業の割合は、3.1％÷34.9％＝8.8％と計算される。

業の廃業に向けた従業者数の減少は、考慮していない。付加価値額と売上高も、企業数の減少と同じペースで進んでいくものと仮定した。

　推計結果は次のとおりである。決定企業の廃業により失われる企業数は、廃業予定企業の1.2％である。この値を前掲**表7-1**で示した廃業予定企業の数207万7,028件に乗じると、決定企業のうち最終的に廃業が予想される件数は2.4万件となった（**表7-11**）[25]。廃業予定時期別にみると、「5年以内」が1.2万件、「6〜10年後」が0.7万件で、10年以内の累計は1.9万件となった。この件数は少ないとはいえないものの、廃業予定企業の件数と比べれば小さい値である。失われる従業者数は41.8万人と推計された。決定企業の平均従業者数が廃業予定企業よりも多いため、廃業予定企業に対する割合は5.1％と、相対的な影響は企業数と比べて大きくなっている。「5年以内」に失われる雇用が20.7万人、「6〜10年後」に失われる雇用が11.6万人で、10年以内で合計32.3万人となった。さらに、失われる付加価値額は4.5兆円、売上高は20.1兆円と推計された[26]。この値は、それぞれ廃業予定企業の13.7％、13.8％に当たり、従業者数よりもさらに割合が高くなった。これは、従業者規模が大きくなるほど従業者1人当たりの付加価値額と売上高が上昇する傾向にあるためである。

　決定企業は、実際に廃業するケースこそ多くはないものの、廃業した場合の経済的な影響は廃業予定企業より大きい。これは、後継者が決まっている決定企業で確実に事業が承継されることが、非常に重要であることを意味している。

　次に、未定企業についても同様の計算を行ったところ、廃業が想定される未定企業は、廃業予定企業の3.1％に当たる6.4万件となった（**表7-12**）[27]。これは、決定企業の2.7倍である。廃業予定時期別にみると、「5年以内」が3.2万件、「6〜10年後」が1.8万件で、10年以内の累計は4.9万件となった。失われる従業者数は101.3万人で、「5年以内」が50.2万人、「6〜10年後」が28.0万人、

[25]　2019年調査による推計の3.4万件と比べて、1.0万件、30.1％減少している。これは、廃業割合の低下に加え、4類型に占める決定企業の割合も、12.5％から10.5％へと低下したためである。
[26]　失われる付加価値額は、2019年調査による推計の4.6兆円と比べて、0.1兆円、2.8％、失われる売上高は、2019年調査による推計の20.6兆円と比べて、0.5兆円、2.3％、それぞれ減少している。
[27]　2019年調査による推計の10.7万件と比べて、4.3万件、40.4％減少している。これは、廃業割合の低下と、4類型に占める未定企業割合の低下（22.0％から20.0％）によるものである。

表 7 -11　決定企業の廃業による影響（廃業予定時期別）

(1)　失われる企業数

廃業予定時期	企業数（件）	割　合（%）	累　計（件）	割　合（%）
5年以内	11,892	49.6	11,892	49.6
6〜10年後	6,627	27.7	18,519	77.3
11〜15年後	2,583	10.8	21,102	88.1
16〜20年後	1,491	6.2	22,594	94.3
21年後以降	1,372	5.7	23,966	100.0

(2)　失われる従業者数

廃業予定時期	従業者数（人）	割　合（%）	累　計（人）	割　合（%）
5年以内	207,363	49.6	207,363	49.6
6〜10年後	115,567	27.7	322,930	77.3
11〜15年後	45,048	10.8	367,979	88.1
16〜20年後	26,005	6.2	393,983	94.3
21年後以降	23,926	5.7	417,910	100.0

(3)　失われる付加価値額

廃業予定時期	付加価値額（百万円）	割　合（%）	累　計（百万円）	割　合（%）
5年以内	2,224,271	49.6	2,224,271	49.6
6〜10年後	1,239,621	27.7	3,463,891	77.3
11〜15年後	483,209	10.8	3,947,101	88.1
16〜20年後	278,939	6.2	4,226,040	94.3
21年後以降	256,644	5.7	4,482,684	100.0

(4)　失われる売上高

廃業予定時期	売上高（百万円）	割　合（%）	累　計（百万円）	割　合（%）
5年以内	9,968,978	49.6	9,968,978	49.6
6〜10年後	5,555,866	27.7	15,524,844	77.3
11〜15年後	2,165,700	10.8	17,690,544	88.1
16〜20年後	1,250,179	6.2	18,940,724	94.3
21年後以降	1,150,255	5.7	20,090,978	100.0

表7-12　未定企業の廃業による影響（廃業予定時期別）

(1)　失われる企業数

廃業予定時期	企業数（件）	割　合（%）	累　計（件）	割　合（%）
5年以内	31,711	49.6	31,711	49.6
6〜10年後	17,673	27.7	49,384	77.3
11〜15年後	6,889	10.8	56,273	88.1
16〜20年後	3,977	6.2	60,250	94.3
21年後以降	3,659	5.7	63,909	100.0

(2)　失われる従業者数

廃業予定時期	従業者数（人）	割　合（%）	累　計（人）	割　合（%）
5年以内	502,477	49.6	502,477	49.6
6〜10年後	280,038	27.7	782,515	77.3
11〜15年後	109,160	10.8	891,675	88.1
16〜20年後	63,014	6.2	954,689	94.3
21年後以降	57,977	5.7	1,012,667	100.0

(3)　失われる付加価値額

廃業予定時期	付加価値額（百万円）	割　合（%）	累　計（百万円）	割　合（%）
5年以内	5,931,389	49.6	5,931,389	49.6
6〜10年後	3,305,655	27.7	9,237,044	77.3
11〜15年後	1,288,559	10.8	10,525,602	88.1
16〜20年後	743,838	6.2	11,269,440	94.3
21年後以降	684,384	5.7	11,953,824	100.0

(4)　失われる売上高

廃業予定時期	売上高（百万円）	割　合（%）	累　計（百万円）	割　合（%）
5年以内	26,583,941	49.6	26,583,941	49.6
6〜10年後	14,815,642	27.7	41,399,583	77.3
11〜15年後	5,775,201	10.8	47,174,785	88.1
16〜20年後	3,333,812	6.2	50,508,596	94.3
21年後以降	3,067,345	5.7	53,575,942	100.0

10年以内では78.3万人である。これは、廃業予定企業の12.2％に当たる。失われる付加価値額は12.0兆円、売上高は53.6兆円で、それぞれ廃業予定企業に対する割合は36.5％、36.7％となった[28]。

　経営者が高齢となっている未定企業も少なくないにもかかわらず、そのうちの38.5％が「現在後継者を探している」と回答している[29]。こうした未定企業が、後継者が見つからずに廃業してしまうことがないよう、できるだけ早く後継者を決めていくことが求められる。

第 6 節　廃業による影響の大きさの変化

　第 6 節では、本章で行った、2023年調査をもとにした中小企業の廃業の影響についての推計結果をまとめたうえで、2019年調査をもとにした推計結果と比較していく。ここでは、廃業予定企業の従業者数の減少と、決定企業、未定企業の一部の廃業も考慮した数値を示す。

　まず、廃業すると考えられる中小企業の件数は、2023年調査では、10年後時点で167.3万件、最終的には216.5万件となった（**表 7 -13**）。これは、10年後には現時点で存在する中小企業の46.3％、最終的には59.9％が廃業するということを意味している。2019年調査と比較すると、10年後は11.6万件で7.4％、最終的には2.1万件で1.0％増加しており、中小企業全体に占める割合も、それぞれ5.4ポイント、3.6ポイント上昇した[30]。

　失われる従業者数は、10年後時点で790.7万人、最終的には966.8万人となった。中小企業全体の従業者数に対する割合は、それぞれ24.9％、30.4％である。2019年調査と比較すると、10年後は103.5万人で15.1％、最終的には47.3万人で5.1％増えている。中小企業全体に占める割合も、それぞれ3.3ポイント、1.5ポ

---

[28]　失われる付加価値額は、2019年調査による推計の14.4兆円と比べて、2.5兆円、17.0％、失われる売上高は、2019年調査による推計の64.3兆円と比べて、10.7兆円、16.6％、それぞれ減少している。

[29]　未定企業は全体の20.0％、現在後継者を探している企業は全体の7.7％であることから、未定企業のうち現在後継者を探している企業は、7.7％÷20.0％＝38.5％となる。

[30]　本節で現時点としているマクロデータは、2021年の経済センサスを用いている。企業数と従業者数は2021年のデータ、付加価値額と売上高は前年の2020年のデータである。また、国内総生産は2022年の名目暦年（支出側）である。

表7-13　主な推計結果

(1) 失われる企業数

（単位：件、％）

廃業予定時期	2023年調査 (a)	2019年調査 (b)	増　減 (a－b)	件数の 増加割合
10年後時点	1,672,879　(46.3)	1,556,983　(40.9)	115,895	7.4
合　計	2,164,902　(59.9)	2,143,858　(56.3)	21,045	1.0

(2) 失われる従業者数

（単位：人、％）

廃業予定時期	2023年調査 (a)	2019年調査 (b)	増　減 (a－b)	人数の 増加割合
10年後時点	7,906,747　(24.9)	6,871,674　(21.6)	1,035,073	15.1
合　計	9,668,084　(30.4)	9,194,685　(28.9)	473,399	5.1

(3) 失われる付加価値額

（単位：百万円、％）

廃業予定時期	2023年調査 (a)	2019年調査 (b)	増　減 (a－b)	金額の 増加割合
10年後時点	40,050,007　(25.9)	32,786,925　(23.4)	7,263,082	22.2
合　計	49,171,342　(31.7)	44,162,874　(31.5)	5,008,469	11.3

(4) 失われる売上高

（単位：百万円、％）

廃業予定時期	2023年調査 (a)	2019年調査 (b)	増　減 (a－b)	金額の 増加割合
10年後時点	178,094,542　(24.0)	145,609,032　(20.2)	32,485,510	22.3
合　計	217,588,647　(29.4)	195,107,026　(27.1)	22,481,620	11.5

(注) 1 推計結果は、廃業予定企業の廃業と、決定企業と未定企業の一部の廃業の影響を合算したもの。従業者数、付加価値額、売上高については、廃業予定企業の従業者数の減少を考慮した推計結果を用いた。
　　 2 （　　）内は中小企業全体に占める割合。

イント高くなった。

　失われる付加価値額は、10年後時点で40.1兆円、最終的には49.2兆円まで増える。これは、現在中小企業が生み出している付加価値額の25.9％、31.7％で、2022年の国内総生産557.2兆円の7.2％、8.8％に当たる。2019年調査と比べると、10年後で7.3兆円、22.2％、最終的には5.0兆円、11.3％増加した。中小企業全体の付加価値額に占める割合も、それぞれ2.5ポイント、0.2ポイント、国内

総生産に対する割合も、それぞれ1.3ポイント、0.8ポイント上昇している[31]。

　失われる売上高は、10年後時点で178.1兆円、最終的には217.6兆円となる。中小企業全体に占める割合は、それぞれ24.0％、29.4％であった。2019年調査と比べると、10年後時点で32.5兆円、22.3％、最終的には22.5兆円、11.5％増えている。中小企業全体に占める割合も、それぞれ3.8ポイント、2.3ポイント高くなった。

　このように、企業数、従業者数、付加価値額、売上高のすべてにおいて、中小企業の廃業が与える経済社会的な影響への懸念が、以前にも増して高まっているということがわかる[32]。また、四つのデータについて、10年後と合計の増加数、増加率、中小企業に占める割合の上昇幅を比較すると、いずれの値も10年後の方が大きい。経営者の高齢化に伴い、廃業予定時期が早まっていることで、廃業の影響が出るタイミングも早くなっているのである。さらに、数値の変化幅は、企業数よりも、従業者数、付加価値額、売上高の方が大きい。廃業数の増加以上に、それによる外部への影響が拡大する可能性を示唆しているといえよう。

第7節　おわりに

　第7章では、中小企業の廃業が外部に与える影響について、まず事業承継調査の結果から、中小企業の廃業問題は小都市や町村部だけではなく大都市も含めた全国的な問題であることを示した。また、廃業によって取引先にさまざまな影響が発生すること、一部には、販売先・受注先の企業が商品・サービスを提供できなくなる、仕入先・外注先の企業が廃業を余儀なくされるなどといった、深刻な事態につながる懸念があること、そして、こうした状況は2019年調査と2023年調査で変化していないことなどが明らかになった。さらに、中小企業の廃業件数と、それによって失われる従業者数、付加価値額、売上高を最新

---

[31]　2019年調査の推計値は、2018年の国内総生産547.1兆円に対し、10年後で6.0％、最終的には8.1％に相当する。

[32]　類型別の推計では、決定企業、未定企業の廃業による影響は縮小したが、廃業予定企業の廃業による影響の拡大が、それらを打ち消している。

のデータをもとに推計し、2019年調査をもとに行った推計と比較した。その結果、企業数、従業者数、付加価値額、売上高のすべてにおいて中小企業の廃業が与える影響が拡大していること、そして、その影響が出る時期が早まっていることがわかった。

　このような中小企業の廃業による経済社会への影響を抑制するためには、廃業によって失われる従業者数、付加価値額、売上高を、ほかの企業が代わりに担っていくことが必要になる。廃業した中小企業が提供していた商品・サービスを、ほかの企業が代わって供給するのが理想だろう。その主体は、既存の企業ではなく、新規開業企業であってもよい。商品・サービスへの需要が低下したための廃業であれば、単にそのまま引き継ぐのではなく、より求められる商品・サービスへの切り替えや、提供方法の変更などが必要になるかもしれない。まったく新しい産業を生み出していくことも、大きな選択肢の一つであろう。

　マクロ経済の指標からは、今のところほかの企業による代替は、ある程度うまくいっているようにもみえる[33]。しかし、一部の地域や産業では、中小企業の廃業が、すでに大きなマイナスの影響を与えている。経営者の高齢化により、廃業の経済社会に与える影響への懸念は、以前にも増して高まっているのである[34]。ほかの企業による代替の推進や、新産業創出に向けて、今後、一層の努力が求められるようになっているといえるだろう。

参考文献

深沼光・山崎敦史・山田佳美（2020）「中小企業の廃業がマクロ経済に与える影響」日本政策金融公庫総合研究所『日本政策金融公庫論集』第47号、pp.1-20

---

[33]　2019年調査の推計では、中小企業の廃業によって5年後までに毎年4.3兆円の付加価値額が失われると計算された。4年では17.4兆円となるが、本章の推計に使用した国内総生産の額は、2018年の547.1兆円が、4年後の2022年には557.2兆円と、新型コロナウイルス感染症の流行の影響を受けながらも、わずかながら上昇している。

[34]　中小企業の廃業によって5年後までに失われるであろう付加価値額は、2019年調査の推計では毎年4.3兆円だったものが、2023年調査の推計では毎年5.7兆円と、より大きくなっている。

第 8 章

コロナ前とコロナ後の
廃業企業の経営状況

井上 考二／星田 佳祐

本章で実施している計量分析については、慶應義塾大学商学部・山本勲教授からご指導をいただいた。ここに記して感謝したい。ただし、ありうべき誤りはすべて筆者個人に帰するものである。

第 1 節　はじめに

　2020年に始まった新型コロナウイルス感染症の流行（以下、コロナ禍）は、感染拡大を抑えるために人々の自由な移動や他者との接触などを制限する対策がとられた結果、消費活動の停滞をもたらし、中小企業の経営に大きな打撃を与えた。その影響については、2020年の売上高の水準を2019年と比較した中小企業庁編（2021）をはじめ、数多くの先行研究で分析されているが、調査対象はコロナ禍でも事業を継続している企業が大半であり、廃業への影響を分析しているものは少ない。

　コロナ禍における廃業の状況について、厚生労働省「雇用保険事業年報」による廃業率[1]の推移からみると、2019年の3.4％から2020年は3.3％、2021年は3.1％と低下している（中小企業庁編、2023）。帝国データバンク「全国企業『休廃業・解散』動向調査」（2022年）の結果においても、2022年の休廃業・解散企業[2]の件数は 5 万3,426件となっており、2019年の 5 万9,225件から 3 年連続で減少している。

　コロナ後に廃業が減少しているのは、日本政策金融公庫等による特別融資や持続化給付金をはじめとするさまざまな補助金・助成金など、立て続けに実施された資金繰り支援策が厳しい経営状況に陥った企業の事業継続を支えたからだろう。一方、上記の帝国データバンクの調査によると、休廃業の直前の決算期で黒字だった割合は、コロナ前の2019年の調査では55.4％であるのに対し、コロナ後の2020年の調査では57.1％と上昇している。前年に黒字であったにもかかわらず廃業した企業が増加したといえる結果で、コロナ禍が廃業に影響を及ぼしたことがうかがえる。ただし、黒字から廃業に至った背景、すなわちコロナ禍で経営状況が急激に悪化したために廃業したのか、それとも後継者がいないなどの理由でコロナ前から廃業を考えていた企業がコロナ禍で廃業の決断

---

[1]　当該年度に雇用関係が消滅した事業所数を前年度末の適用事業所（雇用保険にかかる労働保険の保険関係が成立している事業所）数で除した値。

[2]　倒産（法的整理）によるものを除き、特段の手続きをとらずに企業活動が停止した状態を確認した企業、もしくは商業登記等で解散（「みなし解散」を除く）を確認した企業。

を早めたのかといったことまではわからない。

　そこで本章では、日本政策金融公庫総合研究所（以下、当研究所）が四半期ごとに実施している「全国中小企業動向調査・小企業編」（以下、動向調査）の調査対象にかかる情報を用いて廃業する企業をとらえ、その個票データからコロナ前後の経営状況の違いをみていきたい。具体的には、「廃業した」あるいは「廃業する」との申し出によって調査対象から除外した企業を「廃業企業」と定義し、廃業するまでに回答していた内容について、引き続き調査対象となっている「存続企業」の回答内容と比較したり、コロナ前の調査期とコロナ後の調査期を比較したりすることで、廃業する前の経営状況の特徴を分析する。

　廃業した企業のデータを十分に集めることは難しく、そのことがコロナ禍における廃業企業の分析が進んでいない理由の一つであると考えられる[3]。本章の分析では同一の企業に継続して調査を実施している動向調査の調査対象にかかる情報を活用することで、この問題を乗り越えている。

　以下、第2節では動向調査の概要を述べ、分析対象となる企業のデータを説明する。第3節では動向調査で毎回尋ねている定例調査項目についての分析結果を紹介する。第4節は計量的手法によってコロナ前とコロナ後で廃業確率に違いがあるかどうかを分析する。第5節では年に1回尋ねている特別調査項目を用いて廃業企業のヒト、モノ、カネに関して分析した結果を紹介する。最後の第6節は分析結果を踏まえて小企業における廃業の実態について整理し、本章のまとめとする。

第2節　分析の概要

　動向調査は1980年に旧・国民金融公庫の「全国小企業動向調査」として開始した調査である。四半期ごとに実施しており、調査票の回収時期は、1-3月期調査は3月中旬、4-6月期調査は6月中旬、7-9月期調査は9月中旬、10-12月期調査は12月中旬となる。調査対象は従業者数が原則20人未満の小企業1万件、各調査期の回収数は約6,000件である。現在の業況に関する設問のほか、

---

[3]　安田（2021）は廃業に関する研究が開業や事業承継の分野と比べて蓄積されていない理由は統計やアンケートなどによるアプローチに限界があるためと述べている。

採算や資金繰り、経営上の問題点などを尋ね、時系列で比較可能なデータを蓄積、分析している。また、定例の調査項目だけでなく、調査の実施時期におけるトピックスなどをテーマとした特別調査項目を尋ねている。本章では、いくつかあるテーマのなかで時系列データとして分析が可能な、1-3月期調査の設備投資に関する項目、7-9月期調査の雇用に関する項目、10-12月期調査の借り入れに関する項目を分析する。

　調査対象は毎回、同一の企業を対象としているが、調査を重ねるうちに徐々に脱落していくため、新たな調査対象を加えている。脱落理由は記録が残っている2018年1月以降では、ほとんどが4期連続、つまり1年間、無回答が続いたことによるものであるが、企業側からの「廃業した」「廃業する」との申し出によって調査対象から除外したケースも存在する。本章では、こうした廃業の申し出があった企業を廃業企業と定義し、分析対象とした。

　分析する調査期は、脱落理由を確認できる2018年1月の1年前に該当する2017年1-3月期の調査から、新型コロナウイルス感染症が5類感染症に移行する前の2023年1-3月期の調査までとした。始期を2017年1-3月期としたのは、当研究所が2019年および2023年に実施した「経営者の引退と廃業に関するアンケート」の結果で、廃業を決めてから廃業するまでの期間は「1年未満」が過半[4]を占めているからである。多くの企業が決断してからそう長くない期間で廃業しており、廃業前の経営状況をみるに当たっては、廃業の1年前からのデータがあれば十分と考えられる。

　他方、終期を2023年1-3月期としたのは、5類感染症に移行した2023年5月8日以降は経済活動の制約が緩和されたことから、コロナ禍が企業経営に及ぼしていた影響は従前より低減すると思われ、2023年1-3月期以前と4-6月期以降をひとまとめにして扱うのは適切ではないと判断したからである。なお、廃業する直前4回の調査、すなわち廃業前の1年間に実施された調査に1度も回答していない企業は、廃業直前の経営状況を把握できないため、分析対象から除いている。

　図8-1は分析対象となった廃業企業の数を、廃業の申し出があった時期、

---

[4]　2019年調査では69.8％、2023年調査では87.5％である。

図 8 - 1　廃業時期と最終回答時期

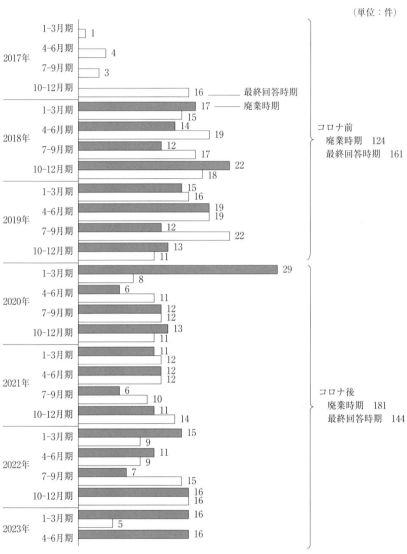

（単位：件）

資料：日本政策金融公庫総合研究所「全国中小企業動向調査・小企業編」（以下同じ）
（注）2018年 1 月から2023年 6 月までに廃業の申し出があった企業の廃業時期と最終回答時期。申し出
　　　のあった時期を廃業時期としているが、調査の回答とともに廃業の申し出があったケースは、翌
　　　期の調査期を廃業時期としている。

すなわち調査対象から除外した時期を廃業時期とみなして集計したものである[5]。2018年 1 月から2023年 6 月までに305件あり、2019年以前のコロナ前は124件、2020年以降のコロナ後は181件である。この305件の廃業企業が廃業するまでに回答していた内容を分析していくが、動向調査の調査対象は毎回の調査にすべて回答しているわけではない。最後に回答している調査時期をみると、廃業直前の調査期に回答しているケースは145件、廃業の 2 期前は94件、3 期前は38件、 4 期前は28件である。コロナ前後で分類すると、2019年以前のコロナ前の調査期が161件、2020年以降のコロナ後の調査期が144件となる。

また、廃業企業の比較対象として、2017年1-3月期から2023年1-3月期までの調査に回答している企業のうち、2023年 6 月時点までに調査対象から脱落していない企業を存続企業と定義して分析する。存続企業の数は8,549件である。分析対象となる廃業企業と存続企業の各調査期の回答企業数は、**表 8 - 1** に示したとおりである[6]。なお、本章の図表では、分析対象の企業数を示す場合はN ＝○○○と、集計対象となっている調査期の回答企業数の合計を示す場合はn ＝○○○と記載している。

第 3 節　定例調査項目の分析

それでは、廃業企業の特徴について、企業の属性と各調査期で尋ねている定例調査の項目からみていこう。

1　企業の属性

企業の属性では経営形態、従業者数、業種をみる。廃業企業は最後に回答した調査期の値を集計対象とし、コロナ前の2019年以前の調査期（以下、廃業企業（コロナ前））とコロナ後の2020年以降の調査期（以下、廃業企業（コロナ後））の二つに分けて集計している。存続企業は回答のある最新の調査期の値を集計している。

経営形態をみると、「個人」の割合が廃業企業（コロナ前）では47.2％、廃

---

[5] 　調査の回答とともに廃業の申し出があったケースは、翌期の調査期を除外時期としている。
[6] 　廃業企業の廃業時期別の各調査期の回答企業数は章末の**参考表 8 - 1** に示している。

表 8-1　各調査期の回答企業数

（単位：件）

			廃業企業 （N = 305）	存続企業 （N = 8,549）	合　計 （N = 8,854）
調査期	2017年	1-3月期	252	3,818	4,070
		4-6月期	247	3,895	4,142
		7-9月期	262	4,238	4,500
		10-12月期	248	4,051	4,299
	2018年	1-3月期	235	4,185	4,420
		4-6月期	229	4,295	4,524
		7-9月期	210	4,582	4,792
		10-12月期	189	4,361	4,550
	2019年	1-3月期	186	4,612	4,798
		4-6月期	162	4,766	4,928
		7-9月期	160	5,200	5,360
		10-12月期	126	4,720	4,846
	2020年	1-3月期	125	5,143	5,268
		4-6月期	123	5,438	5,561
		7-9月期	116	5,716	5,832
		10-12月期	96	5,644	5,740
	2021年	1-3月期	91	5,702	5,793
		4-6月期	79	5,986	6,065
		7-9月期	72	6,473	6,545
		10-12月期	64	5,872	5,936
	2022年	1-3月期	48	5,857	5,905
		4-6月期	38	6,232	6,270
		7-9月期	34	6,836	6,870
		10-12月期	19	6,095	6,114
	2023年	1-3月期	5	5,956	5,961
合　計			3,416	129,673	133,089

（注）Nは分析対象の企業数。

業企業（コロナ後）では57.6％となっており、存続企業の34.0％と比べて高い（**図 8-2**）。廃業企業と存続企業との差は、コロナ前の約13ポイントからコロナ後は約24ポイントに拡大している。

　従業者数[7]については、廃業企業は存続企業より従業者規模が小さい企業が多い。「1人」の割合は存続企業の25.8％に対して廃業企業（コロナ前）は

---

[7]　パート・アルバイトを除く人数。

図 8-2　経営形態

(単位：％)

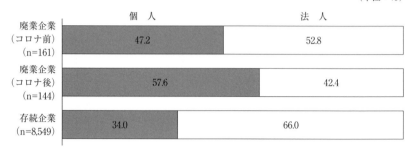

(注)　1　廃業企業は最後に回答した調査期の値、存続企業は回答のある最新の調査期の値（表 8-2 まで同じ）。
　　　2　n は集計対象となっている調査期の回答数の合計（以下、n の記載がある場合は同じ）。

図 8-3　従業者数

(単位：％)

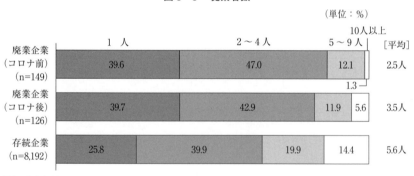

(注)　従業者数はパート・アルバイトを除く人数。

39.6％、廃業企業（コロナ後）は39.7％である（**図 8-3**）。「2 ～ 4 人」の割合も廃業企業はコロナ前が47.0％、コロナ後が42.9％で存続企業の39.9％より高い。両者を合わせた 5 人未満の企業が占める割合は、廃業企業では 8 割を超えている。ただし、廃業企業（コロナ後）では「10人以上」の割合が5.6％と、存続企業の14.4％ほどではないものの、廃業企業（コロナ前）の1.3％と比べて高くなっている。コロナ後は従業者数が多い企業の廃業がやや増えている。
　廃業企業の業種をみると、「小売業」がコロナ前は32.3％、コロナ後は28.5％

表8-2　業　種

(単位：%)

	製造業	卸売業	小売業	飲食店・宿泊業	サービス業	情報通信業	建設業	運輸業	n
廃業企業（コロナ前）	15.5	8.1	32.3	19.3	18.6	0.0	3.7	2.5	161
廃業企業（コロナ後）	12.5	7.6	28.5	23.6	14.6	0.7	8.3	4.2	144
存続企業	14.3	9.7	22.8	15.9	21.5	1.2	12.3	2.3	8,549

で存続企業の22.8％より高い（**表8-2**）。「飲食店・宿泊業」も存続企業の15.9％と比べてコロナ前は19.3％と割合が高く、コロナ後はさらに高い23.6％となっている。コロナ禍で外食や旅行が制限された影響がうかがえる。一方で「卸売業」「サービス業」「情報通信業」「建設業」は廃業企業の方が割合は低い。

2　経営状況

　続いて、定例調査として尋ねている項目のうち、業況、採算、資金繰り、経営上の問題点といった経営状況についての結果をみていく。廃業企業の集計は前項の企業の属性と同様に最後に回答した調査期の値をコロナ前とコロナ後に分けて行っている。存続企業についてはコロナ前とコロナ後の平均像をみるために、調査期を2019年以前と2020年以降に二分したうえで、それぞれの調査期の回答をプールして集計している（以下、前者は存続企業（コロナ前）、後者は存続企業（コロナ後））。

　はじめに、業況についてどのように判断しているかをみると、廃業企業も存続企業も「良い」より「悪い」の割合が高い（**図8-4**）。廃業企業では「悪い」の割合がコロナ前は69.7％、コロナ後は74.2％と、存続企業の同じく45.2％、60.9％と比べて高い。業況が「良い」と回答している廃業企業はコロナ前もコロナ後も1割に満たず、業況が良くない企業が廃業している。さらに、「悪い」と回答している割合をコロナ前後で比較すると、存続企業のコロナ後はコロナ前と比べて約16ポイント高くなっているが、それでも廃業企業のコロナ前の値（69.7％）よりは低い。一方、廃業企業はもともと業況が悪い企

図8-4　業　況

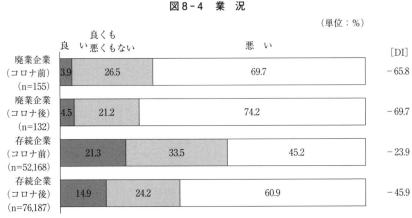

（注）1　廃業企業は最後に回答した調査期の値、存続企業はコロナ前とコロナ後の各調査期の回答を
　　　　それぞれプールして集計した値（表8-3まで同じ）。
　　　2　DI は、業況が「良い」と回答した企業割合から「悪い」と回答した企業割合を差し引いた値。

図8-5　採　算

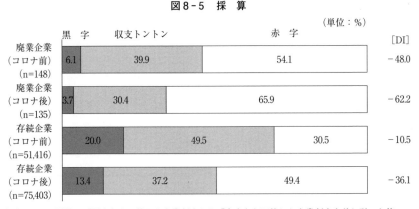

（注）DI は、採算が「黒字」と回答した企業割合から「赤字」と回答した企業割合を差し引いた値。

業が多いことから、コロナ後は約5ポイントの増加にとどまっている。

　次に、「黒字」「収支トントン」「赤字」の3択で尋ねている採算をみると、
廃業企業は「赤字」の割合が最も高く、コロナ前は54.1％、コロナ後は約12ポ
イント増の65.9％となっている（**図8-5**）。もっとも「収支トントン」がコロ

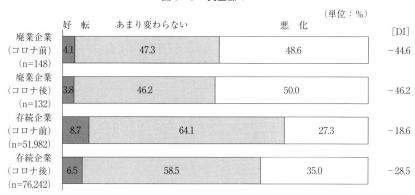

図8-6　資金繰り

(単位：％)

	好　転	あまり変わらない	悪　化	[DI]
廃業企業 （コロナ前） （n=148）	4.1	47.3	48.6	− 44.6
廃業企業 （コロナ後） （n=132）	3.8	46.2	50.0	− 46.2
存続企業 （コロナ前） （n=51,982）	8.7	64.1	27.3	− 18.6
存続企業 （コロナ後） （n=76,242）	6.5	58.5	35.0	− 28.5

(注) DI は、資金繰りが前期比で「好転」と回答した企業割合から「悪化」と回答した企業割合を差し
　　引いた値。

ナ前は39.9％、コロナ後は30.4％と、何とか事業を維持できていた企業も少な
からず存在しており、すべての廃業企業で経営が成り立たなくなっていたわけ
ではないようである。存続企業はコロナ前では「収支トントン」が49.5％で最
も多く、「赤字」は30.5％であった。コロナ後は「収支トントン」は37.2％でコ
ロナ前から約12ポイント低下、「赤字」は49.4％で約19ポイント上昇している。
　資金繰りの状況については、廃業企業はコロナ前とコロナ後で大きな変化は
みられない（**図8-6**）。前期比で「悪化」したという回答の割合はコロナ前
では48.6％、コロナ後では50.0％といずれも約半数、「あまり変わらない」もコ
ロナ前は47.3％、コロナ後は46.2％とほぼ同じ水準である。存続企業では「悪
化」の割合がコロナ後は35.0％とコロナ前の27.3％より約8ポイント高まって
いるものの、その増加幅は、前掲**図8-4**の業況の「悪い」の割合が約16ポ
イント、前掲**図8-5**の採算の「赤字」の割合が約19ポイント高まったことと
比べると小さい。コロナ禍で実施された特別融資や補助金などの政策が多くの
企業の資金繰りを支えたようである[8]。

---

[8]　日本政策金融公庫における新型コロナウイルス関連の融資実績は2023年3月末までに累計約118万件
　　（日本政策金融公庫、2023）、2021年3月末に終了した持続化給付金の給付件数は約424万件（中小
　　企業庁編、2022）である。

表 8 - 3　経営上の問題点

（単位：％）

	売上不振	利益減少	求人難	設備老朽化等	その他	特に問題なし	n
廃業企業（コロナ前）	54.5	13.0	8.4	11.0	6.5	6.5	154
廃業企業（コロナ後）	61.6	16.1	5.4	4.5	2.7	9.8	112
存続企業（コロナ前）	40.8	19.0	18.1	8.4	4.0	9.6	52,166
存続企業（コロナ後）	54.1	18.6	10.9	5.9	3.6	6.9	64,256

（注）　1　選択肢に「原材料高」が追加された2022年10-12月期以降の調査を除いて集計。
　　　　2　その他は「代金回収条件の悪化」「代金支払条件の悪化」「借入難」「その他」の合計。

　最後に経営上の問題点をみていく。経営上の問題点を尋ねた設問は2022年10-12月期の調査以降は選択肢に「原材料高」が追加されているため、時系列での比較が可能な2022年7 - 9月期の調査までを集計している。最も割合が高い項目は、存続企業も廃業企業も「売上不振」である（**表 8 - 3**）。廃業企業はコロナ前が54.5％、コロナ後が61.6％、存続企業はコロナ前が40.8％、コロナ後が54.1％となっており、廃業企業の方が割合そのものは高いが、コロナ前からコロナ後の増加幅は存続企業の方が大きく、廃業企業の約 7 ポイントに対し、存続企業は約13ポイントである。 2 番目に割合が高い項目は廃業企業と存続企業ともに10％台の「利益減少」である。 3 番目は存続企業では「求人難」、廃業企業はコロナ前は「設備老朽化等」、コロナ後は「特に問題なし」となっている。

3　廃業までの推移

　前項では廃業企業の廃業直前の経営状況をコロナ前の調査期とコロナ後の調査期に分け、存続企業の状況も交えて比較した。廃業企業の経営状況は存続企業と比べて厳しく、さらにコロナ後の廃業企業は一段と厳しくなっている。コロナ後に廃業した企業はコロナ禍で経営状況が悪化したと考えられるが、それでは、コロナ前はどのような水準にあったのだろうか。ここでは、廃業企業の廃業までの経営状況の推移について、各調査期における業況判断 DI、採算 DI、資金繰り DI、経営上の問題点はないと回答している企業の割合からみていく。

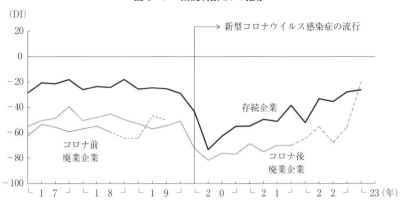

図8-7　業況判断 DI の推移

（注）　1　図8-4の（注）2に同じ。
　　　　2　破線は n が50未満の調査期（図8-10まで同じ）。

　業況判断 DI は、業況が「良い」と回答した企業割合から「悪い」と回答した企業割合を差し引いた値である。**図8-7**は、コロナ前に廃業した企業（以下、コロナ前廃業企業）、コロナ後に廃業した企業（以下、コロナ後廃業企業）、存続企業のそれぞれで各調査期における業況判断 DI を算出し、その推移を示したものである。なお、前掲**表8-1**でみたように、集計対象となる廃業企業の数は、廃業後は動向調査に回答しないことから、調査期が新しいほど少ない。廃業企業の数が少なくなると集計結果の誤差の幅が大きくなるため、n（回答数）が50未満の調査期は破線で示している（**図8-10**まで同じ）。

　コロナ後廃業企業の DI の推移をみると、コロナ前の DI はコロナ前廃業企業の水準よりは高いものの、存続企業の水準より低い。コロナ前廃業企業ほどではないが、もともと経営状況は良くなかった企業が多いといえる。そして2019年10-12月期から2020年4-6月期のコロナ禍への転換期に DI は大きく落ち込み、コロナ前廃業企業の水準を下回った。存続企業の DI も同時期に落ち込んでいるが、7-9月期以降は緩やかに回復している。コロナ禍で大きく変化した経営環境に、存続企業は徐々に適応していったといえるだろう。他方、廃業企業の回復の動きは鈍く、変化に対応できなかったと考えられる。

　採算 DI は、採算が「黒字」と回答した企業割合から「赤字」と回答した企

図8-8　採算 DI の推移

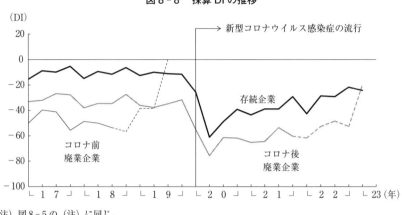

(注) 図8-5の（注）に同じ。

業割合を差し引いた値である。コロナ後廃業企業の採算 DI の推移は、業況判断
DI と同様に、コロナ前から存続企業より低い水準となっている（**図8-8**）。
コロナ禍で大きく落ち込み、その後は低い水準が続いているという傾向がみて
とれるのも同じである。

　資金繰りが前期比で「好転」と回答した企業割合から「悪化」と回答した企
業割合を差し引いた値である資金繰り DI をみると、コロナ後廃業企業のコロ
ナ前の状況は、業況判断 DI や採算 DI と同じく、存続企業よりは低く、コロ
ナ前廃業企業よりは高いという水準にある（**図8-9**）。コロナ禍で落ち込ん
だ後は、資金繰りを支援する政策の効果によって存続企業とともに V 字回復
しているが、コロナ前の水準にまでは至っていない。影響を受けたすべての企
業が支援を受けられたわけではなく、コロナ前から厳しい経営状況にあった企
業やコロナ禍に対応できなさそうな企業など、事業の継続に懸念があると判断
された企業は融資が受けられなかったのではないだろうか。

　一方で、廃業企業のなかには、コロナ禍に対応できなかったのではなく、も
ともと廃業の意向があったために、あえて対応しなかったという企業がいる可
能性もある。経営上の問題点を尋ねた設問で「特に問題なし」と回答した企業
の割合の推移をみると、コロナ後廃業企業はコロナ前の時点では存続企業を上
回っている（**図8-10**）。その割合はコロナ後にやや低下するが、2020年10-12

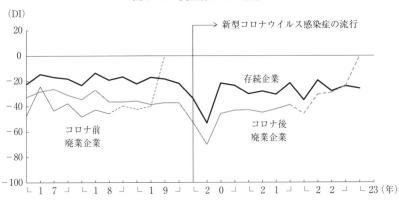

図 8-9　資金繰り DI の推移

（注）図 8-6 の（注）に同じ。

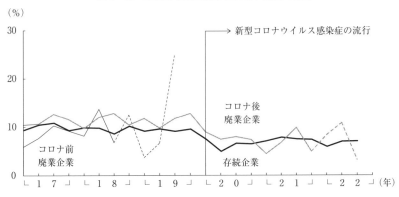

図 8-10　経営上の問題点が特にない企業の割合

（注）経営上の問題点を尋ねた設問で「特に問題なし」と回答した企業の割合。

月期まで存続企業より高い割合を維持している。高齢で自分の代で廃業することを決めている経営者であっても、働ける間、あるいは顧客から求められている間は事業を継続したいと、具体的な廃業時期を考えていなかった人は多いと思われる。そうした人たちのなかには、感染対策やリモート会議への対応などコロナ禍で事業を継続するために必要な新たな投資を重荷に感じて、経営に問題はなくとも廃業を選択した人もいたのではないだろうか。

第4節　廃業確率の推定

　前節でみたようにコロナ禍によって小企業の経営状況は悪化したが、特別融資や補助金等の資金繰り支援が実施された結果、本章の冒頭で述べたように2020年以降、廃業する企業は減少傾向にある。そこで本節では、計量的手法によってさまざまな要因をコントロールしたうえで廃業確率に関する推定を行い、コロナ後の廃業確率がコロナ前と比べて低下しているかどうかを確認する。

1　推定の概要

　コロナ前と比べたコロナ後の廃業確率の推定は離散時間ロジットモデルにより行う。廃業確率の対数オッズを被説明変数とし、時間の経過による廃業確率の変化を示す基準ハザード関数を推定するための変数を加えてロジスティック回帰分析を行うものである。推定に当たっては、廃業企業が最後に回答した調査期を廃業発生時点としている。また、存続企業と廃業企業のほかに、廃業以外の理由で調査から除外された企業を、観測が途中で終了したデータとして加えている。

　コロナ後の廃業確率を探る説明変数は、コロナダミーと調査年の二つを用いる。一つ目のコロナダミーは、調査期がコロナ後（2020年1-3月期以降）である場合を1、コロナ前（2019年10-12月期以前）である場合を0とするダミー変数である。推定結果はコロナ後の廃業確率がコロナ前と比べてどう異なるかを示すものとなる。二つ目の調査年は、調査が実施された年を示すダミー変数である。2017年を基準に設定し、2018年以降の各年の廃業確率が2017年と比べて異なるかどうかを推定する。

　廃業確率に影響を及ぼすと考えられる経営状況と企業の属性に関する項目はコントロール変数として加えている。

　経営状況に関する項目は、業況、採算、資金繰り、経営上の問題ダミーである。業況は「良い」「良くも悪くもない」「悪い」のそれぞれをダミー変数としたもので、「良い」を基準としている。同じく採算は「黒字」「収支トントン」「赤字」を、資金繰りは「好転」「あまり変わらない」「悪化」をダミー変数と

したものである。それぞれ「黒字」「好転」を基準としている。経営上の問題ダミーは経営上の問題点を尋ねた設問で何らかの問題点を回答している場合を 1、「特に問題なし」と回答している場合を 0 とするダミー変数である。

　企業の属性に関する項目は、個人企業ダミー、従業者数、業種である。個人企業ダミーは経営形態が「個人」である場合を 1、「法人」である場合を 0 とするダミー変数である。従業者数は「1 人」「2 ～ 4 人」「5 ～ 9 人」「10 人以上」の従業者規模を示すダミー変数で、「1 人」を基準としている。業種は基準とする「製造業」のほか、「卸売業」「小売業」「飲食店・宿泊業」「サービス業」「情報通信業」「建設業」「運輸業」の計 8 業種のダミー変数である。

　このほかに調査期の違いをコントロールするために 1-3 月期を基準とした各調査期を示すダミー変数を加えているが、有意な結果とはなっていなかったため、結果の記載は省略している。なお、基準ハザード関数を推定する変数には、2017 年 1-3 月期以降で初めての回答がある調査期を廃業のリスク開始時点ととらえ[9]、初めての回答からの経過期間の対数値を用いている[10]。

2　推定結果

　推定結果は**表 8 - 4**のとおりである。モデル 1 は説明変数をコロナダミーまたは調査年とし、コントロール変数の企業属性、調査期、経過期間を加えた推定、モデル 2 は、調査年を説明変数として推定しているモデル 1 - 2 に経営状況に関するコントロール変数をそれぞれ加えたモデルである。結果はオッズ比を掲載しており、廃業確率が基準となる変数の場合と比べて何倍であるかを示している。従って、1 より大きければ廃業確率は相対的に大きく、1 より小さければ廃業確率は相対的に小さいといえる。

　まず、コロナ禍の影響をみると、モデル 1 - 1 のコロナダミーは 1 ％水準で有意な結果となっており、オッズ比は 1 より小さい。モデル 1 - 2 の調査年はコロナ前の 2018 年と 2019 年は非有意、コロナ後の 2020 年から 2023 年はいずれも

---

[9]　廃業のリスク開始時点は創業年とすべきだが、動向調査では創業年を把握していないため、次善の策として 2017 年 1-3 月期以降で初めての回答がある調査期をリスク開始時点とした。

[10]　ダミー変数、1 乗項のみ、1 乗項と 2 乗項、対数値の 4 パターンの変数を作成して、いくつかのモデルで推定を行い、安定して有意な結果となっている変数のうち、AIC（赤池情報量基準）が最も小さかった対数値を採用した。

表 8 - 4　廃業確率に関する推定結果（離散時間ロジットモデル）

		モデル 1 - 1	モデル 1 - 2	モデル 2 - 1	モデル 2 - 2	モデル 2 - 3	モデル 2 - 4
コロナダミー		0.327 ***					
調査年	2017		（基準）	（基準）	（基準）	（基準）	（基準）
	2018		0.999	1.021	1.023	0.980	0.974
	2019		0.596	0.602	0.634	0.619	0.573
	2020		0.246 ***	0.211 ***	0.233 ***	0.239 ***	0.231 ***
	2021		0.202 ***	0.192 ***	0.206 ***	0.200 ***	0.196 ***
	2022		0.190 ***	0.192 ***	0.200 ***	0.193 ***	0.181 ***
	2023		0.066 ***	0.074 ***	0.073 ***	0.073 ***	0.067 ***
業況	良　い			（基準）			
	良くも悪くもない			3.404 ***			
	悪　い			4.401 ***			
採算	黒　字				（基準）		
	収支トントン				2.325 ***		
	赤　字				3.732 ***		
資金繰り	好　転					（基準）	
	あまり変わらない					1.364	
	悪　化					2.269 **	
経営上の問題ダミー							0.981
個人企業ダミー		1.293 *	1.289 *	1.292 *	1.278	1.261	1.292 *
従業者数	1　　人	（基準）	（基準）	（基準）	（基準）	（基準）	（基準）
	2～4人	0.653 ***	0.649 ***	0.664 ***	0.689 ***	0.630 ***	0.638 ***
	5～9人	0.383 ***	0.380 ***	0.420 ***	0.442 ***	0.412 ***	0.396 ***
	10人以上	0.137 ***	0.136 ***	0.162 ***	0.149 ***	0.133 ***	0.142 ***
業種	製造業	（基準）	（基準）	（基準）	（基準）	（基準）	（基準）
	卸売業	0.888	0.898	0.924	0.913	0.858	0.948
	小売業	1.000	1.002	0.996	1.010	0.990	1.038
	飲食店・宿泊業	0.991	0.994	0.886	0.917	0.927	0.944
	サービス業	0.623 **	0.626 **	0.628 **	0.651 *	0.588 **	0.640 *
	情報通信業	0.315	0.318	0.326	0.339	0.353	0.332
	建設業	0.564 **	0.568 **	0.569 *	0.565 *	0.540 **	0.567 *
	運輸業	1.099	1.104	0.931	1.158	1.132	1.163
経過期間（対数値）		2.337 ***	3.080 ***	2.924 ***	2.840 ***	2.941 ***	3.037 ***
定数項		0.001 ***	0.001 ***	0.000 ***	0.000 ***	0.000 ***	0.001 ***
対数尤度		-1929.612	-1923.365	-1836.312	-1812.943	-1801.886	-1844.889
観測数		156,682	156,682	154,947	152,987	154,790	154,995

（注）　1　廃業企業と存続企業のほかに、廃業以外の理由で調査から除外された企業を推定に加えている。
　　　　2　オッズ比を掲載。***は 1 ％水準、**は 5 ％水準、*は10％水準で有意であることを示す。
　　　　3　コントロール変数である調査期は記載を省略。

1％水準で有意となっている。コロナ後の調査年のオッズ比は1より小さく、新しい調査年ほど小さくなっている。モデル2-1からモデル2-4の調査年の結果をみても同様の傾向である。コロナ後はコロナ前より廃業確率が低い。特別融資や補助金などの資金繰り支援によって事業の継続が支えられたためだろう。また、コロナ後に徐々に廃業確率が低下するのは、コロナ禍に対応できない企業は廃業し、対応できる企業が残っていくためではないだろうか。

　続いて、経営状況に関する変数は、業況、採算、資金繰りが有意、経営上の問題ダミーが非有意となっている。オッズ比をみると業況が「良くも悪くもない」企業と「悪い」企業は、「良い」企業と比べて廃業確率がそれぞれ3.4倍、4.4倍である。採算が「収支トントン」と「赤字」の企業の廃業確率も、それぞれ「黒字」の企業の2.3倍、3.7倍である。経営状況が良くないほど廃業確率が高くなるという結果は十分に納得できるものである。資金繰りは「悪化」は有意だが、「あまり変わらない」は非有意である。前期から悪化していなければ、廃業に直接影響することはないようである。経営上の問題ダミーが非有意であるのは、前掲**表8-3**や前掲**図8-10**でみたように、経営上の問題が特にない企業でも廃業するケースが存在するからだろう。

　なお、**表8-4**には掲載していないが、モデル1-1にコロナダミーと経営上の問題ダミーとの交差項を加えて、廃業確率に及ぼす影響がコロナ前とコロナ後で異なるかを推定したところ、交差項はマイナスの影響で有意であった。経営上の問題がある企業はコロナ後では問題がない企業より廃業確率が低い、逆にいうとコロナ後では問題がない企業の方が廃業しやすいという傾向を示すものである[11]。前節で述べたようなコロナ禍によって経営に問題のない企業が事業継続を断念するケースがあることをうかがわせる結果といえる。

　最後に、企業の属性に関する結果をみると、個人企業ダミーはモデル2-2とモデル2-3では非有意だが、そのほかのモデルでは有意である。オッズ比は約1.3で、個人企業の方が廃業確率は高い傾向にある。従業者数は2～4人、5～9人、10人以上のいずれもすべてのモデルで有意である。オッズ比は1を下回っており、また、従業者数が多いカテゴリーほど小さい。従業者数が多い

---

[11]　業況、採算、資金繰りについてもコロナダミーとの交差項を加えた推定を実施したが、交差項はいずれも非有意であり、コロナ前とコロナ後で廃業確率に及ぼす影響に違いはみられない。

企業ほど廃業確率は低下する。業種はどのモデルでもサービス業と建設業が有意である。オッズ比はともに1より小さく、製造業と比べて廃業確率は低い。

　以上の推定結果からは、コロナ後の廃業確率は確かにコロナ前より低いことと、経営状況や企業の属性と廃業確率との関係はいずれも前節のクロス集計の結果と整合することの2点が確認できる。

第5節　特別調査項目の分析

　ここまで、廃業企業と存続企業の違いや廃業企業のコロナ前とコロナ後の違いを動向調査の定例調査における経営状況に関する項目を中心にみてきた。一方、動向調査では特別調査として、毎年1-3月期には設備投資、7-9月期には従業員の雇用、10-12月期には借り入れについて、それぞれ詳細に尋ねている。これらの特別調査で尋ねられているヒト、モノ、カネは、事業を経営していくうえで重要な経営資源である。事業継続の意欲がある企業では経営に支障が生じないようにこれらの経営資源を積極的に確保しようとするだろうが、すでに廃業を視野に入れている企業では経営資源を整理して事業の縮小を図ろうとするため、その調達は消極的になると考えられる。そこで本節では、特別調査におけるデータを使用して、ヒト、モノ、カネに関する廃業企業と存続企業の取り組みの違いを分析する。

　集計対象とする特別調査は、廃業企業については廃業の直前1年間、すなわち廃業の1年前から直前の調査期までの間に実施された特別調査とし、第3節と同様にコロナ前の調査期とコロナ後の調査期に分けて集計している。存続企業については、第3節の経営状況の分析と同じくコロナ前の調査期で実施された特別調査とコロナ後の調査期で実施された特別調査の結果をそれぞれプールして集計している。

1　ヒトに関する取り組み

　まず、7-9月期に行われている従業員の雇用に関する特別調査から、従業員数の増減、過不足感、増減方針、給与水準といったヒトに関する取り組みをみていく。

図8-11　従業員数の増減

(単位：％)

	増　加	変わらない	減　少
廃業企業 （コロナ前） （n=93）	1.1	77.4	21.5
廃業企業 （コロナ後） （n=78）	0.0	85.9	14.1
存続企業 （コロナ前） （n=12,727）	10.7	73.9	15.4
存続企業 （コロナ後） （n=16,771）	9.0	73.9	17.2

(注)　1　7-9月期調査で尋ねているもの。廃業企業は廃業時期の直前１年間に実施された7-9月期調査
　　　　の回答を集計した値、存続企業はコロナ前とコロナ後の7-9月期調査の回答をそれぞれプール
　　　　して集計した値（図8-14まで同じ）。
　　　2　従業員はパート・アルバイト、派遣社員などを含む（図8-14まで同じ）。
　　　3　前年９月と比較した従業員数の増減を尋ねたもの。

　従業者数の増減は前年の９月と比べた増減の有無である。廃業企業と存続企業ともに「変わらない」が最も多く、廃業企業（コロナ前）は77.4％、廃業企業（コロナ後）は85.9％、存続企業はコロナ前とコロナ後のどちらも73.9％である（**図8-11**）。「増加」の割合は存続企業では１割前後であるのに対し、廃業企業はわずかである。「減少」は廃業企業（コロナ前）では21.5％と、存続企業の水準（コロナ前は15.4％、コロナ後は17.2％）より高いが、廃業企業（コロナ後）は14.1％と存続企業より低い。

　従業員数の過不足感をみると、「適正」と回答している割合が廃業企業は60％台、存続企業は50％台で、廃業企業の方が高い（**図8-12**）。「不足」と「過剰」の割合を比べると、廃業企業（コロナ後）以外はいずれも「不足」の方が高く、存続企業ではコロナ前は38.0％、コロナ後は30.7％である。分析対象の2017年1-3月期から2023年1-3月期までの期間は人手不足の状況[12]が続いた

---

[12]　厚生労働省「職業安定業務統計」のパートを含む一般の有効求人倍率の年平均の値は、2017年の1.50から2018年は1.61、2019年は1.60と高い水準で推移した。2020年にコロナ禍によって1.18に低下したが、その後も2021年は1.13、2022年は1.28と１を上回っており、求職者数より求人数が多い状態が続いている。

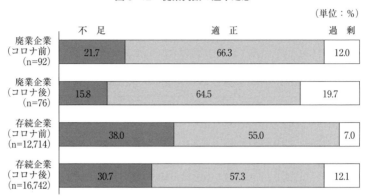

図8-12　従業員数の過不足感

（単位：％）

図8-13　従業員数の増減方針

（単位：％）

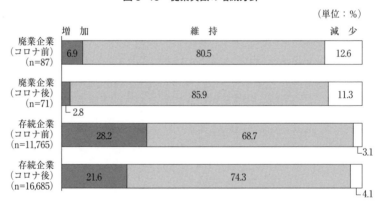

（注）従業員数にかかる今後の方針を尋ねたもの。

　ことから、従業員の確保は難しかったことがうかがえる。ただし、コロナ後は廃業企業と存続企業ともに「不足」が低下し、「過剰」が上昇している。コロナ禍の影響を受けて売り上げが減少した企業が増えたためだろう。

　従業員数は適正と感じている企業が半数を超えていることから、従業員数の増減方針は、「維持」と回答している企業が多数を占めており、廃業企業ではコロナ前が80.5％、コロナ後が85.9％、存続企業ではコロナ前が68.7％、コロナ後が74.3％となっている（**図8-13**）。3割以上の企業が従業員数は不足と回

図8-14　給与水準の変化

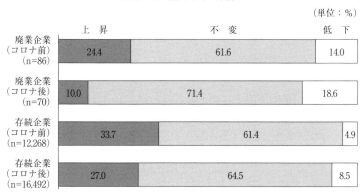

（単位：％）

（注）定期昇給や昇格・降格による上昇・低下を除く給与水準の1年前と比較した変化を尋ねたもの。

答していた存続企業では「増加」がコロナ前は28.2％、コロナ後でも21.6％と、廃業企業（コロナ前が6.9％、コロナ後が2.8％）と比べて高い。一方、「減少」の割合は廃業企業ではコロナ前は12.6％、コロナ後は11.3％、存続企業ではコロナ前は3.1％、コロナ後は4.1％となっている。コロナ後の割合については、従業員数が過剰と感じている割合（廃業企業は19.7％、存続企業は12.1％）と比べて廃業企業は8.4ポイント、存続企業は8.0ポイント小さく、やや低い水準であるように思われる。業況が良くないからといって安易に解雇せず、雇用の維持に努めているのだろう。

　従業員の給与水準は変わっていない企業が多く、前年の9月と比べた従業員の給与水準は「不変」が廃業企業（コロナ前は61.6％、コロナ後は71.4％）と存続企業（コロナ前は61.4％、コロナ後は64.5％）ともに過半数を占めている（図8-14）。ただし、人手不足の企業では賃金を上げて従業員を確保しようとする[13]。給与水準が「上昇」したという回答の割合は、人手不足の企業が相対的に多い存続企業ではコロナ前が33.7％、コロナ後が27.0％と、廃業企業と比

---

[13]　従業員数が「不足」と回答している企業に、その影響を複数回答で尋ねた結果をみると、存続企業では「人手が足りず、需要の増加に対応できない」がコロナ前は46.8％、コロナ後は44.1％で最も多く、次いで「人手を確保するために賃金を上げている」がコロナ前は40.5％、コロナ後は35.6％となっている。

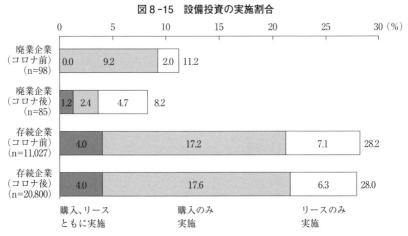

図 8-15　設備投資の実施割合

(注) 1　1-3月期調査で尋ねているもの。廃業企業は廃業時期の直前1年間に実施された1-3月期調査
の回答を集計した値、存続企業はコロナ前とコロナ後の1-3月期調査の回答をそれぞれプール
して集計した値（図 8-17まで同じ）。
2　前年4月から当年3月までの1年間に設備投資を実施したかどうか、購入、リースそれぞれ
について尋ねたもの。リースとはリース契約のことで土地建物の賃貸借契約を除く。

べて高い[14]。他方、「低下」の割合は廃業企業の方が高く、コロナ前は14.0％、
コロナ後は18.6％となっている。廃業企業の一部は経営状況が厳しく給与を下
げざるを得なかったのかもしれない。

2　モノに関する取り組み

　続いて、1-3月期の設備投資に関する特別調査項目から、設備投資の実施割
合、設備の過不足、設備投資計画などモノに関する取り組みをみていく。
　設備投資の実施割合は前年4月から当年3月までの1年間に、購入やリース
で設備投資を実施したかを尋ねた結果である。廃業企業の実施割合はコロナ前
が11.2％、コロナ後が8.2％で、存続企業のコロナ前（28.2％）、コロナ後
（28.0％）と比べると、それぞれ17.0ポイント、19.8ポイント低い（**図 8-15**）。

---

[14]　廃業企業（コロナ前）も24.4％が「上昇」と回答しており、存続企業のコロナ後に近い水準となっ
ている。ただし、給与水準が上昇した背景を複数回答で尋ねた設問の結果をみると、存続企業は
「人材の定着・確保」が最も多いのに対して、廃業企業は、回答数が少ないため解釈には留意が必
要であるものの、「最低賃金の改定」が最も多く、上昇の背景には違いがみられる。

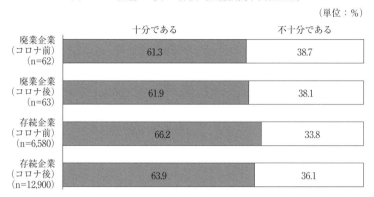

図8-16　設備に対する評価（設備投資未実施企業）

（単位：％）

	十分である	不十分である
廃業企業（コロナ前）（n=62）	61.3	38.7
廃業企業（コロナ後）（n=63）	61.9	38.1
存続企業（コロナ前）（n=6,580）	66.2	33.8
存続企業（コロナ後）（n=12,900）	63.9	36.1

（注）設備投資について、購入、リースのいずれも「実施しなかった」と回答した企業に現在の設備について尋ねたもの。

　また、存続企業はコロナ前後による違いがほとんどない一方、廃業企業では「購入のみ実施」がコロナ前の9.2％からコロナ後は2.4％に低下し、「リースのみ実施」が2.0％から4.7％に高まっている。コロナ禍で売り上げが減少したことから初期費用が大きい購入による投資が難しくなり、リースによる投資を選択したのではないだろうか[15]。

　もっとも、設備投資は十分な設備を保有していれば実施する必要はない。設備投資を実施していない企業に現在の設備が十分かどうかを尋ねた結果をみると、存続企業と廃業企業ともに6割超の企業が「十分である」と回答している（図8-16）。コロナ前後による違いもなく、現状の設備で十分と考えていることが設備投資をしない理由の一つであるといえる。

　他方、設備が不十分であると回答した企業、すなわち設備投資の必要性があるにもかかわらず設備投資を実施していない企業に実施しない理由を複数回答で尋ねた結果は、「事業の先行きに不安があるから」が廃業企業、存続企業と

[15] 設備投資を実施している企業に複数回答で設備投資の目的を尋ねた結果をみると、廃業企業は、回答数が少ないため解釈には留意が必要であるものの、コロナ前とコロナ後ともに「補修・更新」の割合が8割以上を占めている。事業の継続に必要な投資であり、投資をしないという選択はできなかったと思われる。なお、存続企業も「補修・更新」がコロナ前とコロナ後ともに6割前後で最も割合が高いが、「売上増加」「新事業への進出」といった事業の拡大につながる目的もみられる。

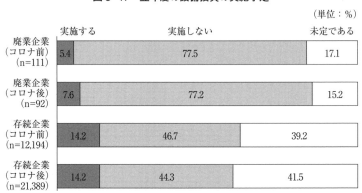

図8-17　翌年度の設備投資の実施予定

（単位：％）

もに主要な理由となっている[16]。両者ともコロナ前は50％台で、コロナ後は廃
業企業は約7割、存続企業は約6割に高まっている。また、存続企業では「借
り入れ返済（リース支払）負担が重いから」もコロナ前後とも約半数を占めて
いる。廃業企業では「事業を継続する予定がないから」が存続企業に比べて高
く、コロナ前は約3割、コロナ後は約4割となっている。
　多くが必要性を感じておらず、必要性を感じていても将来の経営への懸念が
あることから、設備投資を実施していない。今後の設備投資計画をみても同様
の結果であり、その傾向はやはり廃業企業の方が強い。翌年度の設備投資の実
施予定は、廃業企業は「実施しない」がコロナ前後ともに8割近い値で、存続
企業の約45％を大きく上回っている（**図8-17**）。存続企業は、設備投資の実
施割合が前掲**図8-15**でみたとおりコロナ前は28.2％、コロナ後は28.0％と相
対的に高いが、「実施する」の割合はコロナ前、コロナ後ともに14.2％で実際
の実施割合ほど高くはない。「未定である」が約4割であることから、経営状
況を踏まえて慎重に設備投資の実施可否を判断しているのだろう。

3　カネに関する取り組み

　特別調査項目の分析の最後は、10-12月期の借り入れに関する設問から、借

---

[16]　廃業企業は回答数が少ないため結果の解釈には留意する必要がある。

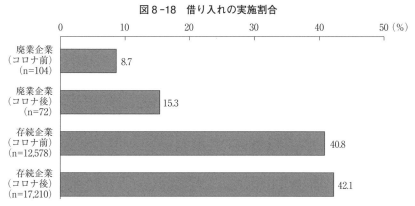

図 8 -18　借り入れの実施割合

(注)　1　10-12月期調査で尋ねているもの。廃業企業は廃業時期の直前 1 年間に実施された10-12月期
　　　　　調査の回答を集計した値、存続企業はコロナ前とコロナ後の10-12月期調査の回答をそれぞれ
　　　　　プールして集計した値（図 8 -20まで同じ）。
　　　　2　当年 1 月から12月までの 1 年間に借り入れを実施したかどうかを尋ねたもの。借り入れの予
　　　　　定を含む。

り入れの実施割合、借入金残高の水準に対する認識、金融機関との接触頻度な
どをみていく。

　当年の 1 月から12月の間に借り入れを実施したかどうか[17]をみると、存続企
業はコロナ前、コロナ後ともに約 4 割が借り入れている一方、廃業企業はコロ
ナ前では8.7％、コロナ後は15.3％と低い（**図 8 -18**）。コロナ後は特別融資が
実施されたこともあってコロナ前より増加しているが、前掲**図 8 - 6** で廃業企
業の約半数が資金繰りは前期比で悪化したと回答していたことを踏まえると、
借り入れを実施している廃業企業は少ない。廃業を見越して新たな負担が生じ
る借り入れはしなかった、あるいは業況が厳しいために借り入れできなかった
といった可能性が考えられる。

　なお、複数回答で尋ねた借り入れの資金使途[18]は、存続企業は「日常的な仕
入・経費支払」がコロナ前、コロナ後ともに約半数で最も多く、次いで、コロ
ナ前は「設備の更新・補修」や「余剰手元資金の確保」が、コロナ後は「余剰
手元資金の確保」や「赤字補塡」が続いている。他方、廃業企業は「赤字補

---

[17]　借り入れの予定を含む。
[18]　廃業企業は回答数が少ないため結果の解釈は留意する必要がある。

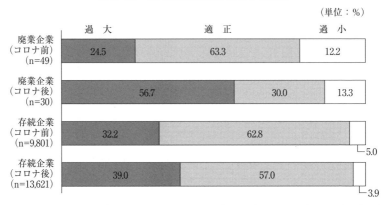

図8-19　借入金残高の水準に対する認識

(単位：％)

	過　大	適　正	過　小
廃業企業（コロナ前）(n=49)	24.5	63.3	12.2
廃業企業（コロナ後）(n=30)	56.7	30.0	13.3
存続企業（コロナ前）(n=9,801)	32.2	62.8	5.0
存続企業（コロナ後）(n=13,621)	39.0	57.0	3.9

(注) 金融機関からの借入金（住宅ローンなど個人の借入金を除く）がある企業に借入金残高の水準に
ついてどのように考えているかを尋ねたもの。

塡」の割合が存続企業より高く5割を超えている。コロナ前は「余剰手元資金
の確保」、コロナ後は「日常的な仕入・経費支払」の割合も高い。

　借り入れを実施していなければ、借入金残高は徐々に減少していく。金融機
関からの借入金残高がある企業に前年同期と比べた借入金残高の増減を尋ねた
結果をみても、廃業企業は「減少」と回答している割合がコロナ前は75.0％、
コロナ後は54.8％で、存続企業のそれぞれ51.8％、40.5％と比べて高い。

　では、現在の借入金残高の水準についてどのように考えているのだろうか。
金融機関からの借入金がある企業に尋ねたところ、「適正」と回答している割
合は、存続企業ではコロナ前が62.8％、コロナ後が57.0％で6割前後を占めて
いる（図8-19）。廃業企業もコロナ前は63.3％であるが、コロナ後は30.0％に
低下している。廃業企業のコロナ後は「過大」の割合が56.7％と高い。以前か
らの借入金がコロナ禍による売り上げの減少で過大に感じられるようになった
ことやコロナ禍に対応するために新たに借り入れをしたことなどで、借入金が
経営の重荷になった企業もあるようだ。一方で、廃業企業は「過小」の割合が
10％強と、存続企業の約5％と比べて高い。廃業を前提に借入金の削減に努め
ている企業もいることがうかがえる。

　資金の供給者である金融機関からの接触頻度については、前年同期と比べて

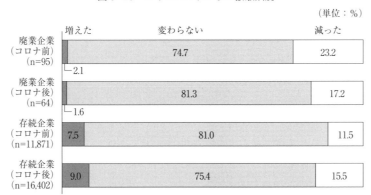

図 8 -20　メインバンクからの接触頻度

（単位：％）

（注）直前の半年間（7〜12月）におけるメインバンクからの接触頻度について1年前の同時期と比較した変化を尋ねたもの。

変わっていないという企業が多い。直前の半年間（7〜12月）におけるメインバンク[19]からの接触頻度が1年前の同時期と比べて「変わらない」という割合は、廃業企業ではコロナ前が74.7％、コロナ後が81.3％、存続企業ではコロナ前が81.0％、コロナ後が75.4％となっている（**図 8 -20**）。また、「増えた」と「減った」の割合を比べると廃業企業、存続企業ともに「減った」の方が多い。特に廃業企業では「増えた」はわずかで、2割前後の企業が「減った」と回答している。こうした傾向はメインバンク以外の取引金融機関でも同様であった。

第6節　おわりに

本章では動向調査の調査対象に関する情報をもとに廃業企業を抽出し、経営状況や経営資源に関する取り組みについて、存続企業との違いや廃業企業におけるコロナ前とコロナ後の違いを分析した。

業況、採算、資金繰りなどの経営状況に関する項目を分析した結果からは、

---

[19]　メインバンクは、廃業企業と存続企業ともに地方銀行が最も多く、前者では約4割、後者では約5割である。次いで廃業企業と存続企業ともに信用金庫が約3割となっている。

　廃業企業の経営状況は存続企業と比べて総じて良くないことがわかった。業況が悪いという廃業企業の割合は、コロナ前は69.7％、コロナ後は74.2％と約7割を占めており、存続企業のコロナ前（45.2％）、コロナ後（60.9％）と比べて高い。採算が赤字である割合も、廃業企業ではコロナ前が54.1％、コロナ後が65.9％で、存続企業のそれぞれ30.5％、49.4％より高い。資金繰りも同様に廃業企業の方が前期比で悪化したという割合が高かった。また、廃業企業のコロナ前とコロナ後の違いに着目すると、コロナ後の経営状況はコロナ禍の影響を受けているため、コロナ前より悪い傾向がみられた。

　さらに、コロナ後に廃業した企業の経営状況は、コロナ前から良くなかった企業が多い。その水準はコロナ前に廃業した企業ほど悪いわけではなかったが、コロナ禍の影響を受けた結果、コロナ前に廃業した企業の水準を下回るほどに経営状況が悪い企業が増加した。コロナ禍で経営状況が悪化したのは存続企業でも同様だが、存続企業の経営状況は緩やかに回復している一方、廃業企業は停滞し続けている。コロナ禍の厳しい経営環境に対応できなかった企業が廃業を選択したと考えられる。

　ただし、経営上の問題点が特にないという企業の割合は、廃業企業ではコロナ前の6.5％に対し、コロナ後は9.8％と上昇している。廃業前の推移をみてもコロナ後に廃業した企業のコロナ前の状況は存続企業より問題がない割合が高い。経営者が高齢であるなどの理由から、経営に問題がなくとも廃業の意向があった企業のなかには、コロナ禍を機に廃業を選択した企業もあることがうかがえる。

　また、計量的手法を用いた廃業確率の推定からは、コロナ後の廃業確率はコロナ前よりも低いという結果が得られた。特別融資や補助金などの資金繰り支援が廃業を抑制したと考えられるだろう。

　ヒト、モノ、カネの経営資源に関する分析では、廃業企業は存続企業と比べて経営資源を調達しない傾向がみられた。

　ヒトについては、従業員数が前年から増加した割合は存続企業の1割前後に対し、廃業企業はわずかである。従業員数が過剰と感じている割合は廃業企業ではコロナ前は12.0％、コロナ後は19.7％で、存続企業のそれぞれ7.0％、12.1％より高い。従業員の増減方針については、現状の人員を維持する企業が

廃業企業、存続企業ともに過半を占めているなか、廃業企業の約1割は従業員を減らす方針である。他方、存続企業は2割以上が従業員を増やす方針であるが、廃業企業で従業員を増やすという企業は1割に満たない。

モノについてみると、廃業企業が設備投資を実施している割合はコロナ前が11.2%、コロナ後が8.2%で、存続企業の28.2%、28.0%と比べて低い。設備投資を実施する予定である企業も少ない。廃業企業、存続企業ともに約6割の企業は、現在の設備は十分であると考えている。また、廃業企業では、事業の先行きに不安があることや事業を継続する予定がないことが設備投資を行わない大きな理由となっている。

カネについても、廃業企業は金融機関から借り入れを実施した割合がコロナ前は8.7%、コロナ後は15.3%で、コロナ前とコロナ後のどちらも約4割である存続企業より低い。借入金残高の水準が適正と回答している割合は、存続企業ではコロナ前が62.8%、コロナ後が57.0%で6割前後を占めている。廃業企業もコロナ前は63.3%であるが、コロナ後は30.0%に低下し、過大であるという割合が56.7%に高まっている。ただし、廃業企業では過少だという割合がコロナ前、コロナ後ともに1割ほど存在し、存続企業より多い。

以上の分析結果から、コロナ前後における小企業の廃業の実態について整理すると、次の4点が挙げられる。

第1に、コロナ前、コロナ後ともに相対的に経営状況が悪い企業が廃業しており、企業の淘汰はなされているといえる。ただし、業種や業態、所在地域などで企業の競争環境は異なるほか、経営者の事業継続の意欲が高ければ、経営の改善に向けた努力も行われる。存続企業にも経営状況が悪い企業が一定の割合で存在するように、経営状況が悪いからといって直ちに廃業に結びつくわけではない。実際に廃業するかどうかは個々の企業の状況に左右される。

第2に、一時的な経営状況だけをみて廃業しそうな企業だと判断するのは誤りである。コロナ禍への転換期においては存続企業も廃業企業と同様に経営状況は悪化したが、その後は廃業企業と違って回復傾向を示している。変化した経営環境に適応できる企業かどうかが、廃業する企業とそうでない企業の違いといえるのではないか。経済ショックによって経営状況が悪化した企業を支援すべきかどうかを検討する際には、こうした視点が重要になるだろう。

　第3に、廃業企業は経営資源の調達に消極的で、事業規模を徐々に小さくする傾向がある。従業員、設備、金融機関からの借り入れなどは事業を継続していく分には十分に確保しておくことが望ましいが、廃業を前提にした場合は、その整理を考えなければならず、廃業にかかるコストを高くするものとなる。廃業企業は廃業にかかるコストを下げる、あるいは大きくならないようにすることで円滑に廃業できるようにしているといえる。

　第4に、コロナ禍が起きたことで、経営に問題がなくとも事業の継続を断念した企業が存在する。コロナ禍での経営は、費用をかけて感染対策を実施したりコロナ禍に適した販売方法を検討したりするなど、コロナ前では不要だった取り組みが必要となる。後継者がおらず自分の代で廃業するつもりでいた経営者のなかには、そうした新たな取り組みを負担に感じ、事業の継続を諦めた人もいると思われる。

　本章では動向調査のデータを使ってコロナ前とコロナ後の廃業企業について分析した。しかし、経営状況を中心に尋ねている動向調査のデータから廃業の実態を分析するには限界がある。そこで次章では、引退を機に廃業した元経営者を対象に実施したアンケートの結果をもとに、コロナ前とコロナ後の廃業について詳細にみていくこととする。

参考文献

中小企業庁編（2021）『2021年版中小企業白書・小規模企業白書』日経印刷
————（2022）『2022年版中小企業白書・小規模企業白書』日経印刷
————（2023）『2023年版中小企業白書・小規模企業白書』日経印刷
日本政策金融公庫（2023）『日本政策金融公庫ディスクロージャー誌2023』
　　　　https://www.jfc.go.jp/n/ir/pdf/2023jfs00.pdf
安田武彦（2021）「中小企業の経営者引退と事業承継・廃業」安田武彦編著・鈴木
　　　　正明・土屋隆一郎・水村陽一・村上義昭・許伸江・杉浦慶一・鶴田大輔
　　　　著『中小企業論―組織のライフサイクルとエコシステム―』同友館、
　　　　pp.161-194

参考表8-1　廃業企業の各調査期の回答企業数（廃業時期別）

（単位：件）

調査期 / 廃業時期		2018年 1-3月期 (N=17)	4-6月期 (N=14)	7-9月期 (N=12)	10-12月期 (N=22)	2019年 1-3月期 (N=15)	4-6月期 (N=19)	7-9月期 (N=12)	10-12月期 (N=13)	2020年 1-3月期 (N=29)	4-6月期 (N=6)	7-9月期 (N=12)
2017年	1-3月期	15	11	10	20	12	15	10	12	26	6	10
	4-6月期	13	13	10	20	13	16	8	12	21	6	9
	7-9月期	14	11	11	22	14	17	11	11	25	6	10
	10-12月期	12	9	11	19	13	13	11	12	25	6	9
2018年	1-3月期		11	10	17	14	15	9	11	23	5	9
	4-6月期			10	16	12	16	10	12	27	5	8
	7-9月期				10	13	16	11	11	21	4	9
	10-12月期					9	12	10	12	24	6	9
2019年	1-3月期						11	8	10	27	6	8
	4-6月期							8	8	20	4	10
	7-9月期								4	21	5	11
	10-12月期									7	3	9
2020年	1-3月期										4	6
	4-6月期											3
合　計		54	55	62	124	100	131	96	115	267	66	120

調査期 / 廃業時期		2020年 10-12月期 (N=13)	2021年 1-3月期 (N=11)	4-6月期 (N=12)	7-9月期 (N=6)	10-12月期 (N=11)	2022年 1-3月期 (N=15)	4-6月期 (N=11)	7-9月期 (N=7)	10-12月期 (N=16)	2023年 1-3月期 (N=16)	4-6月期 (N=16)
2017年	1-3月期	10	10	10	4	8	11	11	7	11	10	13
	4-6月期	10	10	9	4	9	13	10	7	9	12	13
	7-9月期	10	9	7	5	9	14	11	7	13	12	13
	10-12月期	11	8	9	5	9	12	11	6	13	10	13
2018年	1-3月期	11	10	10	5	9	12	11	7	12	12	13
	4-6月期	11	10	10	5	9	13	11	7	12	12	13
	7-9月期	12	9	10	5	9	12	11	7	14	13	13
	10-12月期	11	8	10	5	9	12	11	7	11	12	13
2019年	1-3月期	12	11	9	5	9	14	11	7	13	11	14
	4-6月期	11	10	10	5	9	11	11	7	14	10	14
	7-9月期	13	11	11	5	9	12	10	7	15	12	14
	10-12月期	9	10	11	5	9	11	9	7	11	12	13
2020年	1-3月期	10	10	10	5	10	11	11	7	15	13	13
	4-6月期	12	10	11	5	10	13	11	7	14	14	13
	7-9月期	6	10	11	5	10	14	11	7	15	15	12
	10-12月期		5	10	4	9	11	11	7	12	13	14
2021年	1-3月期			4	4	10	14	11	7	13	13	15
	4-6月期				6	6	11	11	6	12	14	13
	7-9月期					3	9	10	7	15	15	13
	10-12月期						6	7	7	14	15	15
2022年	1-3月期							2	7	12	14	13
	4-6月期								4	9	12	13
	7-9月期									6	13	15
	10-12月期										9	10
2023年	1-3月期											5
合　計		159	151	162	87	164	235	213	149	285	298	323

（注）　Nは分析対象の企業数。

第 9 章

コロナ禍における
引退廃業の実態

井上 考二／星田 佳祐

第1節　はじめに

　第8章では、日本政策金融公庫総合研究所（以下、当研究所）が四半期ごとに実施している「全国中小企業動向調査・小企業編」のデータをもとに、新型コロナウイルス感染症の流行（以下、コロナ禍）前後の廃業企業の経営状況の違いをみた。経営状況が悪化している企業が廃業するという当然の摂理による廃業が多数を占めるなか、コロナ後では経営上の問題を抱えていないにもかかわらず廃業する企業の存在もみてとれた。

　中小企業の生存と消滅に影響を与える要因について、2004年に発行されたStorey（1994）の日本語版は、その序文[1]において、運や偶然といった確率要因、初期の財産水準や経営者の資金調達能力、企業家的才能や学習能力などの要素を挙げつつも、自営業を続けるか否かの「最終的な選択は自営業で得られる効用だけではなく、他の雇用『状態』つまり失業者でいることや雇用者でいることから得られる効用との比較で行われる」と述べている。ここで述べられている自営業で得られる効用には、所得に代表される経済的なものだけではなく、経営者でいることや製品の製造・販売あるいはサービスの提供などで得られる個人的な喜びも含まれる。

　実際、後継者がおらず自分の代で廃業することを決めても、すぐには廃業せず、元気に働ける間や顧客から求められている間は事業の経営を続けたいと考える経営者もいる。収入源を確保するという理由以外に、経営者でいることで高い満足感を得られる（Frey, 2008）ことも理由にあるだろう。しかし、コロナ禍での企業の退出や経営者の交代について、経営者の年齢がどのように影響したかを分析したWongkaew and Saito（2023）によると、コロナ禍においては経営者の年齢が高い企業では自主的な退出が増え、経営者の交代も起きやすくなっている。そして、その傾向は家族経営の企業で顕著であるという。

　コロナ禍による業況の悪化や経営上の制約は、経営者でいることの効用を大きく低下させたと考えられる。雇用者あるいは失業者でいることの効用の方が

---

[1]　日本語版の出版に当たり、Storeyは1994年の原著出版以降の中小企業研究の進展状況を「日本語版への序文」として新たに書き下ろしている。

相対的に高くなった結果として、問題なく事業を経営していた高齢の経営者のなかには、コロナ禍のなか事業の継続に苦慮するよりも、廃業を選択して気苦労のない生活を送ろうと考えた人もいたのではないだろうか。

　そこで本章では、経営者の引退[2]に伴い廃業した企業の経営者（以下、「元経営者」という）に対して当研究所が2023年 7 月に実施した「経営者の引退と廃業に関するアンケート」（以下、2023年廃業調査）の結果を、2019年10月に実施した同様の調査（以下、2019年廃業調査）の結果を交えて分析することで、廃業の実態や廃業後の生活におけるコロナ前後の変化を詳しくみていきたい。以下、第 2 節で調査の実施要領を説明し、第 3 節で分析対象である元経営者の廃業理由や属性を確認する。第 4 節では事業承継の検討有無や廃業時の状況などの廃業の実態をみる。第 5 節では廃業後の生活に着目し、収入の有無や日々の過ごし方などを分析する。第 6 節では分析結果をもとにコロナ禍における引退による廃業の特徴をまとめる。最後に補論として2023年廃業調査のデータより事業が承継される企業の特徴を分析する。

第 2 節　調査の概要

　2023年廃業調査の実施要領は**表 9 - 1** のとおりである。インターネットによるアンケートで、事前調査と詳細調査の二段階で実施している。2019年廃業調査と比較することを前提に設計しており、共通する設問を設けるとともに、調査対象の抽出条件等は、後述する廃業年にかかる条件が異なるほかは2019年廃業調査に準じている[3]。

　事前調査は、インターネット調査会社が保有するモニターの情報をもとに、①事業を経営していないこと[4]と、②45歳以上であることの二つの条件を満た

---

[2]　経営者の引退とは、自らの意思により経営者という仕事をやめることである。必ずしも就労を終えることを意味するものではないため、引退後に他社に勤務して働くことはあり得る。

[3]　2019年廃業調査の実施要領は、その調査結果をまとめている井上・髙木（2020）を参照されたい。

[4]　事業で使用していた不動産を活用して引退後に不動産賃貸を行うケースも想定されるため、不動産賃貸業を営んでいる場合は事前調査の対象としている。なお、過去の事業経営の有無に関する情報を得られるモニターについては、以前に事業を経営していたが、調査時までに事業の経営をしていないことが確認できた人を優先して事前調査を依頼している。

表9-1　「経営者の引退と廃業に関するアンケート」（2023年）の実施要領

調査時点	2023年7月
調査方法	インターネットによるアンケート（インターネット調査会社の登録モニターのうち、現在、事業を経営していない45歳以上のモニターに事前調査を実施し、調査対象に該当する先に詳細調査を行った。ただし、事業で使用していた不動産を活用して引退後に不動産賃貸を行うケースも想定されるため、不動産賃貸業を営んでいる場合は事前調査の対象とした）。
調査対象	事前調査で尋ねた廃業の理由（複数回答）の選択肢を「経営者の事情」と「事業継続困難」に分類し、経営者の事情に一つでも回答している元経営者を調査対象とした（ただし、経営していた事業の業種が、「農林漁業」「不動産賃貸業」「太陽光発電事業」、廃業時の従業者数が「300人以上」、廃業年が「2019年以前」「2020年（新型コロナウイルス感染症の流行前）」、廃業時の年齢が「45歳未満」であった人を除く）。なお、親族や役員・従業員が事業を承継したケース、および事業や企業が売却・譲渡されたケースは、事業は継続しており廃業していないため、調査対象外としている。
有効回答数	271件（事前調査は536件） 高齢、体力・気力の衰え、自身の健康上の理由、家族の介護や看病、育児、その他の家庭の事情、年金の受給開始、他社で勤務することになった、兼業していた仕事が忙しくなった 経営者の事情による廃業（n=402）（75.0%）　事業継続困難による廃業（n=306）（57.1%） 経営者の事情および事業継続困難による廃業（n=172）（32.1%） 詳細調査の対象 326件 ※業歴が3年以下であった場合は創業の失敗による廃業である可能性が高いため、分析対象外としている。 ↓ 詳細調査の有効回答271件 売り上げの低迷、債務の支払いが困難になった、経営に大きな問題はなかったが事業の将来には不安があった、人手不足・人材不足、家族従業員が働けなくなった、重要な仕事をしていた役員・従業員が働けなくなった、従業員全般の高齢化、取引先の廃業・倒産、入居物件の取り壊し、災害に遭った ↓ 調査対象外

資料：日本政策金融公庫総合研究所「経営者の引退と廃業に関するアンケート」（2023年）
(注) nはアンケート回答数（以下同じ）。

す人を対象としている。①は経営者である人を除外するための条件、②は経営の失敗による廃業が多いと考えられる若年層を除くために設けた条件である。経営者が引退を意識するようになる年齢は45歳前後と考えられるため、45歳を

調査対象の下限とした[5]。これら①と②の条件で抽出した対象者に事前調査への回答を依頼し、過去に事業を経営した経験があるか、といったいくつかの設問の回答をもとに、詳細調査の対象とする元経営者の条件に該当するかどうかを確認している。条件とした項目は次のとおりである。

　一つ目は、経営者の引退によって経営していた事業が廃業していることである。経営者が引退していても、親族や役員・従業員が事業を承継したり事業や企業が他社に売却・譲渡されたりしているケースは、事業が継続しているため詳細調査の対象外としている。

　二つ目は、廃業理由として「経営者の事情」を挙げていることである。複数回答で尋ねた廃業理由をその内容によって経営者の事情によるものと「事業継続困難」によるものに分類[6]し、経営者の事情に該当する理由に一つでも回答している場合を引退により廃業した元経営者と考えることとする。

　三つ目は、廃業した時期である。2023年廃業調査ではコロナ禍となってから2023年7月の調査実施時期までの廃業（以下、20〜23年廃業）を調査対象としている。2023年廃業調査の対象をコロナ禍の廃業に限ったのは、2010年から2019年10月の調査実施時期までの廃業を対象としている2019年廃業調査との比較がそのままコロナ前後の比較となるようにするためである。なお、2019年廃業調査の集計対象となる廃業期間は2023年廃業調査と比べて長いことから、第3節と第4節の廃業にかかる分析では、2019年廃業調査については2010年から2014年の廃業（以下、10〜14年廃業）と2015年から2019年の廃業（以下、15〜19年廃業）の二つのグループに分けて再集計し、2023年廃業調査の結果と合わせて3時点での比較を行っている。

　このほか、経営していた事業の業種が「農林漁業」「不動産賃貸業」「太陽光

---

[5]　当研究所が2015年に実施した「中小企業の事業承継に関するインターネット調査」において、自分がまだ若いので後継者について今は決める必要がないと考えている「時期尚早企業」と、自分の代でやめるつもりであるため後継者がいない「廃業予定企業」の割合を経営者の各年齢で比較すると、46歳を境に廃業予定企業の割合が時期尚早企業の割合を上回る。同様に2019年と2023年に実施された同調査では、それぞれ45歳、43歳が境となっている。

[6]　「経営者の事情」は、「高齢」「体力・気力の衰え」「自身の健康上の理由」など、経営者の代わりに経営する人がいれば事業は継続されていたと考えられる廃業理由、「事業継続困難」は、「売り上げの低迷」「債務の支払いが困難になった」「経営に大きな問題はなかったが事業の将来には不安があった」など、代わりとなる経営者がいても事業の継続は難しいと考えられる廃業理由である。

発電事業」以外であること、廃業時の従業者数が299人以下であること、廃業時の年齢が45歳以上であること、業歴が4年以上[7]であることを詳細調査の対象にする条件としている。

　以上の条件をすべて満たし、詳細調査の有効回答として分析対象となった20〜23年廃業の件数は271件である。次の第3節と第4節では、10〜14年廃業の181件、15〜19年廃業の319件と比較するかたちで、20〜23年廃業における廃業の実態をみていく。

第3節　調査対象の変化

　まずは調査対象となる元経営者の特徴を、廃業した理由と元経営者および経営していた企業の属性からみていきたい。

1　廃業理由

　元経営者の廃業の理由は**表9-2**のとおりである。複数回答で尋ねた結果と最も大きな理由を尋ねた結果について、前節で述べたように「経営者の事情」と「事業継続困難」に分類して掲載している。調査対象となっている元経営者は「経営者の事情」に一つでも回答している人と定義しているため、複数回答における「経営者の事情」の割合は100％である。「事業継続困難」の割合は43.2％で、10〜14年廃業の53.0％や15〜19年廃業の46.1％と比べて低い。最も大きな理由は、「経営者の事情」が75.6％、「事業継続困難」が21.8％となっており、10〜14年廃業（それぞれ70.2％、26.5％）と比べると「事業継続困難」がやや減少、15〜19年廃業（同75.9％、21.9％）と比べると同水準である。コロナ禍での廃業にもかかわらず、20〜23年廃業は廃業理由に「事業継続困難」を挙げる元経営者は増えてはいない。

　「経営者の事情」の具体的な内容をみると、複数回答では「体力・気力の衰え」が53.1％と最も多く、「高齢」（41.7％）や「自身の健康上の理由」（33.2％）も多い。特に「高齢」は10〜14年廃業の27.1％や15〜19年廃業の26.3％と比べ

---

[7]　業歴が3年以下で廃業しているケースは創業の失敗による廃業とみなし、分析の対象外としている。

表9-2　廃業理由

（単位：％）

	複数回答			最も大きな理由		
	10〜14年廃業	15〜19年廃業	20〜23年廃業	10〜14年廃業	15〜19年廃業	20〜23年廃業
経営者の事情	100.0	100.0	100.0	70.2	75.9	75.6
体力・気力の衰え	51.4	45.1	53.1	22.7	19.4	20.3
高　齢	27.1	26.3	41.7	7.7	7.2	17.3
自身の健康上の理由	29.8	26.3	33.2	15.5	16.9	19.6
他社で勤務することになった	17.1	20.7	15.1	6.6	13.5	8.5
家族の介護や看病	8.8	11.9	11.8	6.6	6.3	6.3
年金の受給開始	13.8	12.2	10.7	3.9	3.1	2.2
その他の家庭の事情（家族の介護や看病、育児を除く）	12.7	15.4	3.0	5.5	7.2	0.7
兼業していた仕事が忙しくなった	3.3	3.8	1.8	1.1	2.2	0.4
育　児	2.2	1.9	0.4	0.6	0.0	0.4
事業継続困難	53.0	46.1	43.2	26.5	21.9	21.8
売り上げの低迷	39.8	33.5	33.9	17.1	13.8	13.7
経営に大きな問題はなかったが事業の将来には不安があった	12.7	11.6	9.2	2.2	2.5	2.2
家族従業員が高齢で働けなくなった	0.6	2.2	4.1	0.0	0.0	1.5
取引先の廃業・倒産	8.3	4.1	4.1	3.3	1.9	1.8
人手不足・人材不足	6.1	5.6	3.7	0.6	0.6	0.4
従業員全般の高齢化	0.6	1.9	2.6	0.0	0.0	0.7
家族従業員が健康上の理由で働けなくなった	1.1	1.6	2.2	0.0	0.3	0.0
債務の支払いが困難になった	5.0	3.8	1.1	1.1	2.2	0.7
災害に遭った	1.7	0.0	1.1	0.0	0.0	0.7
重要な仕事をしていた役員・従業員が高齢で働けなくなった	0.6	0.0	0.7	0.0	0.0	0.0
入居物件の取り壊し	0.6	0.6	0.7	0.0	0.0	0.0
重要な仕事をしていた役員・従業員が健康上の理由で働けなくなった	1.7	1.3	0.4	1.7	0.3	0.0
その他	3.3	2.8	3.0	3.3	2.2	2.6
n	181	319	271	181	319	271

資料：日本政策金融公庫総合研究所「経営者の引退と廃業に関するアンケート」（2019年、2023年）
　　　（以下断りのない限り同じ）
（注）　1　詳細調査の集計結果（以下断りのない限り同じ）。
　　　　2　小数第2位を四捨五入しているため、合計が100％にならない場合がある（以下同じ）。

図 9-1　廃業時の年齢

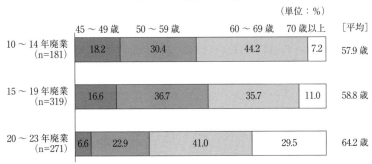

（単位：％）

	45 ～ 49 歳	50 ～ 59 歳	60 ～ 69 歳	70 歳以上	［平均］
10 ～ 14 年廃業 (n=181)	18.2	30.4	44.2	7.2	57.9 歳
15 ～ 19 年廃業 (n=319)	16.6	36.7	35.7	11.0	58.8 歳
20 ～ 23 年廃業 (n=271)	6.6	22.9	41.0	29.5	64.2 歳

て10ポイント以上高い。対して「他社で勤務することになった」は15.1％と、15～19年廃業の20.7％からやや減少している。「その他の家庭の事情（家族の介護や看病、育児を除く）」は3.0％と、10～14年廃業と15～19年廃業のそれぞれ12.7％、15.4％から大きく減少している。最も大きな理由をみても「高齢」（17.3％）の割合は10～14年廃業（7.7％）や15～19年廃業（7.2％）より高くなっている。

　「事業継続困難」では、「売り上げの低迷」が最も多く、複数回答は33.9％、最も大きな理由は13.7％となっている。以下、「経営に大きな問題はなかったが事業の将来には不安があった」「家族従業員が高齢で働けなくなった」「取引先の廃業・倒産」などが続いているものの、その割合は複数回答でも10％未満である。「売り上げの低迷」の割合の変化をみると、10～14年廃業（複数回答は39.8％、最も大きな理由は17.1％）からはやや低下、15～19年廃業（同33.5％、13.8％）とは同水準である。「経営に大きな問題はなかったが事業の将来には不安があった」も複数回答では10～14年廃業は12.7％、15～19年廃業は11.6％と10％を超える値であったが、20～23年廃業は9.2％に低下している。

　廃業理由に「高齢」が増加していることから、廃業時の年齢の平均をみてみると、20～23年廃業は64.2歳となっており、10～14年廃業の57.9歳、15～19年廃業の58.8歳より高い（**図 9-1**）。年齢構成は「70歳以上」の割合が29.5％と、10～14年廃業の7.2％、15～19年廃業の11.0％と比べて約20ポイント高い。対して、「45～49歳」（6.6％）と「50～59歳」（22.9％）は、10～14年廃業（そ

れぞれ18.2％、30.4％）、15～19年廃業（同16.6％、36.7％）より低い。「60～69歳」は41.0％で、10～14年廃業の44.2％より低く、15～19年廃業の35.7％より高い値である。

　年齢によって廃業理由は異なると考えられる。そこで、廃業時の年齢が60歳未満と60歳以上の元経営者に分けて、複数回答で尋ねた廃業理由を集計した結果をみると、「高齢」の割合は、60歳以上では20～23年廃業が55.0％、10～14年廃業が43.0％、15～19年廃業が52.3％となっている（**表9-3**）。10～14年廃業との違いは大きいが、15～19年廃業との違いはそれほど大きくはない[8]。また、60歳以上の「年金の受給開始」の割合は、20～23年廃業では15.2％で、10～14年廃業の25.8％、15～19年廃業の24.2％と比べて低い。20～23年廃業では廃業時の年齢が「70歳以上」の割合が29.5％と高かったことから、年金を受給できる年齢になっても廃業せずに事業を営んでいた経営者が、コロナ禍を機に廃業を決断したのではないかと推測される。

　他方、廃業時の年齢が60歳未満の元経営者では、「自身の健康上の理由」が20～23年廃業は37.5％となっており、10～14年廃業の31.8％、15～19年廃業の25.3％と比べて高い。同様に「家族の介護や看病」も20～23年廃業では21.3％で、10～14年廃業の9.1％、15～19年廃業の15.9％より高い値である。新型コロナウイルス感染症の罹患など自身や家族の病気が廃業の引き金になったと思われるケースがあることがうかがえる。

　「事業継続困難」に該当する廃業理由については、60歳以上は事業継続困難で最も多い理由である「売り上げの低迷」がいずれも30％台前半であるなど、廃業年の違いによる大きな差はないようである。60歳未満では「売り上げの低迷」は10～14年廃業の47.7％、15～19年廃業の36.5％に対して、20～23年廃業は33.8％と低下している。「経営に大きな問題はなかったが事業の将来には不安があった」も同じように20～23年廃業は低下している。「自身の健康上の理由」や「家族の介護や看病」などの経営者の事情による廃業が増えた結果、事業継続困難の割合は相対的に低下したものと考えられる。

---

[8]　ただし、最も大きな理由を60歳未満と60歳以上に分けて集計した結果をみると、60歳以上の「高齢」の割合は、20～23年廃業は24.1％で、10～14年廃業の14.0％や15～19年廃業の15.4％と比べて高い。なお、60歳未満と60歳以上の最も大きな理由の集計結果は、章末の**参考表9-1**に示している。

表9-3　廃業理由（複数回答、廃業時の年齢別）

（単位：％）

	60歳未満			60歳以上		
	10～14年廃業	15～19年廃業	20～23年廃業	10～14年廃業	15～19年廃業	20～23年廃業
経営者の事情	100.0	100.0	100.0	100.0	100.0	100.0
体力・気力の衰え	48.9	35.9	42.5	53.8	55.7	57.6
高　齢	10.2	3.5	10.0	43.0	52.3	55.0
自身の健康上の理由	31.8	25.3	37.5	28.0	27.5	31.4
他社で勤務することになった	30.7	35.3	33.8	4.3	4.0	7.3
家族の介護や看病	9.1	15.9	21.3	8.6	7.4	7.9
年金の受給開始	1.1	1.8	0.0	25.8	24.2	15.2
その他の家庭の事情（家族の介護や看病、育児を除く）	15.9	18.8	6.3	9.7	11.4	1.6
兼業していた仕事が忙しくなった	6.8	7.1	5.0	0.0	0.0	0.5
育　児	2.3	1.8	1.3	2.2	2.0	0.0
事業継続困難	62.5	51.2	35.0	44.1	40.3	46.6
売り上げの低迷	47.7	36.5	33.8	32.3	30.2	34.0
経営に大きな問題はなかったが事業の将来には不安があった	14.8	12.4	6.3	10.8	10.7	10.5
家族従業員が高齢で働けなくなった	0.0	1.8	3.8	1.1	2.7	4.2
取引先の廃業・倒産	9.1	2.4	2.5	7.5	6.0	4.7
人手不足・人材不足	11.4	8.2	2.5	1.1	2.7	4.2
従業員全般の高齢化	1.1	1.8	0.0	0.0	2.0	3.7
家族従業員が健康上の理由で働けなくなった	1.1	1.2	5.0	1.1	2.0	1.0
債務の支払いが困難になった	9.1	5.3	1.3	1.1	2.0	1.0
災害に遭った	2.3	0.0	1.3	1.1	0.0	1.0
重要な仕事をしていた役員・従業員が高齢で働けなくなった	1.1	0.0	0.0	0.0	0.0	0.0
入居物件の取り壊し	1.1	0.0	0.0	0.0	1.3	1.0
重要な仕事をしていた役員・従業員が健康上の理由で働けなくなった	2.3	2.4	0.0	1.1	0.0	0.5
その他	3.4	1.8	1.3	3.2	4.0	3.7
n	88	170	80	93	149	191

2　元経営者と企業の属性

　廃業時の年齢が高くなっていることは前掲図 9 - 1 で示したとおりだが、ほかにも2023年廃業調査と2019年廃業調査で属性に違いはあるのだろうか。

　元経営者の属性からみていくと、性別は「男性」が80.8％と、10～14年廃業の82.3％、15～19年廃業の78.1％と同程度の割合となっている。創業者との関係は、「創業者本人」が85.6％である。8 割弱の10～14年廃業（79.6％）、15～19年廃業（78.7％）よりやや多い。「創業者の親族」と「創業者の非親族」の割合はそれぞれ11.8％、2.6％で、10～14年廃業の同じく16.6％、3.9％、15～19年廃業の14.4％、6.9％より少ない。引退時までの経営年数は、廃業時の年齢が高いこともあり、「30年以上」である割合が、20～23年廃業では21.8％と、10～14年廃業の14.4％、15～19年廃業の16.3％と比べて多い。平均経営年数は20～23年廃業は20.0年で、10～14年廃業（17.1年）や15～19年廃業（16.9年）より約 3 年長い。

　経営していた企業の属性をみると、業種は、「専門・技術サービス業、学術研究」の割合が最も高く22.1％である（**表 9 - 4**）。10～14年廃業の16.6％、15～19年廃業の14.7％から高まっている。次いで「小売業」が11.4％、「情報通信業」が9.6％となっているが、いずれも10～14年廃業（それぞれ12.2％、13.8％）、15～19年廃業（同15.4％、10.7％）と比べると低い。コロナ禍で経営に大きな影響があった「宿泊業・飲食サービス業」は6.6％と、10～14年廃業の9.4％、15～19年廃業の8.5％より低い値である。業歴[9]は平均24.0年で、10～14年廃業の22.1年、15～19年廃業の23.5年と大きな違いはみられないものの、「30年以上」と「20～29年」はそれぞれ26.9％、26.2％となっており、10～14年廃業（同23.2％、23.8％）、15～19年廃業（同25.7％、14.7％）と比べて、業歴が20年以上である企業の割合が高い。

　経営組織は、「個人」経営が84.5％を占めており、10～14年廃業の77.3％、15～19年廃業の74.6％と比べて高い。事業規模が相対的に小さい企業が増加し

---

[9]　業歴は廃業年から創業年を差し引いて計算している。前述のとおり、創業の失敗による廃業である可能性が高い業歴 3 年以下のケースは分析対象外としているため、業歴 4 年が最も短い。なお、2019年廃業調査では創業年が1900年以前である場合は1900年と回答してもらっていることから、2023年廃業調査では創業年が1900年以前であるケースは1900年として業歴を計算している。

表9-4　経営していた企業の業種

（単位：％）

	10〜14年廃業	15〜19年廃業	20〜23年廃業
専門・技術サービス業、学術研究	16.6	14.7	22.1
小売業	12.2	15.4	11.4
情報通信業	13.8	10.7	9.6
建設業	6.1	9.7	7.4
運輸業	4.4	4.4	6.6
宿泊業・飲食サービス業	9.4	8.5	6.6
医療・福祉	4.4	3.4	6.3
製造業	7.2	5.0	5.9
生活関連サービス業・娯楽業	3.9	6.0	5.9
教育・学習支援業	8.3	6.0	5.9
その他のサービス業	6.1	6.0	5.2
卸売業	3.9	5.6	3.3
不動産業	1.7	2.2	1.8
その他	2.2	2.5	1.8
n	181	319	271

（注）詳細調査では物品賃貸業の回答はなかった。

ており、廃業を決めた時の従業者数をみると、「１人（経営者のみ）」の割合
は71.2％で、10〜14年廃業の44.8％、15〜19年廃業の46.7％と比べて約25ポイン
ト大きい（**図9-2(1)**）。他方、「２〜４人」「５〜９人」「10人以上」の割合は
それぞれ24.0％、3.7％、1.1％で、10〜14年廃業（同33.7％、15.5％、6.1％）、
15〜19年廃業（同39.5％、10.7％、3.1％）と比べて低くなっている。廃業時の
従業者数も「１人（経営者のみ）」は72.3％で、10〜14年廃業の54.1％、15〜
19年廃業の58.9％より高い（**図9-2(2)**）。廃業を決めた時と廃業時の従業者数
の違いをみると、10〜14年廃業や15〜19年廃業では、「１人（経営者のみ）」
の割合が約10ポイント増加しており廃業に向けて従業者数を減らしていること
がうかがえる。他方、もともと従業者数が少ない20〜23年廃業では、「１人
（経営者のみ）」の廃業を決めた時から廃業時にかけての増加はわずか１ポイン
トにとどまり、従業者規模の構成比はほとんど変化していない。20〜23年廃業
の大多数は、従業員を雇っていない企業や家族だけで経営していた企業など廃

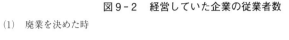

図9-2　経営していた企業の従業者数

(1)　廃業を決めた時

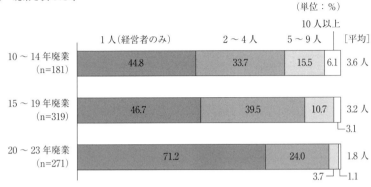

(2)　廃業時

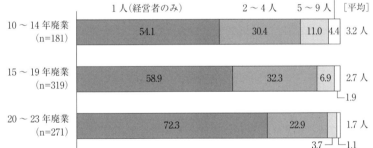

業に向けて従業員を減らす必要がなかった企業であったと思われる。

　なお、20〜23年廃業で規模が小さい企業が多い理由の一つに、規模が大きな企業で事業の承継が増えている点が挙げられる。

　表9-5は2023年廃業調査の調査対象となる元経営者を抽出するために実施した事前調査のデータを使用して、事業が承継された割合をみたものである[10]。経営者の引退時期がコロナ禍となる前か後かで分け、前者をコロナ前、後者をコロナ後として従業者規模別に集計している。全体の値をみると、承継

10　本章の補論では、同データを用いて事業が承継される企業の特徴を分析している。

表9－5　事業承継の実施割合（従業者規模別）

（単位：％）

		承　継	親　族	役員・従業員	社外の人	廃　業	n
全　体	コロナ前	28.4	6.0	11.5	10.9	71.6	1,850
	コロナ後	35.6	7.2	17.0	11.3	64.4	745
1人（経営者のみ）	コロナ前	6.8	1.9	0.9	4.0	93.2	747
	コロナ後	6.9	0.8	0.6	5.5	93.1	362
2～4人	コロナ前	24.1	9.0	4.3	10.8	75.9	536
	コロナ後	36.2	13.0	10.7	12.4	63.8	177
5～19人	コロナ前	48.8	8.4	23.3	17.2	51.2	344
	コロナ後	77.1	14.3	36.2	26.7	22.9	105
20～99人	コロナ前	75.8	9.8	39.2	26.8	24.2	153
	コロナ後	93.2	16.2	62.2	14.9	6.8	74
100～299人	コロナ前	87.1	7.1	60.0	20.0	12.9	70
	コロナ後	96.3	3.7	81.5	11.1	3.7	27

資料：日本政策金融公庫総合研究所「経営者の引退と廃業に関するアンケート」（2023年）
（注）　1　事前調査のデータについて、引退時の年齢が45歳以上、業種が「農林漁業」「不動産賃貸業」
　　　　　　「太陽光発電事業」以外、従業者規模が299人以下、業歴が4年以上の人を集計。
　　　　2　「社外の人」は他社との合併を含む。

された割合は、引退時期がコロナ前の企業は28.4％、コロナ後の企業は35.6％である。事業を承継する企業はコロナ後の方が増えている。従業者規模別にコロナ前とコロナ後を比較すると、「1人（経営者のみ）」ではコロナ前は6.8％、コロナ後は6.9％と大きな変化はみられない。一方、そのほかのカテゴリーではコロナ後の割合が、「2～4人」は36.2％、「5～19人」は77.1％、「20～99人」は93.2％、「100～299人」は96.3％で、それぞれコロナ前の24.1％、48.8％、75.8％、87.1％より高い。近年では事業承継に関する支援が官民問わずさまざまな機関で実施されるようになっており、その成果が規模が相対的に大きい企業で表れているといえる。結果的に、従業者規模が大きい企業と小さい企業で事業が承継される割合の差、逆にいえば、事業が承継されずに廃業する企業の割合の差が拡大し、コロナ後では規模が小さい企業のウエイトが高くなったと考えられる。

第4節　廃業の実態

　20〜23年廃業には、廃業時の年齢が高い、経営者1人だけの企業が占める割合が高いといった元経営者および経営していた企業の属性についての特徴がみられた。こうした特徴があることで、廃業の準備や廃業の課題などの廃業の実態は2019年廃業調査の結果とは異なったものになっている可能性がある。本節では、承継の検討状況、廃業の時期、廃業前の経営状況、廃業の準備、廃業の課題をみていく。

1　承継の検討状況

　事業承継に関する支援が盛んに行われるようになっているが、元経営者は事業承継を考えなかったのだろうか。後継者の検討状況をみると、「後継者を探すことなく事業をやめた」が95.9％を占め、「後継者は決まっていたが事情により承継できなくなった」「後継者にしたい人はいたが承諾してくれなかった」「後継者にふさわしい人を探したが見つからなかった」はそれぞれ1.1％、0.4％、2.6％で実際に後継者を探した人はわずかである（表9-6）。10〜14年廃業と15〜19年廃業も「後継者を探すことなく事業をやめた」の割合は93.9％、93.1％と高く、コロナ禍だからということではなく、元経営者の大多数は以前から後継者を探さずに廃業している。

　後継者を探すことなく事業をやめた理由は、「そもそも誰かに継いでもらいたいと思っていなかった」が55.0％となっており、次いで「事業に将来性がなかった」が21.5％である（表9-7）。後継者難に該当する「子どもに継ぐ意思がなかった」（8.5％）、「子どもがいなかった」（6.9％）、「適当な後継者が見つかると思えなかった」（3.5％）の割合は合計しても18.8％で、事業を継いでもらうつもりがなかった割合（55.0％）と比べるとかなり低い。「子どもに継ぐ意思がなかった」は10〜14年廃業の3.5％、15〜19年廃業の5.7％からやや増加の傾向をみせているが、全体の傾向は大きくは変わらない。

　さらに、事業を誰かに継いでもらいたいと思っていなかった理由を複数回答で尋ねたところ、「自分の趣味で始めた事業だから」（30.1％）、「個人の免許・

表9-6　後継者の検討状況

(単位：%)

	10〜14年廃業	15〜19年廃業	20〜23年廃業
後継者は決まっていたが事情により承継できなくなった	1.7	1.6	1.1
後継者にしたい人はいたが承諾してくれなかった	2.2	1.6	0.4
後継者にふさわしい人を探したが見つからなかった	2.2	3.8	2.6
後継者を探すことなく事業をやめた	93.9	93.1	95.9
n	181	319	271

表9-7　後継者を探すことなく事業をやめた理由

(単位：%)

	10〜14年廃業	15〜19年廃業	20〜23年廃業
そもそも誰かに継いでもらいたいと思っていなかった	59.4	55.9	55.0
事業に将来性がなかった	22.9	23.2	21.5
子どもに継ぐ意思がなかった	3.5	5.7	8.5
子どもがいなかった	5.9	6.1	6.9
適当な後継者が見つかると思えなかった	2.4	3.0	3.5
地域に発展性がなかった	2.4	2.4	2.3
その他	3.5	3.7	2.3
n	170	297	260

(注)「後継者を探すことなく事業をやめた」と回答した人に尋ねたもの。

資格が必要な事業だから」（25.9％）、「高度な技術・技能が求められる事業だから」（23.8％）の割合が高い（**表9-8**）。「経営者個人の感性・個性が欠かせない事業だから」（17.5％）と「経営者個人の人脈が欠かせない事業だから」（16.8％）も10％台後半の割合で挙げられ、これら五つの理由は10〜14年廃業や15〜19年廃業でも上位を占めている。個人の資質や感性、技術・技能、人脈など経営者個人に備わったものは、他社に引き継がせることができない。経営者個人の資質や能力が重要視される事業を営んでいる場合、自身の引退によって事業の価値が失われると考えてしまうため、元経営者は廃業を選択したのだと推測される。しかし、たとえ個人の資質や能力に依存する事業であっても、時間をかければ技術・技能を身につけられないことはないだろうし、同業者がまったくいないこともないだろう。後継者の探索と育成、あるいは同業者への

表 9 - 8　誰かに継いでもらいたいと思っていなかった理由（複数回答）

（単位：％）

	10〜14年廃業	15〜19年廃業	20〜23年廃業
自分の趣味で始めた事業だから	24.8	25.3	30.1
個人の免許・資格が必要な事業だから	17.8	19.9	25.9
高度な技術・技能が求められる事業だから	28.7	26.5	23.8
経営者個人の感性・個性が欠かせない事業だから	26.7	25.3	17.5
経営者個人の人脈が欠かせない事業だから	21.8	22.3	16.8
長期の訓練・修業が必要な事業だから	12.9	15.1	11.2
後継者に苦労をさせたくないから	14.9	11.4	9.1
その他	1.0	3.0	2.1
特に理由はない	17.8	20.5	24.5
n	101	166	143

(注)「そもそも誰かに継いでもらいたいと思っていなかった」と回答した人に尋ねたもの。

　事業譲渡を検討する余地は十分にあると思われる。24.5％の元経営者が「特に理由はない」と回答していることも含めて、経営者の意識を廃業ではなく承継に向ける取り組みが必要といえる。

　事業全体の他社への譲渡についての検討有無は、「検討した」が4.8％、「検討しなかった」が95.2％である。「検討した」の割合は10〜14年廃業の10.5％、15〜19年廃業の7.8％から低下している。2023年廃業調査では、「検討しなかった」と回答した人にその理由を尋ねているが、その結果は、「価値に見合う対価を得られない」が21.7％で最も多く、「不動産を自宅と兼用している」が20.9％、「経験のない相手には譲り渡したくない」が14.0％、「譲渡にかかる手続きが大変そう」が12.0％などさまざまである（表 9 - 9）。「価値に見合う対価を得られない」については、前掲図 9 - 2 でみたように事業規模が小さいことから得られる対価はそれほど大きくならず、譲渡に要する手間やコストなどを勘案すると割に合わないことや、想定を下回る価格で譲渡することへの抵抗感などが背景にあると思われる。他社への事業譲渡を促進するには、譲渡先の探索や譲渡にかかる手続きのサポートを充実させるとともに、職住分離の実施や第三者による事業価値の算定などを通じて事業譲渡への意識を高めていくことが欠かせないだろう。

表9-9　事業譲渡を検討しなかった理由（複数回答）

（単位：％）

	20〜23年廃業
価値に見合う対価を得られない	21.7
不動産を自宅と兼用している	20.9
経験のない相手には譲り渡したくない	14.0
譲渡にかかる手続きが大変そう	12.0
自分が知らない相手には譲り渡したくない	11.6
譲渡先が見つからない	11.6
譲渡先を探すのが大変そう	9.7
経営理念を引き継いでくれるとは思えない	7.0
建物や設備を自分が事業以外の用途で利用する	7.0
設備が老朽化しており役に立たない	6.6
思い入れがあり手放したくない	5.4
お金のために譲り渡したと思われたくない	3.1
のれんやブランドの価値が損なわれる	1.2
その他	10.9
n	258

資料：日本政策金融公庫総合研究所「経営者の引退と廃業に関するアンケート」（2023年）
（注）事業譲渡を「検討しなかった」と回答した人に尋ねたもの。

2　廃業の時期

　廃業を決めた時の年齢は平均63.8歳で、前掲図9-1の廃業時の年齢の平均64.2歳との差はわずか0.4歳である。年齢構成も「49歳以下」が7.0％、「50〜59歳」が23.2％、「60〜69歳」が41.0％、「70歳以上」が28.8％となっており、廃業時の年齢の構成比（それぞれ6.6％、22.9％、41.0％、29.5％）とほぼ同じである。10〜14年廃業と15〜19年廃業についても、平均年齢は56.9歳、58.1歳で、それぞれの廃業時の平均年齢（57.9歳、58.8歳）と大きな差はみられない。20〜23年廃業の方がより高齢で廃業を決めているという違いはあるものの、廃業を決めた時の年齢と廃業時の年齢はいずれも近い値となっており、廃業年による違いはない。

　ただし、20〜23年廃業の方が、より短い期間で廃業している人が多いようである。廃業時の年齢から廃業を決めた時の年齢を差し引いて廃業までの期間を

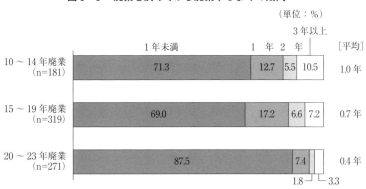

図 9 - 3　廃業を決めてから廃業するまでの期間

（注）廃業時の年齢から廃業を決めた時の年齢を引いた値。

計算したところ、20～23年廃業は「1年未満」の割合が87.5％を占めている（図9-3）。10～14年廃業と15～19年廃業の「1年未満」の割合は、それぞれ71.3％、69.0％で、廃業を決めてから、そう長くない期間で廃業している人がもともと多いといえるが、20～23年廃業はさらに多い。

　その理由はやはりコロナ禍にあるだろう。2023年廃業調査では、廃業時期とコロナ禍との関係を尋ねている。廃業を決めた時期が「新型コロナウイルス感染症が流行する前」である割合は17.0％であるのに対し、「新型コロナウイルス感染症が流行して1年以内」は25.5％、「新型コロナウイルス感染症が流行して1年後以降」は57.6％と、8割超がコロナ禍になってから廃業を決めている。もっとも、コロナ禍で廃業を決めた元経営者であっても、コロナ前の時点における事業承継の意向は「自分の代で事業をやめるつもりだった」が86.2％を占めており、もともと廃業の意向があった人が大半である。そうしたコロナ前から廃業を予定していた元経営者に、廃業を決めた時期についてのコロナ禍の影響を尋ねた結果は、「変わらない」が58.2％、「早くなった（コロナ禍がなければもっと遅くなるはずだった）」が41.2％となっている。廃業を決めた時期がコロナ前である人を含めて、廃業時期についてのコロナ禍の影響を尋ねても、「変わらない」が61.3％、「早くなった（コロナ禍がなければもっと遅くなるはずだった）」が37.8％となっている。いずれも約4割はコロナ禍によって

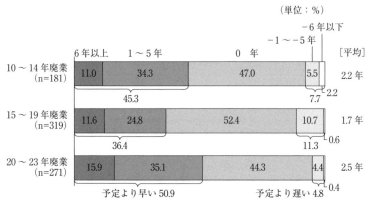

図9-4　廃業予定年齢と廃業時の年齢の差

（単位：％）

廃業を決めた時期や廃業時期が早くなったと回答しており、コロナ禍が廃業を促進したことがうかがえる。

　実際、廃業を決めた時に考えた廃業予定年齢から廃業時の年齢を引いた値をみると、20～23年廃業は「6年以上」が15.9％、「1～5年」が35.1％となっており、合わせて50.9％が予定していた年齢より早く廃業している（**図9-4**）。この割合は、10～14年廃業の計45.3％（「6年以上」が11.0％、「1～5年」が34.3％）や15～19年廃業の計36.4％（同11.6％、24.8％）より高い。逆に予定より遅く廃業している割合は、20～23年廃業では計4.8％（「-6年以下」が0.4％、「-1～-5年」が4.4％）で、10～14年廃業の計7.7％（同2.2％、5.5％）、15～19年廃業の計11.3％（同0.6％、10.7％）より低い。

3　廃業前の経営状況

　コロナ禍で経営状況が悪化した企業が多ければ、早期に事業を畳もうとすると考えられるため、廃業時期が予定より早くなった理由としてうなずける。

　そこで、廃業を決めた時の同業他社と比べた業況をみると、「良かった」が4.4％、「やや良かった」が14.8％、「やや悪かった」が31.4％、「悪かった」が49.4％となっている（**図9-5**）。「やや悪かった」と「悪かった」の合計は80.8％で、10～14年廃業の74.6％（「やや悪かった」が34.3％、「悪かった」が

図 9 - 5　廃業を決めた時の同業他社と比べた業況

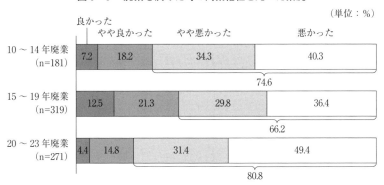

40.3％）や15〜19年廃業の66.2％（同29.8％、36.4％）より高い。また、図には示していないが、廃業を決めた時期がコロナ後である企業に、コロナ前の2019年における業況を尋ねたところ、「良かった」が9.8％、「やや良かった」が33.3％、「やや悪かった」が33.8％、「悪かった」が23.1％となった。20〜23年廃業の値と比較すると、「やや良かった」が約19ポイント高く、「悪かった」が約26ポイント低いことから、コロナ前と比べて業況が悪化したことがわかる。

　同様に、廃業を決めた時の財務状況は、「資産は負債より多かった」が43.9％、「資産と負債は同程度だった」が28.0％である（**図 9 - 6**）。「資産は負債より少なかった」という債務超過の割合は28.0％で、10〜14年廃業の23.2％、15〜19年廃業の24.1％より高い。いずれも20〜23年廃業の方が経営状況は悪く、コロナ禍が経営に悪影響を及ぼしたことがうかがえる。もっとも、廃業を決めた時期がコロナ後である企業におけるコロナ前の2019年の財務状況は、「資産は負債より多かった」が48.9％、「資産と負債は同程度だった」が28.4％、「資産は負債より少なかった」が22.7％である。20〜23年廃業の値との差は「資産は負債より多かった」と「資産は負債より少なかった」ともに約 5 ポイントであり、コロナ後の悪化の程度は業況ほど大きくはない。業況の悪化を受け、手遅れになる前に廃業を決断したといえる。

　廃業を決めた時の事業の将来性をみると、「成長が期待できた」（2.2％）、「成長は期待できないが現状維持は可能だった」（24.7％）と回答した元経営者も

図9-6　廃業を決めた時の資産・負債の状況

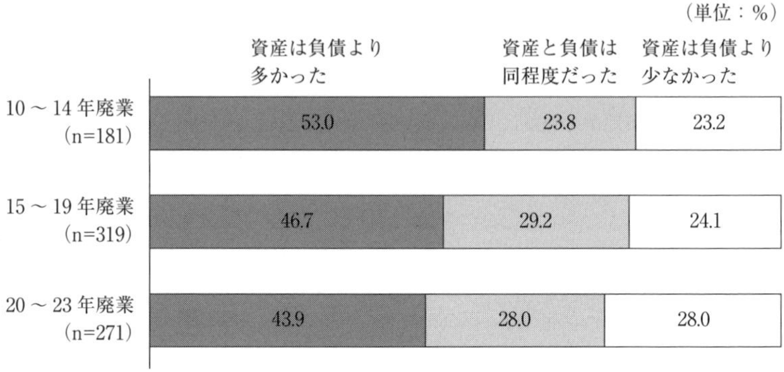

（単位：％）

	資産は負債より 多かった	資産と負債は 同程度だった	資産は負債より 少なかった
10〜14年廃業 （n=181）	53.0	23.8	23.2
15〜19年廃業 （n=319）	46.7	29.2	24.1
20〜23年廃業 （n=271）	43.9	28.0	28.0

いるものの、「事業を継続することはできるが縮小が予想された」が31.7％、「事業をやめざるを得なかった」が41.3％と、合わせて73.0％が事業の将来性は乏しいと感じていた。10〜14年廃業の計77.3％（それぞれ37.0％、40.3％）よりは低いが、15〜19年廃業の計67.1％（同34.8％、32.3％）よりは高い値である。廃業を決めた時期がコロナ後である企業のコロナ前の2019年のタイミングでは「成長が期待できた」が7.6％、「成長は期待できないが現状維持は可能だった」が51.6％、「事業を継続することはできるが縮小が予想された」が25.8％、「事業をやめざるを得なかった」が15.1％である。コロナ前における将来性についての見通しは廃業を決めた時と比べると良好で、やはり、コロナ禍によって将来性がなくなったと感じた人が多い。

4　廃業の準備

　廃業を決めてから1年未満で廃業した人が増えている背景には、コロナ禍による経営状況の悪化のほか、経営者1人だけの企業が増えていること（前掲図9-2）も考えられる。従業員の再就職先を考える必要がないなど、廃業に向けて取り組むべきことが少なければ、それだけ早く廃業できるからである。

　廃業のために取り組んだことをみると、20〜23年廃業では「特に取り組んだことはなかった」が70.5％となっており、10〜14年廃業の63.5％、15〜19年廃業の62.1％から上昇している（表9-10）。取り組んでいるケースでは、「仕事

表9-10　廃業のために取り組んだこと（複数回答）

（単位：％）

	10～14年 廃業	15～19年 廃業	20～23年 廃業
仕事量を減らすための仕事や取引先の選別	8.8	18.2	14.4
従業員に関する取り組み	16.0	11.9	6.3
従業員の新規採用の抑制	6.6	4.1	4.1
従業員の再就職先の斡旋	11.6	6.3	3.0
従業員の独立の支援	3.9	2.8	2.6
設備に関する取り組み	17.1	13.5	12.2
設備（機械・車両など）の売却	10.5	7.5	5.9
新たな設備投資の抑制	6.6	6.3	5.5
土地・店舗・事務所・工場の売却	5.0	3.8	3.3
借入に関する取り組み	16.0	14.1	10.0
借入金の繰上返済	8.8	6.6	4.8
新たな借入の抑制	7.2	6.3	3.7
事業をやめるために必要な資金の借入	0.6	2.5	1.8
事業清算の法的手続きによる借入金の返済条件の緩和	1.7	1.3	1.1
金融機関との交渉による借入金の返済条件の緩和	3.9	1.9	0.7
その他の取り組み	3.3	3.1	0.7
特に取り組んだことはなかった	63.5	62.1	70.5
n	181	319	271

量を減らすための仕事や取引先の選別」が14.4％と最も多く、次いで、「設備（機械・車両など）の売却」が5.9％、「新たな設備投資の抑制」が5.5％、「借入金の繰上返済」が4.8％、「従業員の新規採用の抑制」が4.1％と続いている。どの取り組みも事業規模の縮小につながるものである。

　取り組みの内容を従業員、設備、借入のそれぞれに関するものに分類して、その割合をみると、「従業員に関する取り組み」は6.3％、「設備に関する取り組み」は12.2％、「借入に関する取り組み」は10.0％となる。いずれも、10～14年廃業（それぞれ16.0％、17.1％、16.0％）、15～19年廃業（同11.9％、13.5％、14.1％）から徐々に低下している。なかでも「従業員に関する取り組み」は10～14年廃業と比べて約10ポイント低く、「設備に関する取り組み」や「借入

表9-11　廃業の際に引き継いだ経営資源（複数回答）

（単位：％）

	10〜14年 廃業	15〜19年 廃業	20〜23年 廃業
設　備	4.4	4.4	4.8
販売先・受注先	8.3	4.7	4.1
従業員	2.2	1.6	2.2
製品・商品	2.2	2.2	1.5
仕入先・外注先	2.8	2.8	1.1
土地・店舗・事務所・工場（経営者・家族または法人名義の物件）	0.0	0.3	0.0
土地・店舗・事務所・工場（借用物件）	1.1	0.3	0.0
のれん・ブランド	0.0	0.3	0.0
その他の経営資源	1.1	0.6	0.0
引き継いだ経営資源はない	84.0	87.8	89.3
n	181	319	271

に関する取り組み」より低下幅が大きい。廃業を決めた後は事業を小さくする傾向がうかがえるが、もともと事業規模が小さい企業が増えた結果、その傾向は弱まっている。

　廃業に当たって機械・車両などの設備や販売先・受注先などの取引先といった経営資源を引き継ぐケースも減少傾向にある。保有していた経営資源を他社や開業予定者などに引き継いだかどうかをみると、「引き継いだ経営資源はない」は89.3％であり、10〜14年廃業の84.0％、15〜19年廃業の87.8％から高まっている（表9-11）。引き継いだ経営資源の内容は、「設備」が4.8％、「販売先・受注先」が4.1％、「従業員」が2.2％などとなっている。

　「販売先・受注先」は10〜14年廃業と15〜19年廃業ではそれぞれ8.3％、4.7％で最も引き継がれている経営資源であったが、20〜23年廃業（4.1％）では10〜14年廃業の約半分に低下している。「仕入先・外注先」（1.1％）も、割合はもともと高くはないが、ともに2.8％である10〜14年廃業、15〜19年廃業の半分以下の水準となっている。20〜23年廃業では特に取引先の引き継ぎが減っているといえる。事業規模が小さい企業が多く廃業による取引先への影響が軽微であることや、コロナ禍で売り上げが低迷している販売先・受注先は仕入等

表9-12　廃業のために相談した外部機関や専門家（複数回答）

（単位：％）

	10〜14年 廃業	15〜19年 廃業	20〜23年 廃業
公認会計士・税理士	12.7	14.1	9.2
同業者・同業者団体	7.7	3.4	5.2
商工会議所・商工会	2.8	3.8	3.7
弁護士・司法書士	3.9	5.3	3.7
取引先	7.7	4.4	3.0
社会保険労務士	2.2	1.6	1.5
金融機関（公庫を除く）	1.7	2.2	0.7
事業承継・引継ぎ支援センター（事業引継ぎ支援センター）	0.0	0.6	0.4
地方自治体・その他の公的機関	0.6	0.9	0.4
中小企業診断士	0.0	0.3	0.4
日本政策金融公庫・沖縄振興開発金融公庫	1.1	0.6	0.0
その他	0.6	1.6	0.4
相談していない	71.3	70.8	79.7
n	181	319	271

　を抑える必要があったことなどから、自社の代替先となる企業について取引先から相談されることがなく、引き継ぎを意識する機会がなかったのではないだろうか。

　廃業のために相談した外部機関や専門家は、79.7％が「相談していない」と回答している（表9-12）。10〜14年廃業は71.3％、15〜19年廃業は70.8％であり、相談しなかった元経営者は増えている。廃業に向けての取り組みが少なくなっているため、廃業についての相談も減っているのだろう。相談した外部機関や専門家は、「公認会計士・税理士」が9.2％と最も多いものの、10〜14年廃業の12.7％、15〜19年廃業の14.1％からは低下している[11]。次に多い相談先は「同業者・同業者団体」の5.2％で、以下、「商工会議所・商工会」と「弁護士・

---

[11]　「公認会計士・税理士」への相談が多いのは、財務書類や税務書類の作成等を通じて普段から接触があり、相談しやすいからだと考えられる。また、廃業の際には廃業届の提出をはじめとした税務に関する手続きが必要になることも理由に挙げられる。

司法書士」が3.7％、「取引先」が3.0％と続いている。「取引先」は重要な利害関係者であるものの、相談割合は10～14年廃業の7.7％、15～19年廃業の4.4％から低下している。取引先の引き継ぎが減っていた理由と同様に、事業規模が小さいことなどから事前に相談する必要がなかったのかもしれない。

5　廃業の課題

　外部機関や専門家に相談せずに廃業している元経営者が多いのは、廃業の際に相談しなければ解決できないような課題に直面しなかったという面もあるだろう。

　廃業にかかった費用を複数回答で尋ねると、「登記や法手続きなどの費用」が14.0％、「機械・車両などの設備の処分費用」が9.2％、「製品・商品などの在庫の処分費用」が6.6％などとなっている。それぞれ10～14年廃業では16.0％、10.5％、9.9％、15～19年廃業では18.2％、11.6％、11.3％であり、割合は低下している。対して「費用はかからなかった」は72.0％で、10～14年廃業の61.9％、15～19年廃業の61.1％から約10ポイント上昇している。処分が必要になる経営資源を有していなかったなど、事業規模が小さいために費用をかけずに廃業できた人が多いのだろう。廃業時の借入金残高[12]をみても、「借入金は残っていない」が84.9％を占めており、10～14年廃業の78.0％、15～19年廃業の79.3％から割合が高まっている。廃業にかかる費用の負担や債務の整理が問題になったというケースは多くはないといえる。

　廃業時に困ったことをみると、「特に困ったことはなかった」が77.5％となっている（**表9-13**）。10～14年廃業（77.9％）とは同水準だが、15～19年廃業（72.7％）と比べると高い。困ったことの具体的な内容は、「どのように事業をやめればよいかわからなかった」が8.1％で最も多く、次いで「誰に相談してよいかわからなかった」が6.3％となっている。廃業はほとんどの経営者にとって初めての経験であり、その手続きがわからずに困るケースがあるようだ。

　廃業時に実際に問題として表面化したことを尋ねた結果では、「特に問題になったことはなかった」が68.6％である（**表9-14**）。10～14年廃業の61.3％、

---

[12]　個人の生活に関する借入金を除く。

表9-13　廃業時に困ったこと（複数回答）

（単位：％）

	10〜14年廃業	15〜19年廃業	20〜23年廃業
どのように事業をやめればよいかわからなかった	5.0	8.2	8.1
誰に相談してよいかわからなかった	3.3	6.6	6.3
設備の処分が難しかった	2.8	3.8	4.8
近隣の一般消費者に事業の継続を求められた	5.5	6.6	4.8
必要な手続きを依頼できる専門家を見つけるのが難しかった	2.8	2.8	3.0
販売先や受注先の企業に事業の継続を求められた	3.9	6.6	3.0
土地・店舗・事務所・工場の処分が難しかった	4.4	4.1	1.8
借入金の繰上返済を求められた	1.7	1.9	1.5
事業をやめるために必要な資金を借りられなかった	1.7	1.6	1.5
仕入先や外注先に事業の継続を求められた	5.0	2.8	1.1
従業員に再就職先の紹介を求められた	1.1	0.6	0.0
その他	0.0	1.6	0.7
特に困ったことはなかった	77.9	72.7	77.5
n	181	319	271

表9-14　廃業時に問題になったこと（複数回答）

（単位：％）

	10〜14年廃業	15〜19年廃業	20〜23年廃業
生活するための収入がなくなった	17.1	19.7	21.0
近隣の一般消費者に不便をかけてしまった	7.2	7.5	5.9
販売先や受注先の企業に不便をかけてしまった	6.1	10.3	4.8
借入金や買掛金などの債務が残った	6.1	7.2	4.1
事業をやめる際にかかった費用の負担が大きかった	3.9	5.3	4.1
仕入先や外注先に不便をかけてしまった	3.3	4.7	3.0
商店街や地場産業など地元の活力が低下した	1.1	0.9	0.7
従業員の再就職先が見つからなかった	1.7	0.3	0.4
その他	0.0	1.3	0.4
特に問題になったことはなかった	61.3	61.4	68.6
n	181	319	271

図9-7　廃業の円滑度

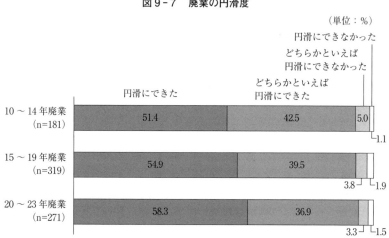

（単位：％）

15〜19年廃業の61.4％と比べて高く、問題なく廃業できたという人が増えている。問題になったことをみると、「生活するための収入がなくなった」が21.0％と多く、10〜14年廃業（17.1％）、15〜19年廃業（19.7％）から徐々に増加している。逆に「近隣の一般消費者に不便をかけてしまった」（5.9％）や「販売先や受注先の企業に不便をかけてしまった」（4.8％）は、10〜14年廃業（それぞれ7.2％、6.1％）や15〜19年廃業（同7.5％、10.3％）より低い。顧客への影響は相対的に小さかったといえる。

　大半の元経営者は廃業時に困ったことや問題になったことはないと回答している[13]。何かしら困ったことや問題になったことがあったとしても、その割合は、廃業後の問題となる「生活するための収入がなくなった」を除けば、いずれも1割に満たない。元経営者は大きな課題に直面することなく廃業できたと考えてよいだろう。円滑に廃業できたかどうかを尋ねた設問に対しても、「円滑にできた」は58.3％、「どちらかといえば円滑にできた」は36.9％と、円滑に廃業できたという回答が9割を超える（**図9-7**）。なかでも「円滑にできた」は10〜14年廃業の51.4％や15〜19年廃業の54.9％より高い値となっている。廃

---

[13]　困ったことも問題になったこともなかった割合は、20〜23年廃業は61.6％、15〜19年廃業は53.6％、10〜14年廃業は57.5％である。

表9-15　円滑に廃業するために必要な支援（複数回答）

（単位：％）

	10～14年 廃業	15～19年 廃業	20～23年 廃業
事業をやめるための全般的なアドバイス	13.8	21.0	14.4
必要な手続きを依頼できる専門家の紹介	9.9	15.4	9.6
設備を売却できる先の紹介	3.9	4.1	5.9
事業用資産の適正な評価や査定	1.7	3.8	4.1
経営者自身の再就職先の斡旋	5.5	8.2	3.3
事業全体や経営資源（従業員を除く）を譲り渡す相手との仲介	2.8	3.4	3.3
事業をやめた後の借入金の返済条件の緩和	6.1	5.6	3.3
従業員の再就職先の斡旋	6.6	7.8	3.0
土地・店舗・事務所・工場を売却できる先の紹介	1.1	2.5	1.8
従業員の独立の支援	5.5	2.5	1.5
事業をやめる際に必要な資金の融資	2.2	4.4	2.2
その他	1.1	0.6	0.0
特にない	55.2	43.6	55.7
わからない	16.6	17.6	18.8
n	181	319	271

業のタイミングについても、「ちょうどよいタイミングだった」は72.0％で、「もっと早くやめるべきだった」の17.0％や「もっと遅くてもよかった」の11.1％を大きく上回っている。

　元経営者の大多数が円滑に廃業できていることから、円滑に廃業するために必要な支援については、55.7％が「特にない」と回答している（**表9-15**）。具体的な支援については、「事業をやめるための全般的なアドバイス」（14.4％）や「必要な手続きを依頼できる専門家の紹介」（9.6％）が多い。廃業の方法や相談先がわからなくて困ったというケースが相対的に多かったこと（前掲**表9-13**）を踏まえた結果といえる。続いて多いのは「設備を売却できる先の紹介」（5.9％）や「事業用資産の適正な評価や査定」（4.1％）といった設備等の処分に関するものである。10～14年廃業や15～19年廃業で多かった「経営者自身の再就職先の斡旋」（それぞれ5.5％、8.2％）や「従業員の再就職先の斡旋」（同6.6％、7.8％）は3.3.％、3.0％と低下している。20～23年廃業は廃業を決め

た時の経営者の年齢が高いこと、従業者が経営者のみであった企業が多いことが、割合が低下した理由と考えられる。

第5節　廃業後の生活

　ここまで20〜23年廃業における廃業の実態を、10〜14年廃業や15〜19年廃業と比較するかたちでみてきた。20〜23年廃業は廃業するまでの期間が短くなっているなどの変化があるものの、10〜14年廃業や15〜19年廃業と同様に円滑に廃業していることがわかった。では、廃業後の生活については、コロナ前とコロナ後で違いはあるだろうか。本節では、収入、日々の過ごし方、家族との時間、満足度と生きがいをみていく。

　前節までの廃業の実態の分析では、2019年廃業調査の結果は10〜14年廃業と15〜19年廃業の二つに分けて集計したが、廃業後の生活に関する設問は調査時点での状況を尋ねている。10〜14年廃業と15〜19年廃業のどちらも、調査が実施された2019年10月時点の状況を回答しているため、本節では2019年廃業調査の結果は分割せずに10〜19年廃業として記載し、20〜23年廃業をコロナ後の、10〜19年廃業をコロナ前の廃業後の生活として両者を比較する。

　なお、20〜23年廃業は廃業時の年齢が60歳以上である人の割合が高い（前掲図9-1）。年齢が60歳未満の人と60歳以上の人では、収入や日々の過ごし方などには違いがあると考えられるため、廃業後の生活に関する集計は、20〜23年廃業と10〜19年廃業ともに現在の年齢が60歳未満の人と60歳以上の人のそれぞれで行っている。

1　収　入

　廃業時に問題になったこととして「生活するための収入がなくなった」を挙げた人が約2割（前掲表9-14）いるように、廃業によって収入を得られなくなることは、収入源が限られる人にとっては大きな問題となる。

　60歳未満の元経営者について現在の生活をまかなっている収入の種類を複数回答でみると、20〜23年廃業は「勤務収入」が48.4％と最も多いが、10〜19年廃業の70.0％からは大きく低下している（表9-16）。次いで多いのは「貯蓄の

表9-16　現在の生活をまかなっている収入の種類

（単位：％）

	60歳未満				60歳以上			
	複数回答		最も多い収入		複数回答		最も多い収入	
	10～19年廃業	20～23年廃業	10～19年廃業	20～23年廃業	10～19年廃業	20～23年廃業	10～19年廃業	20～23年廃業
勤務収入	70.0	48.4	56.3	40.6	24.2	17.9	15.2	11.1
年金収入	11.1	9.4	5.3	3.1	85.5	85.0	57.4	60.4
公的年金	7.9	9.4	3.2	3.1	82.6	81.6	52.9	55.6
小規模企業共済の共済金	4.2	1.6	1.1	0.0	9.4	10.1	1.0	1.0
私的年金	2.6	1.6	1.1	0.0	19.4	14.5	3.5	3.9
投資収入	11.6	12.5	1.6	3.1	21.0	32.9	5.5	5.8
不動産賃貸による収入	2.6	4.7	0.5	3.1	1.9	14.5	1.0	3.4
太陽光発電による収入	1.6	1.6	0.0	0.0	2.9	3.4	0.3	0.0
金融や不動産などの投資収入	9.5	7.8	1.1	0.0	17.7	21.3	4.2	2.4
家族収入	42.6	32.8	21.6	23.4	36.5	30.0	12.3	10.6
配偶者の収入	36.8	18.8	19.5	14.1	30.3	23.7	9.7	8.7
同居家族の収入	10.0	14.1	1.6	7.8	8.4	6.3	1.6	1.0
親族などからの仕送り	1.6	1.6	0.5	1.6	1.6	1.4	1.0	1.0
貯蓄の取り崩し	22.6	35.9	13.7	28.1	35.5	36.7	7.7	11.1
生活保護	2.6	1.6	1.6	1.6	1.6	0.5	1.3	0.5
その他の収入	0.5	0.0	0.0	0.0	1.3	0.5	0.6	0.5
n	190	64	190	64	310	207	310	207

（注）「60歳未満」と「60歳以上」は現在の年齢による分類（図9-10まで同じ）。

取り崩し」の35.9％で、こちらは22.6％から上昇している。最も多い収入を尋ねた結果でも同様の傾向がみてとれる。20～23年廃業の60歳未満では、廃業理由として「自身の健康上の理由」や「家族の介護や看病」を挙げる割合が相対的に高かった（前掲**表9-3**）。働くことができず貯蓄を取り崩して生活している人が一定数いることがうかがえる。このほか「配偶者の収入」や「同居家族の収入」を含む「家族収入」が、20～23年廃業では32.8％、10～19年廃業では42.6％と多く、最も多い収入でも2割を超えている。

　60歳以上の元経営者では、「公的年金」が20～23年廃業は81.6％、10～19年

廃業は82.6％と最も多い。続いて「貯蓄の取り崩し」（20〜23年廃業は36.7％、10〜19年廃業は35.5％）、「配偶者の収入」（同23.7％、30.3％）となっている。「勤務収入」（同17.9％、24.2％）や「金融や不動産などの投資収入」（同21.3％、17.7％）なども多い。最も多い収入は「公的年金」が20〜23年廃業と10〜19年廃業ともに5割超で、60歳以上では「公的年金」が主たる収入となっているようである。「家族収入」や「貯蓄の取り崩し」は複数回答では30％以上となっていたが、最も多い収入では10％前後にとどまり、補完的な収入であるといえる。

　最近1年間の収入を尋ねると、60歳未満の元経営者は、20〜23年廃業では「100万円未満」が38.9％、「100万〜300万円未満」が37.0％となっており、10〜19年廃業のそれぞれ25.9％、31.6％より高い（図9-8(1)）。逆に300万円以上のカテゴリーではいずれも10〜19年廃業の方が割合は高く、20〜23年廃業の収入は相対的に低い。20〜23年廃業は10〜19年廃業と比べて勤務収入を得ている人の割合が低いことが理由だろう。

　60歳以上の元経営者についても、「100万円未満」の割合は20〜23年廃業は28.0％で10〜19年廃業の22.1％より高い（図9-8(2)）。もっとも、その差は5.9ポイントで、13.0ポイントの差がある60歳未満の元経営者ほどには大きくはない。60歳以上では公的年金が主要な収入となっており、約8割が受給している（前掲表9-16）。勤務収入は補完的なものであるため、収入の差がつきにくいのではないだろうか。20〜23年廃業と10〜19年廃業ともに最も多い「100万〜300万円未満」も、それぞれ51.1％、50.4％と同程度である。

　生計を維持するために行ったことを複数回答で尋ねた結果をみると、60歳未満では勤務による収入の確保が多く、「フルタイムでの勤務」が20〜23年廃業では40.6％、10〜19年廃業では51.6％、「パートタイムでの勤務」がそれぞれ23.4％、18.4％となっている。「支出の節約」（20〜23年廃業は20.3％、10〜19年廃業は22.1％）や「貯蓄の取り崩し」（同15.6％、18.9％）などもみられ、「特にない」はそれぞれ18.8％、13.7％となっている。

　他方、60歳以上では、「特にない」が20〜23年廃業は38.6％、10〜19年廃業は39.7％と最も多い。60歳以上では定期的な年金収入があるため、「フルタイムでの勤務」がそれぞれ5.8％、12.6％、「パートタイムでの勤務」がそれぞれ

図9-8　元経営者本人の最近1年間の収入

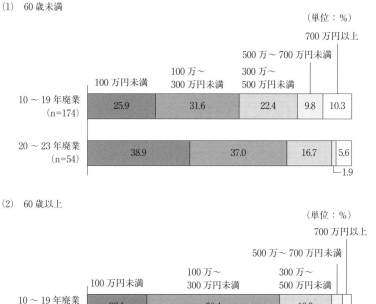

(1)　60歳未満

(単位：％)

(2)　60歳以上

(単位：％)

(注)「答えたくない」という回答を除いて集計。

13.5％、13.9％と、勤務を挙げる割合は低い。一方で、「支出の節約」（20〜23年廃業が36.2％、10〜19年廃業が31.0％）や「貯蓄の取り崩し」（同36.2％、29.4％）の割合は高い。

　生計に余裕があるかどうかをみると、60歳未満では「かなり余裕がある」が20〜23年廃業は3.1％、10〜19年廃業は4.7％、「やや余裕がある」が同じく21.9％と19.5％、「どちらともいえない」が21.9％と31.6％、「あまり余裕がない」が35.9％と23.2％、「まったく余裕がない」が17.2％と21.1％となっている。20〜23年廃業は10〜19年廃業と比べて「どちらともいえない」が約10ポイント

低く、「あまり余裕がない」が約13ポイント高い。勤務収入のある割合に差があるため、生計の余裕の有無に違いが生じているようである[14]。

　60歳以上では「かなり余裕がある」が20〜23年廃業は4.3％、10〜19年廃業は5.8％、「やや余裕がある」が同じく22.2％と22.3％、「どちらともいえない」が35.7％と34.2％、「あまり余裕がない」が25.1％と25.2％、「まったく余裕がない」が12.6％と12.6％となっている。20〜23年廃業と10〜19年廃業とで大きな違いはみられない。

　もっとも、60歳未満と60歳以上ともに「かなり余裕がある」と「やや余裕がある」を合わせた「余裕がある」の割合は20％台であり、「あまり余裕がない」と「まったく余裕がない」を合わせた「余裕がない」の割合（60歳未満では20〜23年廃業は53.1％、10〜19年廃業は44.3％、60歳以上では20〜23年廃業は37.7％、10〜19年廃業は37.8％）より低い。廃業後の生活に余裕があるという人はそれほど多いとはいえない。

2　日々の過ごし方

　続いて廃業後の日々の過ごし方をみていく。**表9-17**は60歳未満の元経営者について、日々の過ごし方と理想の過ごし方を尋ねた結果である。

　20〜23年廃業の日々の過ごし方は「フルタイムでの勤務」が37.5％で最も多く、次いで「家事」が26.6％、「パートタイムでの勤務」が18.8％となっている。「フルタイムでの勤務」は10〜19年廃業の54.7％から約17ポイント低下、「家事」は16.8％から約10ポイント上昇している。「病気やけがの治療」（17.2％）と「家族の介護や看病」（15.6％）も、10〜19年廃業（それぞれ8.9％、5.8％）より多い。いずれも廃業理由で「自身の健康上の理由」や「家族の介護や看病」を挙げる割合が高かったことが関係していると思われる（前掲**表9-3**）。

　最も力を入れている過ごし方は「フルタイムでの勤務」が多く、20〜23年廃業は34.4％、10〜19年廃業は52.1％である。次に多いのは「パートタイムでの

---

[14]　生計に「余裕がない」と回答している人に余裕がない理由を複数回答で尋ねた結果をみると、60歳未満では「収入がない」の割合が、20〜23年廃業では26.5％で10〜19年廃業の15.5％より11.0ポイント高い。なお、余裕がない理由で最も多いのは「収入が少ない」で、60歳未満では20〜23年廃業は55.9％、10〜19年廃業は70.2％、60歳以上では20〜23年廃業は71.8％、10〜19年廃業は79.5％である。

表 9 -17　日々の過ごし方と理想の過ごし方（60歳未満の元経営者）

（単位：％）

	日々の 過ごし方 （複数回答）		最も力を 入れている 過ごし方		理想の 過ごし方 （複数回答）	
	10〜 19年 廃業	20〜 23年 廃業	10〜 19年 廃業	20〜 23年 廃業	10〜 19年 廃業	20〜 23年 廃業
フルタイムでの勤務	54.7	37.5	52.1	34.4	41.6	26.6
パートタイムでの勤務	18.4	18.8	14.7	12.5	22.6	4.7
就職活動	3.7	7.8	2.1	3.1	—	—
新たに事業を始める準備	3.7	6.3	0.0	1.6	—	—
事業の経営	—	—	—	—	10.5	1.6
運動やスポーツ	10.5	14.1	3.2	7.8	34.2	17.2
習い事や旅行などの趣味	5.8	12.5	0.5	4.7	30.0	21.9
友人や知人との交流	9.5	15.6	2.1	1.6	26.3	18.8
学業や資格取得の勉強	2.1	7.8	0.5	4.7	7.9	7.8
自治会やボランティアなど社会活動	3.2	1.6	1.6	0.0	10.5	1.6
病気やけがの治療	8.9	17.2	6.3	6.3	9.5	6.3
家族の介護や看病	5.8	15.6	1.1	4.7	5.3	3.1
育　児	1.6	1.6	0.5	1.6	3.7	1.6
家　事	16.8	26.6	8.9	4.7	15.3	9.4
何もせずのんびりする	4.2	4.7	—	—	11.6	18.8
当てはまるものはない	2.1	7.8	—	—	1.1	12.5
n	190	64	190	64	190	64

（注）　1　調査対象は事業を経営していない人であり、日々の過ごし方で「事業の経営」をしている人
　　　　　はいない。
　　　　2　「就職活動」と「新たに事業を始める準備」は理想の過ごし方とは考えにくいため、理想の過
　　　　　ごし方を尋ねる設問では選択肢から除いている。

勤務」が同じく12.5％、14.7％である。60歳未満では収入を得ることが優先さ
れている。理想の過ごし方については、「フルタイムでの勤務」（20〜23年廃業
は26.6％、10〜19年廃業は41.6％）のほかに、「運動やスポーツ」「習い事や旅
行などの趣味」「友人や知人との交流」などの余暇活動の割合が高く、20〜23
年廃業では 2 割前後、10〜19年廃業では 3 割前後の値となっている。

表9-18　日々の過ごし方と理想の過ごし方（60歳以上の元経営者）

(単位：％)

	日々の過ごし方（複数回答）		最も力を入れている過ごし方		理想の過ごし方（複数回答）	
	10〜19年廃業	20〜23年廃業	10〜19年廃業	20〜23年廃業	10〜19年廃業	20〜23年廃業
フルタイムでの勤務	11.9	6.3	11.6	5.3	9.4	2.4
パートタイムでの勤務	13.9	12.1	9.0	7.7	16.5	5.3
就職活動	0.6	1.4	0.0	0.5	—	—
新たに事業を始める準備	1.3	1.0	0.3	0.5	—	—
事業の経営	—	—	—	—	2.6	1.9
運動やスポーツ	23.2	23.7	10.3	10.6	32.6	22.2
習い事や旅行などの趣味	21.0	22.7	10.6	14.0	36.8	23.2
友人や知人との交流	25.2	28.0	5.5	8.2	35.2	24.2
学業や資格取得の勉強	1.3	3.4	0.3	2.4	3.9	5.3
自治会やボランティアなど社会活動	15.2	12.1	5.8	3.4	16.8	8.2
病気やけがの治療	17.7	22.7	11.3	14.0	11.3	4.3
家族の介護や看病	8.4	7.7	4.2	3.9	3.2	2.4
育　児	2.6	1.9	1.0	0.5	2.6	2.4
家　事	23.9	26.1	8.7	6.3	15.2	9.2
何もせずのんびりする	17.1	13.5	—	—	20.3	20.3
当てはまるものはない	4.2	9.2	—	—	4.5	20.3
n	310	207	310	207	310	207

(注) 表9-17の（注）に同じ。

　60歳以上の日々の過ごし方は、「フルタイムでの勤務」の割合が低く、20〜23年廃業は6.3％、10〜19年廃業は11.9％である（**表9-18**）。他方、「運動やスポーツ」「習い事や旅行などの趣味」「友人や知人との交流」などの余暇活動は20〜23年廃業と10〜19年廃業ともに20％台で、なかでも「友人や知人との交流」は20〜23年廃業は28.0％、10〜19年廃業は25.2％と最も割合が高い。「家事」も20〜23年廃業は26.1％、10〜19年廃業は23.9％と割合が高いほか、「病気やけがの治療」が20〜23年廃業では22.7％となっている。

　最も力を入れている過ごし方は、「運動やスポーツ」「習い事や旅行などの趣味」「病気やけがの治療」がいずれも20〜23年廃業と10〜19年廃業ともに10％を超えている。理想の過ごし方は、60歳未満と同じように「運動やスポーツ」「習い事や旅行などの趣味」「友人や知人との交流」などの余暇活動の割合が高く、20〜23年廃業では20％台、10〜19年廃業では30％台となっている。ただし、60歳未満で高かった「フルタイムでの勤務」の割合は20〜23年廃業は2.4％、10〜19年廃業は9.4％と低い。年金収入があるためか、就労意欲は高くはないようである。

　日々の過ごし方のなかには過去の経営経験を生かしているケースもみられる。経営経験が生かされている過ごし方の割合をみると、「当てはまるものはない」の割合が、60歳未満では20〜23年廃業が59.4％、10〜19年廃業が52.1％であることから、それぞれ40.6％、47.9％の元経営者が何らかのかたちで経営経験を生かしている（**表9‑19**）。割合が高いのは「フルタイムでの勤務」で20〜23年廃業は17.2％、10〜19年廃業は34.7％である。経営経験は仕事に関連する知識や経験であるため勤務のなかで生かしやすいが、勤務以外の「運動やスポーツ」「習い事や旅行などの趣味」「学業や資格取得の勉強」「家事」などで生かしている人もいる。

　60歳以上では「当てはまるものはない」が20〜23年廃業は75.4％、10〜19年廃業は68.1％と60歳未満と比べて高く、経営経験が生かされている割合はそれぞれ24.6％、31.9％である。60歳以上では経営経験を生かしやすい勤務の割合が低いため、経営経験を生かす機会は少ないようである。

　経営経験が具体的にどのように生かされているか、2023年廃業調査の自由記述による回答からみると、勤務に関連するものには「営業や会社経営について助言でき会社に貢献できている」「経営していた頃の常連が顧客として来てくれる」「経営していた時の専門技術を後輩に伝授している」などがある。勤務以外では「事業で関係した方々と仕事以外でも付き合いがあり、助言を求められる」「自治会の運営を任されている」「地域貢献のボランティア活動に生かしている」といった知人との交際や組織運営で生かされているという回答のほか、「毎日のスケジュール管理」「情報収集と整理・まとめ方」で役に立っているとの声もある。経営経験はさまざまな面で有用であることがうかがえる。

表 9 -19　経営経験が生かされている日々の過ごし方（複数回答）

(単位：%)

	60歳未満		60歳以上	
	10〜19年廃業	20〜23年廃業	10〜19年廃業	20〜23年廃業
フルタイムでの勤務	34.7	17.2	6.1	3.4
パートタイムでの勤務	7.9	4.7	6.1	4.8
就職活動	0.0	0.0	0.0	0.0
新たに事業を始める準備	2.1	3.1	1.0	0.5
事業の経営	—	—	—	—
運動やスポーツ	1.1	4.7	1.6	2.9
習い事や旅行などの趣味	0.0	4.7	2.6	3.4
友人や知人との交流	3.2	4.7	8.1	6.3
学業や資格取得の勉強	1.1	4.7	1.0	1.4
自治会やボランティアなど社会活動	1.6	0.0	6.1	3.9
病気やけがの治療	0.5	1.6	1.9	2.9
家族の介護や看病	0.0	0.0	0.6	0.5
育　児	0.0	0.0	0.3	0.0
家　事	1.1	4.7	2.3	2.9
当てはまるものはない	52.1	59.4	68.1	75.4
n	190	64	310	207

(注) 経営経験が生かされている過ごし方の「当てはまるものはない」は、日々の過ごし方で「何もせずのんびりする」「当てはまるものはない」と回答した人を含む。

3　家族との時間

　廃業後は事業に費やしていた時間をほかのことに使用できるようになる。日々の過ごし方は前項でみたとおりだが、家族と過ごす時間に変化はあったのだろうか。

　家族の有無を確認すると、60歳未満では同居している家族がいる割合が20〜23年廃業は70.3％、10〜19年廃業は77.9％、同居していない家族がいる割合はそれぞれ71.9％、72.6％である（**表 9 -20**）。同居している家族は「配偶者」が最も多く、20〜23年廃業は45.3％、10〜19年廃業は53.2％である。次いで、「父母」がそれぞれ26.6％、23.7％、「息子」が21.9％、15.8％、「娘」が10.9％、20.5％となっている。同居していない家族は「兄弟姉妹」が20〜23年廃業は

表9-20　同居している家族と同居していない家族（複数回答）

（単位：％）

| | | 60歳未満 | | | | 60歳以上 | | | |
| | | 同居している家族 | | 同居していない家族 | | 同居している家族 | | 同居していない家族 | |
		10～19年廃業	20～23年廃業	10～19年廃業	20～23年廃業	10～19年廃業	20～23年廃業	10～19年廃業	20～23年廃業
いる		77.9	70.3	72.6	71.9	83.2	78.7	77.7	82.6
	配偶者	53.2	45.3	3.7	3.1	77.1	70.0	2.3	1.0
	父母	23.7	26.6	41.1	34.4	10.0	9.2	16.1	17.4
	息子	15.8	21.9	19.5	21.9	12.9	11.1	43.2	47.3
	娘	20.5	10.9	22.6	17.2	12.9	8.2	41.3	44.4
	孫	1.1	0.0	14.2	12.5	2.6	1.4	34.8	36.7
	祖父母	0.0	1.6	5.8	4.7	0.6	0.5	4.2	3.4
	兄弟姉妹	3.7	1.6	47.4	42.2	1.3	1.4	36.8	44.4
	配偶者の父母	1.1	1.6	23.7	20.3	1.0	0.5	15.5	15.0
	その他の親族	0.0	0.0	―	―	1.0	1.0	―	―
いない		22.1	29.7	27.4	28.1	16.8	21.3	22.3	17.4
n		190	64	190	64	310	207	310	207

（注）「その他の親族」は同居していない家族を尋ねる設問では選択肢から除いている。

42.2％、10～19年廃業は47.4％で最も多い。「父母」も20～23年廃業は34.4％、10～19年廃業は41.1％と多く、以下、20～23年廃業と10～19年廃業ともに「息子」「娘」「配偶者の父母」が20％前後となっている。

　60歳以上では同居している家族がいる割合は20～23年廃業が78.7％、10～19年廃業が83.2％、同居していない家族がいる割合はそれぞれ82.6％、77.7％となっている。60歳未満と比べて、いずれも家族がいる割合が高い。同居している家族は「配偶者」が20～23年廃業は70.0％、10～19年廃業は77.1％で最も多い。「息子」と「娘」の割合は20～23年廃業と10～19年廃業ともに10％前後だが、「孫」の割合は20～23年廃業は1.4％、10～19年廃業は2.6％とわずかである。同居していない家族は「息子」（20～23年廃業は47.3％、10～19年廃業は43.2％）や「娘」（同44.4％、41.3％）が多く、「兄弟姉妹」や「孫」の割合も高い。

　こうした家族との時間についての変化を尋ねたところ、60歳未満は、同居している家族と共有する時間が廃業前と比べて「変わらない」という割合が20〜23年廃業では53.3％で10〜19年廃業の43.2％から約10ポイント上昇している。対して「増えた」はそれぞれ35.6％、41.9％、「減った」はそれぞれ11.1％、14.9％と、23年廃業では低下している。それでも、「増えた」の割合は3割を超えており、廃業後に家族と過ごす時間が増えた人が一定数いるようである。

　同居していない家族と会える時間については、「変わらない」が20〜23年廃業は76.1％、10〜19年廃業は62.3％、「増えた」は同じく13.0％と22.5％、「減った」は10.9％と15.2％である。「変わらない」の割合が上昇し、「増えた」と「減った」が低下しているのは同居している家族と同様だが、「増えた」の割合はそれほど高くはない。収入を得るために就職した人もおり、廃業したとはいっても、離れて暮らす家族と会う時間は確保できずにいるのだろう。

　60歳以上の同居している家族と共有する時間は、20〜23年廃業では「変わらない」が55.2％、「増えた」が40.5％、「減った」が4.3％である。10〜19年廃業ではそれぞれ44.6％、51.6％、3.9％であるため、「変わらない」が約11ポイント上昇し、逆に「増えた」が約11ポイント低下している。60歳未満と同様に「増えた」の割合は低下しているものの、約4割は共有する時間が増えたと回答している。

　同居していない家族と会える時間は、割合は低いものの「減った」が20〜23年廃業では11.7％と10〜19年廃業の6.3％から約5ポイント上昇している。「変わらない」はそれぞれ63.2％、63.3％で差がなく、「増えた」が25.1％と30.4％で約5ポイント低下している。「減った」が上昇している点は60歳未満とは異なる結果だが、新型コロナウイルス感染症への感染リスクから同居していない家族との接触を控えた人もいたのではないだろうか。

4　満足度と生きがい

　ここまで、廃業後の生活として収入、日々の過ごし方、家族との時間についてみてきた。収入が100万円未満である人の割合が高くなっていたり、病気やけがの治療をして過ごす人が増えていたりするなど、20〜23年廃業の廃業後の生活は10〜19年廃業と比べて必ずしも良いとはいえない結果もあった。本節の

表9-21　現在の生活に関する満足度

（単位：％）

		60歳未満				60歳以上			
		満　足	どちらともいえない	不　満	n	満　足	どちらともいえない	不　満	n
総合的な満足度	10〜19年廃業	38.9	31.1	30.0	190	51.3	30.3	18.4	310
	20〜23年廃業	35.9	25.0	39.1	64	46.4	33.3	20.3	207
収　入	10〜19年廃業	23.7	27.9	48.4	190	16.5	35.2	48.4	310
	20〜23年廃業	14.1	28.1	57.8	64	15.5	38.2	46.4	207
日々の過ごし方	10〜19年廃業	37.4	33.2	29.5	190	59.0	29.7	11.3	310
	20〜23年廃業	34.4	39.1	26.6	64	49.8	35.7	14.5	207
ワークライフバランス	10〜19年廃業	33.2	36.3	30.5	190	31.9	54.8	13.2	310
	20〜23年廃業	31.3	40.6	28.1	64	27.5	56.5	15.9	207

（注）「満足」は「かなり満足」と「やや満足」の合計、「不満」は「やや不満」と「かなり不満」の合計。

　最後は、元経営者が現在の満足度や生きがいについて、どのように感じているかをみていく。

　現在の満足度は、総合的な満足度のほかに、収入、日々の過ごし方、ワークライフバランスの各項目に対する満足度を尋ねている。60歳未満の元経営者における満足度からみていくと、総合的な満足度は、20〜23年廃業では「満足」が35.9％、「どちらともいえない」が25.0％、「不満」が39.1％である（**表9-21**）。10〜19年廃業ではそれぞれ38.9％、31.1％、30.0％であり、20〜23年廃業は「不満」が約9ポイント高い。

　項目別にみると、収入では「満足」が20〜23年廃業は14.1％で10〜19年廃業の23.7％から低下し、「不満」が10〜19年廃業の48.4％から20〜23年廃業は57.8％に上昇している。他方、日々の過ごし方では「満足」が20〜23年廃業は34.4％、10〜19年廃業は37.4％、「不満」がそれぞれ26.6％、29.5％で廃業時期による違いはそれほど大きくはない。ワークライフバランスも同様で「満足」は20〜23年廃業が31.3％、10〜19年廃業が33.2％、「不満」はそれぞれ28.1％、30.5％である。総合的な満足度で「不満」の割合が高まったのは、主に収入の満足度が低下したためと考えられる。

　60歳以上の総合的な満足度は、20〜23年廃業では「満足」が46.4％、「どちらともいえない」が33.3％、「不満」が20.3％、10〜19年廃業ではそれぞれ51.3％、30.3％、18.4％である。「満足」が約5ポイント低下しているものの、「不満」はそれほど高まってはいない。項目別では、日々の過ごし方で「満足」の割合が20〜23年廃業は49.8％と10〜19年廃業の59.0％から約9ポイント低下している。収入の「満足」は20〜23年廃業では15.5％、10〜19年廃業では16.5％、ワークライフバランスの「満足」は同じく27.5％と31.9％で、日々の過ごし方の「満足」ほど差は生じていない。日々の過ごし方の満足度が低下したことで総合的な満足度が低下したものと思われる。

　それぞれの項目の満足度の水準に着目すると、収入はほかの項目と比べて「満足」の割合が低く、「不満」の割合が高い。廃業後の生計に余裕がない人が少なからずおり、収入は十分ではないと感じている元経営者は多い。一方、日々の過ごし方では60歳以上の「満足」の割合が高い。10〜19年廃業と比べて20〜23年廃業では割合が低下しているものの、それでも5割近い元経営者が「満足」と回答している。収入に対する満足度は低いものの、日々の過ごし方は充実していると感じているようである。なお、60歳以上のワークライフバランスでは「どちらともいえない」が多い。働いていない人が少なからずいるため、「どちらともいえない」の回答が多くなったものと思われる。

　総合的な満足度については、60歳以上では「満足」が5割前後で2割前後の「不満」を上回っている。廃業後の生活におおむね満足しているといえそうである。60歳未満では、20〜23年廃業は「不満」の方が「満足」より高いなど、60歳以上と比べて「満足」の割合は低く、「不満」の割合が高い。60歳未満は60歳以上と比べて日々の過ごし方の満足度が低い。廃業後も収入を得るために働かざるを得ず、好きなことややりたいことに費やせる時間が少ないことが背景にあるのではないだろうか。

　続いて、現在、生きがいを感じているかを尋ねた結果をみると、60歳未満では、20〜23年廃業は「かなり感じている」が14.1％、「やや感じている」が35.9％、「あまり感じていない」が35.9％、「まったく感じていない」が14.1％である（図9-9(1)）。10〜19年廃業（それぞれ9.5％、45.3％、32.6％、12.6％）と比べると、「かなり感じている」が約5ポイント増加しているものの、「やや

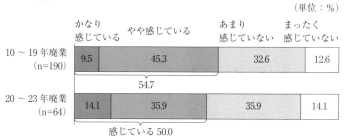

図9−9　現在の生きがい

(1)　60歳未満

(単位：％)

10～19年廃業
(n=190)

かなり
感じている 9.5　やや感じている 45.3　あまり
感じていない 32.6　まったく
感じていない 12.6

54.7

20～23年廃業
(n=64)　14.1　35.9　35.9　14.1

感じている 50.0

(2)　60歳以上

(単位：％)

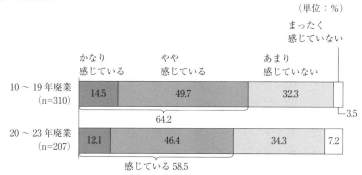

まったく
感じていない

10～19年廃業
(n=310)

かなり
感じている 14.5　やや
感じている 49.7　あまり
感じていない 32.3

64.2　3.5

20～23年廃業
(n=207)　12.1　46.4　34.3　7.2

感じている 58.5

感じている」は約10ポイント低下している。「かなり感じている」と「やや感じている」を合計して、生きがいを「感じている」割合を算出すると、20～23年廃業は50.0％、10～19年廃業は54.7％となり、20～23年廃業の方が低い。

　60歳以上では、「かなり感じている」は20～23年廃業が12.1％、10～19年廃業が14.5％、「やや感じている」は同じく46.4％と49.7％、「あまり感じていない」は34.3％と32.3％、「まったく感じていない」は7.2％と3.5％となっている（図9−9(2)）。「かなり感じている」と「やや感じている」を合わせた生きがいを「感じている」割合は20～23年廃業が58.5％、10～19年廃業が64.2％で、60歳未満と同様に20～23年廃業の方が低い。

　生きがいを感じている割合は、最も割合が低い60歳未満の20～23年廃業でも

図9-10　事業を経営していた時の生きがい

(1)　60歳未満

(単位：％)

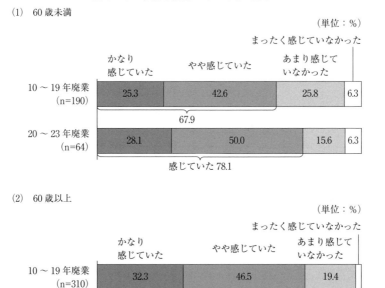

(2)　60歳以上

50.0％であり、元経営者の半数以上が廃業後の生活に生きがいを感じている。しかし、事業を経営していた時と比べると、その割合は低下している。

　事業を経営していた時の生きがいをみると、60歳未満では、20〜23年廃業は「かなり感じていた」が28.1％、「やや感じていた」が50.0％、「あまり感じていなかった」が15.6％、「まったく感じていなかった」が6.3％である（**図9-10**（1））。10〜19年廃業では、それぞれ25.3％、42.6％、25.8％、6.3％である。「かなり感じていた」と「やや感じていた」を合計した「感じていた」の割合は20〜23年廃業が78.1％、10〜19年廃業が67.9％で、ともに現在、生きがいを「感じている」割合（それぞれ50.0％、54.7％）より高い。特に20〜23年廃業は経営していた時に生きがいを「感じていた」割合が10〜19年廃業より約10ポイン

ト高く、廃業によって生きがいを感じられなくなった人がコロナ禍により増えたものと思われる[15]。

60歳以上の元経営者の事業を経営していた時の生きがいは、「かなり感じていた」が20〜23年廃業は29.0％、10〜19年廃業は32.3％、「やや感じていた」がそれぞれ47.3％、46.5％、「あまり感じていなかった」が18.8％、19.4％、「まったく感じていなかった」が4.8％、1.9％である（図9-10(2)）。20〜23年廃業と10〜19年廃業でそれほど大きな差はみられない。生きがいを「感じていた」割合（「かなり感じていた」と「やや感じていた」の合計）は、20〜23年廃業が76.3％、10〜19年廃業が78.7％で、それぞれ58.5％、64.2％の現在、生きがいを「感じている」割合より高い。

経営していた時の方が生きがいを「感じていた」割合が高いのは、好きなことを仕事にできることや仕事の裁量が大きいことなどから、充実感を得やすいからだと考えられる。実際に2023年廃業調査で中小企業の経営者や個人事業主に対するイメージを複数回答で尋ねた結果をみると、「好きなことを仕事にできる」（52.0％）、「経営について自分で決められる」（45.0％）、「柔軟な働き方ができる」（39.5％）といったポジティブなイメージの回答の割合が高い（図9-11）。

20〜23年廃業においては、コロナ禍によって経営者として働く魅力が薄れたことも、生きがいが低下した理由に挙げられるだろう。中小企業経営者として働く魅力を感じていたかを尋ねた設問に対し、コロナ前の2019年時点では「大いに感じていた」が28.4％、「少し感じていた」が45.4％、「あまり感じていなかった」が26.2％と半数以上が魅力を感じていたと答えている。しかし、廃業時点では、「大いに感じていた」は10.7％、「少し感じていた」は35.4％で、それぞれで約18ポイント、約10ポイント低下、「あまり感じていなかった」は53.9％で約28ポイント上昇している。

なお、60歳未満の10〜19年廃業は、事業を経営していた時に生きがいを感じていた割合は67.9％で、20〜23年廃業（78.1％）や60歳以上（20〜23年廃業は

---

[15] 60歳未満の廃業理由は、20〜23年廃業では「自身の健康上の理由」や「家族の介護や看病」が相対的に多く、経営に生きがいを感じていたにもかかわらず廃業せざるを得なかった人が多かったと推測される。

図9-11　中小企業の経営者や個人事業主に対するイメージ（複数回答）

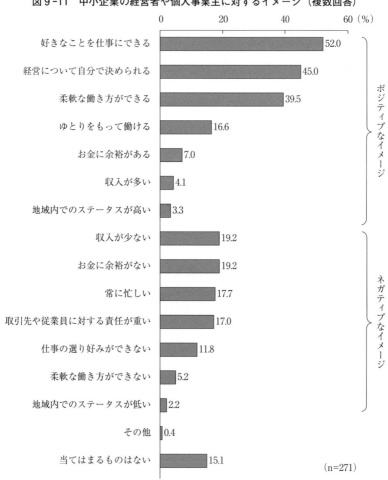

資料：日本政策金融公庫総合研究所「経営者の引退と廃業に関するアンケート」（2023年）

76.3％、10〜19年廃業は78.7％）と比べて低い水準である。「自身の健康上の理由」や「家族の介護や看病」による廃業が相対的に多い20〜23年廃業の60歳未満とは違い、10〜19年廃業では経営に生きがいを感じられなかったために、見切りをつけて60歳になる前に廃業した人もいたようである。

第6節　おわりに

　本章では引退により廃業した企業の元経営者を調査対象に廃業の実態と廃業後の生活についてみてきた。2023年廃業調査と2019年廃業調査を比較した結果をもとにコロナ禍における廃業や廃業後の生活の特徴を整理すると、以下の点が挙げられる。

　第1に、売り上げの低迷や事業の将来性に不安があったなどの事業継続困難を理由とする廃業は増加しておらず、コロナ禍による経営状況の悪化は、廃業の明確な理由とはなっていない。しかし、廃業を決めた時期や廃業時期を早めるかたちで影響を及ぼしている。コロナ前から事業を承継する意向がなかった企業が大半であり、経営状況の悪化を受けて廃業を前倒ししたものと考えられる。廃業時の年齢は高まっており、高齢であることや健康上の理由による廃業が増加していることから、高齢になっても経営を続けていた人が、コロナ禍を契機に事業経営に魅力を感じられなくなり、廃業を選択したと考えられる。

　第2に、廃業時の従業者規模は経営者1人の企業の割合が高まり、規模が小さい企業の廃業が増えている。その背景としては、規模が大きい企業で事業が承継される割合が高まっていることが挙げられる。廃業する企業の事業規模が相対的に小さくなった結果、廃業のための取り組みや外部機関への相談などを実施する割合は低下し、円滑に廃業できたという企業が増加している。ただし、ほとんどの経営者にとって廃業は初めて経験することであり、事業をやめるためのアドバイスや手続きを依頼できる専門家の紹介などの支援は、引き続き求められている。

　第3に、コロナ前と同様に、廃業後の生活において収入の確保は重要な課題となっている。特に60歳未満の元経営者では、自身の健康上の理由や、家族の介護や看病を理由に廃業している割合が相対的に高かったことが理由と考えられるが、廃業後に勤務収入を得ている割合が低下している。公的年金で生計をある程度まかなえる年齢になるまでは、収入源の多様化を図る取り組みが必要である。小規模企業共済や少額投資非課税制度（NISA）などをうまく活用して資産を形成するのも一つの手といえるだろう。

　第4に、収入が相対的に低下していたり、病気やけがの治療をして過ごしていたりすることもあって、廃業後の生活の満足度は低下している。また、コロナ禍で廃業した元経営者のなかには、中小企業の経営者として働くことに魅力を感じなくなった人も少なからずいる。もともと生きがいを感じる割合は経営している時の方が高い傾向がある。廃業後に新たな生きがいを創出することは以前からの課題であったといえるが、コロナ禍で廃業した人に対しては積極的に生きがい創出を支援する必要があるのではないだろうか。

補　論　　承継される企業の特徴

　本論では2023年廃業調査と2019年廃業調査の事前調査より抽出した、経営者の事情を理由に廃業した元経営者を分析対象としている。ただし、2023年廃業調査の事前調査のデータには、分析対象としなかった事業継続困難を理由に廃業したケースや事業が承継されたケースも含まれており、経営者の引退時に事業が承継されたかどうかをみることができる[16]。そこで補論として、どのような属性の企業で事業の承継が行われやすいのか、クロス集計と計量的手法による分析からみてみたい。

　分析の対象は、前掲**表9-1**の2023年廃業調査の実施要領に記載した調査対象の条件に準じて、引退時の年齢が45歳以上、業種が「農林漁業」「不動産賃貸業」「太陽光発電事業」以外、従業者規模が299人以下、業歴が4年以上の人としている。2,595件が該当する。分析可能な項目は、事前調査の設問に限られ、経営者に関する属性としては引退時期、引退年齢、性別の三つ、企業に関する属性としては引退時点における従業者規模、業種、業歴の三つである。

1　クロス集計の結果

　まず、それぞれの項目について、事業承継の有無とのクロス集計を実施した。結果は**表9-22**のとおりである。全体をみると、承継の割合は30.4％で、承継の相手は「親族」が6.4％、「役員・従業員」が13.1％、「社外の人」が

---

[16]　2019年廃業調査では事業が承継されたケースの事前調査のデータを取得していないため、同様の分析はできない。

表9-22　事業承継の実施割合

（単位：％）

		承　継	親　族	役員・従業員	社外の人	廃　業	n
全　体		30.4	6.4	13.1	11.0	69.6	2,595
引退時期	コロナ前	28.4	6.0	11.5	10.9	71.6	1,850
	コロナ後	35.6	7.2	17.0	11.3	64.4	745
引退年齢	45～49歳	28.9	5.7	9.6	13.6	71.1	405
	50～59歳	26.6	5.2	10.4	11.0	73.4	922
	60～69歳	35.2	6.8	18.1	10.3	64.8	989
	70歳以上	28.7	9.7	9.0	10.0	71.3	279
性別	男　性	32.8	6.2	14.7	11.9	67.2	2,208
	女　性	17.1	7.2	3.9	5.9	82.9	387
従業者規模	1人（経営者のみ）	6.9	1.5	0.8	4.5	93.1	1,109
	2～4人	27.1	10.0	5.9	11.2	72.9	713
	5～19人	55.5	9.8	26.3	19.4	44.5	449
	20～99人	81.5	11.9	46.7	22.9	18.5	227
	100～299人	89.7	6.2	66.0	17.5	10.3	97
業種	建設業	30.0	9.2	13.3	7.5	70.0	240
	製造業	52.0	8.8	28.6	14.5	48.0	227
	情報通信業	23.9	1.1	15.2	7.6	76.1	276
	運輸業	34.2	6.3	15.3	12.6	65.8	111
	卸売業	47.6	10.2	21.7	15.7	52.4	166
	小売業	26.4	9.0	5.5	11.9	73.6	311
	不動産業・物品賃貸業	43.1	5.9	19.6	17.6	56.9	51
	専門・技術サービス業	16.7	2.4	7.8	6.5	83.3	371
	宿泊業・飲食サービス業	25.5	7.3	5.0	13.2	74.5	220
	生活関連サービス業・娯楽業	25.2	5.9	10.4	8.9	74.8	135
	教育・学習支援業	26.8	4.7	8.7	13.4	73.2	127
	医療・福祉	35.9	9.4	11.7	14.8	64.1	128
	その他のサービス業	32.8	6.6	16.8	9.5	67.2	137
	その他	37.9	5.3	17.9	14.7	62.1	95
業歴	4～9年	23.3	2.6	10.1	10.6	76.7	425
	10～19年	26.8	3.7	12.5	10.6	73.2	679
	20～29年	27.6	4.8	11.3	11.5	72.4	601
	30年以上	38.5	11.2	16.1	11.2	61.5	890

資料：日本政策金融公庫総合研究所「経営者の引退と廃業に関するアンケート」（2023年）
（注）表9-5の（注）に同じ。

11.0％となっている。昨今の後継者難を受けてか、親族への承継は最も少なく、親族外への承継が進んでいることがわかる。

　引退時期については、前掲**表9-5**でみたように、「コロナ後」は承継が35.6％で「コロナ前」の28.4％より高い。相手先もすべて「コロナ後」の方が高くなっており、なかでも「役員・従業員」は17.0％と「コロナ前」の11.5％との差が大きい。

　引退年齢は、「60〜69歳」の承継が35.2％と、ほかの年齢層の20％台より高い。承継の相手をみると「役員・従業員」が18.1％と高い。60歳代での引退を見据え、計画的に承継の準備をしていたのではないかと推測される。「70歳以上」はほかの年齢層と比べて「親族」への承継が多い。多くは経営者の子どもだと考えられるが、他社で勤めている子どもを呼び戻してから後継者として育成する、経営者として十分な能力があっても自身の子どもだから頼りなくみえるといった理由で承継が遅くなるのかもしれない。

　性別では、「女性」の承継の割合が17.1％で「男性」の32.8％より低い。親族への承継は「女性」では7.2％で「男性」の6.2％よりも割合は高いが、「役員・従業員」はそれぞれ3.9％と14.7％、「社外の人」は同じく5.9％と11.9％と「男性」の方が割合は高く、大きな差がある。

　従業者規模は、規模が大きいカテゴリーの方が承継の割合が高い。わずか6.9％である「1人（経営者のみ）」に対し、「20〜99人」「100〜299人」では80％を超えている。規模が大きい企業では「役員・従業員」への承継の割合が高い。母数が多い分、後継者候補が見つかる確率が高いのだと考えられる。また、「5〜19人」「20〜99人」「100〜299人」では「社外の人」への承継が20％前後と、全体における「社外の人」の割合（11.0％）より高い水準となっている。相応の売り上げがあるため他社が関心をもってくれ、譲渡先や売却先を見つけやすいのだろう。

　業種については、承継の割合は「製造業」が52.0％で最も高く、次いで「卸売業」が47.6％、「不動産業・物品賃貸業」が43.1％である。逆に最も低いのは「専門・技術サービス業」の16.7％である。割合が高い「製造業」「卸売業」「不動産業・物品賃貸業」は、「役員・従業員」がそれぞれ28.6％、21.7％、19.6％、「社外の人」が同じく14.5％、15.7％、17.6％と親族外承継が多い。

　業歴をみると、「30年以上」の承継が38.5％と、ほかのカテゴリーの20％台と比べて高い。相手先をみると「親族」が11.2％と高い。何代かにわたって事業を続けてきて、親族が家業と意識しているケースが多いのかもしれない。

2　計量的手法による分析の結果

　続いて、計量的手法による分析の結果をみていく。クロス集計では集計に使用していない項目の影響で両者に関連があるようにみえる結果となっている可能性があるため、ほかの項目の影響をコントロールできる計量的手法による分析で、承継に影響を及ぼしている要因を探る。

　被説明変数は、承継の有無を示す承継ダミーと、承継している場合の承継相手である。前者は、「承継」を１、「廃業」を０とする二値変数であるため、ロジットモデルを用いて後述する説明変数の承継への影響を推定する。後者は、「親族」「役員・従業員」「社外の人」の三つの承継相手と「廃業」のいずれかを示すカテゴリー変数であるため、多項ロジットモデルを用いて、基準となる「廃業」と比較した場合のそれぞれの承継相手への説明変数の影響を推定する。

　説明変数は、コロナ後引退ダミー、引退年齢、女性ダミー、従業者規模、業種、業歴の六つである。コロナ後引退ダミーは、引退時期が「コロナ後」である場合を１、「コロナ前」である場合を０とするダミー変数である。引退年齢は、承継割合が60歳代で最も高かったことから年齢によって影響度合いが異なる可能性を考慮し、１乗項と２乗項を変数としている。女性ダミーは、「女性」を１、「男性」を０とするダミー変数である。従業者規模と業種は、それぞれ前掲表９-22でみた各カテゴリーを示すダミー変数で、従業者規模は「１人（経営者のみ）」を、業種は「建設業」を基準にしている。業歴は、業歴の値そのものを使用している。

　推定の結果は表９-23のとおりである。モデル１は承継ダミーを被説明変数としたロジットモデルの結果、モデル２は「廃業」を基準に承継相手を被説明変数とした多項ロジットモデルの結果である。オッズ比を掲載しており、その説明変数の影響によって、承継の確率が何倍になるかを示している。つまり、オッズ比が１より大きくなれば承継しやすくなり、逆に１より小さければ承継しにくくなる。

表9-23　承継有無に関する推定結果

		モデル1 ロジットモデル 承継ダミー	モデル2 多項ロジットモデル（基準：廃業）		
			親　族	役員・従業員	社外の人
コロナ後引退ダミー		1.898 ***	1.610 **	2.754 ***	1.641 ***
引退 年齢	1乗項	0.873 *	0.787 **	1.111	0.832 *
	2乗項	1.001 *	1.002 **	0.999	1.001 *
女性ダミー		0.652 **	1.223	0.453 **	0.477 ***
従業者規模	1人（経営者のみ）	（基準）	（基準）	（基準）	（基準）
	2～4人	6.254 ***	8.121 ***	15.432 ***	3.705 ***
	5～19人	21.889 ***	13.953 ***	131.933 ***	10.713 ***
	20～99人	71.522 ***	37.497 ***	490.232 ***	30.100 ***
	100～299人	151.273 ***	34.087 ***	1355.974 ***	47.877 ***
業種	建設業	（基準）	（基準）	（基準）	（基準）
	製造業	1.570 *	1.035	1.643	2.105 **
	情報通信業	0.891	0.188 **	1.214	1.228
	運輸業	2.098 **	1.415	2.311 *	2.973 **
	卸売業	2.006 ***	1.361	1.957 *	2.790 ***
	小売業	1.116	1.013	0.531 *	1.811 *
	不動産業・物品賃貸業	2.105 *	0.956	2.247	3.258 **
	専門・技術サービス業	0.901	0.391 **	1.164	1.332
	宿泊業・飲食サービス業	0.789	0.643	0.331 ***	1.592
	生活関連サービス業・娯楽業	1.101	0.823	1.078	1.474
	教育・学習支援業	1.671 *	0.690	1.324	3.236 ***
	医療・福祉	1.164	1.018	0.655	1.999 *
	その他のサービス業	1.544	1.150	1.660	1.835
	その他	3.382 ***	1.390	4.859 ***	4.817 ***
業　歴		0.994 **	1.007 *	0.983 ***	0.993 *
定数項		1.831	6.296	0.000 **	7.260
疑似尤度		− 1093.799	− 1796.655		
観測数		2,595	2,595		

資料：日本政策金融公庫総合研究所「経営者の引退と廃業に関するアンケート」（2023年）
（注）1　表9-5の（注）に同じ。
　　　2　オッズ比を掲載。*** は1％水準、** は5％水準、* は10％水準で有意であることを示す。

　コロナ後引退ダミーをみると、モデル1とモデル2ともに有意である。オッズ比は1より大きく、いずれもコロナ前と比べてコロナ後の承継が増えていることを示している。なかでも「役員・従業員」はオッズ比が2.754と高く、承継する確率が高いことがわかる。

　引退年齢は、モデル1とモデル2の「親族」と「社外の人」で有意である。オッズ比は1乗項では1より小さく、2乗項では1より大きい。年齢が上がると徐々に承継確率が低下し、一定年齢を過ぎると承継確率が上昇するU字型となっていることがわかる。

　女性ダミーについては、モデル2の「親族」は非有意だが、そのほかはいずれも有意である。オッズ比は1より小さく、クロス集計の結果と同様に女性が経営する企業では親族外承継は少ないという結果である。

　従業者規模については、モデル1とモデル2ともに、どのカテゴリーでも1より大きい値で有意となっている。また、規模が大きいほどオッズ比は大きく、承継の確率が高まっていることがわかる。

　業種をみると、モデル1では「製造業」「運輸業」「卸売業」「不動産業・物品賃貸業」「教育・学習支援業」「その他」が有意となっている。オッズ比は1より大きく、これらの業種は基準となっている「建設業」と比べて承継されやすいようである。ただし、承継の相手には違いがみられる。モデル2の承継相手をみると、「製造業」「不動産業・物品賃貸業」「教育・学習支援業」は「社外の人」だけが有意である。「運輸業」「卸売業」「その他」は「役員・従業員」と「社外の人」が有意で、「親族」は非有意である。

　また、モデル1で有意となっていない業種については、「情報通信業」と「専門・技術サービス業」が「親族」で有意となっているが、オッズ比は1より小さく、承継確率は「建設業」より低い。情報通信業や専門・技術サービス業は専門的な知識や技術が必要とされるため、素養がない親族が承継するのは難しいのかもしれない。「小売業」と「宿泊業・飲食サービス業」も「役員・従業員」で有意だが、オッズ比は1より小さい。パートやアルバイトが多い業種であるため、後継者となれる従業員が少ないことが理由として考えられる。

　業歴は、モデル1とモデル2ともに有意であるが、オッズ比はモデル2の「親族」のみ1より大きく、ほかは1より小さい。業歴が長いほど親族につい

ては承継の確率が高まるが、役員・従業員や社外の人に対しては低くなるというクロス集計では読み取れなかった傾向である。業歴が長い企業は設備が老朽化していたり市場が成熟していたりする可能性がある。親族以外はそうした企業の承継に魅力を感じにくいのではないだろうか。

　以上の承継される企業の特徴を分析した結果から、コロナ後は事業の承継が増えていることがわかった。第8章ではコロナ後の廃業確率はコロナ前より低いという分析結果[17]を示したが、廃業せずに承継する企業が増えたことも廃業が減少している理由の一つとして考えられる。ただし、承継相手として親族の存在感は低下している[18]。今後は、役員・従業員や社外の人への承継がますます重要になると考えられる。

　親族以外への承継をさらに促進するには、承継が相対的に進んでいない属性、すなわち女性が経営する企業や従業者規模が小さい企業、業歴が長い企業への支援が必要となるだろう。女性経営者は、自身の趣味や特技を生かした事業を営むケースが少なくない。従業者規模の小さい企業も、自身の事業を生業としてとらえているケースが多いかもしれない。こうした企業にも親族以外への承継の可能性があると伝えることが大切だろう。業歴が長い企業は、事業内容やビジネスモデルが外部の環境変化に適応しきれなくなっている可能性がある。承継支援に加えて、事業の再構築などについても支援することで新たな担い手が見つかるかもしれない。いずれにせよ、企業の状況に応じたきめ細かい支援等が求められる。

参考文献

井上考二・髙木惇矢（2020）「経営者の引退にともなう廃業の実態」日本政策金融公庫総合研究所編『経営者の引退、廃業、事業承継の研究—日本経済、地域社会、中小企業経営の視点から—』同友館、pp.137-172

Frey, Bruno S.（2008）*Happiness：A Revolution in Economics*, The MIT Press.（ブルーノ・S・フライ著、白石小百合訳（2012）『幸福度をはかる経済学』NTT出版）

---

[17]　第8章表8-4参照。

[18]　第5章表5-1では、後継者がすでに決まっている企業の後継者候補の変化を示しているが、男の実子の割合は2015年調査の61.3％から2023年調査では39.4％に低下している。

Storey, David J. (1994) *Understanding the Small Business Sector*, International Thomson Business Press.（D・J・ストーリー著、忽那憲治・安田武彦・高橋徳行訳（2004）『アントレプレナーシップ入門』有斐閣）

Wongkaew, Kongphop and Saito Yukiko Umeno (2023) "CEO Age, Firm Exit and Zombification amidst the COVID-19 Pandemic.", *RIETI Discussion Paper Series* 23-E-080.

参考表9-1　廃業理由（最も大きな理由、廃業時の年齢別）

（単位：％）

		60歳未満			60歳以上		
		10〜14年廃業	15〜19年廃業	20〜23年廃業	10〜14年廃業	15〜19年廃業	20〜23年廃業
経営者の事情		62.5	77.1	77.5	77.4	74.5	74.9
	体力・気力の衰え	21.6	14.1	13.8	23.7	25.5	23.0
	高齢	1.1	0.0	1.3	14.0	15.4	24.1
	自身の健康上の理由	12.5	17.6	25.0	18.3	16.1	17.3
	他社で勤務することになった	11.4	24.1	21.3	2.2	1.3	3.1
	家族の介護や看病	5.7	8.2	11.3	7.5	4.0	4.2
	年金の受給開始	1.1	0.6	0.0	6.5	6.0	3.1
	その他の家庭の事情（家族の介護や看病、育児を除く）	6.8	8.2	2.5	4.3	6.0	0.0
	兼業していた仕事が忙しくなった	2.3	4.1	1.3	0.0	0.0	0.0
	育児	0.0	0.0	1.3	1.1	0.0	0.0
事業継続困難		34.1	22.4	21.3	19.4	21.5	22.0
	売り上げの低迷	22.7	13.5	13.8	11.8	14.1	13.6
	経営に大きな問題はなかったが事業の将来には不安があった	2.3	3.5	1.3	2.2	1.3	2.6
	家族従業員が高齢で働けなくなった	0.0	0.0	2.5	0.0	0.0	1.0
	取引先の廃業・倒産	3.4	1.2	2.5	3.2	2.7	1.6
	人手不足・人材不足	1.1	0.6	0.0	0.0	0.7	0.5
	従業員全般の高齢化	0.0	0.0	0.0	0.0	0.0	1.0
	家族従業員が健康上の理由で働けなくなった	0.0	0.6	0.0	0.0	0.0	0.0
	債務の支払いが困難になった	1.1	2.4	0.0	1.1	2.0	1.0
	災害に遭った	1.1	0.0	1.3	0.0	0.0	0.5
	重要な仕事をしていた役員・従業員が高齢で働けなくなった	0.0	0.0	0.0	0.0	0.7	0.0
	入居物件の取り壊し	0.0	0.0	0.0	0.0	0.7	0.0
	重要な仕事をしていた役員・従業員が健康上の理由で働けなくなった	2.3	0.6	0.0	1.1	0.0	0.0
その他		3.4	0.6	1.3	3.2	4.0	3.1
n		88	170	80	93	149	191

終章

企業のライフイベントの変化が映し出したもの

藤井 辰紀

　本書では、開業や事業承継、廃業といった企業のライフイベントに着目し、その時系列の変化を追うことによって、わが国の経済社会の構造変化が企業経営にどのような影響を与えたのかを検証してきた。終章では、まとめとして、各章における主な分析結果を改めて簡単に整理することにしよう。

　序章「日本経済のなかでの中小企業の構造変化」では、主に官公庁が公表しているマクロ統計を用いて、わが国の経済社会における構造変化を演繹的かつ探索的に観察しつつ以下のとおり分類し、第1章以降の内容との関連性について紹介した。大まかに連続的な変化と非連続的な変化に分け、さらに前者を①経済的な変化、②社会的な変化、③技術的な変化に、後者を①制度・政策の変更と②経済的ショック・自然災害・パンデミックにそれぞれ分類した。それぞれの変化を並べると、それらが一方向でも単階層でもなく、相互に影響を及ぼしていることがわかる。

　第1章「新規開業予備軍の質的変化」では、当研究所が実施している「起業と起業意識に関する調査」のほか、日本を含む世界各国で実施している起業に関する調査「Global Entrepreneurship Monitor（GEM）」などの結果を用いて、開業予備軍における属性や考え方の変化について分析した。コロナ禍となる前から、起業に関心がある人の割合は1割程度と少なく、そのなかでも10年以内に起業する予定である人の割合は、コロナ禍を経て、さらに低下している。先行きへの不安が増したことで、安定志向が強まった可能性がある。わが国の起業への関心の低さは他国と比べても顕著で、かつコロナ禍を経てもその傾向に変化はみられない。一方、大学生や大学院生における大企業志向の割合は、他国と比べて極めて高い。これもまた、安定志向の表れといえる。

　第2章「新規開業企業の変質」では、当研究所が実施している「新規開業実態調査」の結果を用いて、開業前後の企業における変化を分析した。1991年度から2023年度までの約30年間でみられた変化は、大きく二つある。一つは、開業者の多様化である。ボリュームゾーンが30〜40歳代の男性であることに変わりはないが、女性やシニア層の比率が徐々に高まってきている。また、副業や趣味の延長線上での開業、社会貢献を意識した開業など、形態や動機も多様化している。こうした動きの背景には、人口動態的な変化や心理的な変化、制度・政策の変化などがある。もう一つは、事業の小規模化である。開業時の従

業者数も開業費用も、少なくなってきている。開業時のリスクをできるだけ抑えたいとの意向が強まっており、その実現を、通信インフラやネットショップの普及などの技術的な変化が後押ししているためである。

　第3章「開業初期の企業の動向」では、当研究所が実施している「新規開業パネル調査」の結果を用いて、開業後5年間の企業の動向を分析した。2001年、2006年、2011年、2016年を起点とした四つの企業群を合わせた20年間でみられた変化は、第2章で明らかとなった結果と整合するものであった。すなわち、開業者の多様化と事業の小規模化である。人口の高齢化や女性の就業率の上昇、非正規雇用の増加といった経済社会の変化に合わせて、シニアや女性、非正社員出身者などの開業者が増えている。また、開業時点が新しい企業群ほど、1企業当たりの従業者数や設備投資額が小規模になっており、それに伴い月商も小さくなる傾向にあった。また、景気の動向や政策的な支援体制の整備状況によって、開業後のパフォーマンスが影響を受けることがわかった。

　第4章「事業承継問題の変化」では、当研究所が実施した「中小企業の事業承継に関するインターネット調査」の結果を用いて、事業承継の状況の変化を分析した。明らかとなったのは、深刻さを増している状況であった。2015年から2023年にかけて、すべての年齢層、ほとんどの業種で、廃業予定企業の割合は上昇を続けていた。直近の2023年調査では、廃業予定企業のうち、5年以内の廃業を考えている企業が半数近くに達した。コロナ前には事業承継を考えていた企業のなかにも、コロナ禍を経て、廃業へと翻意した企業も一部にみられた。一刻の猶予も許さない状況にあるにもかかわらず、支援に対する経営者の反応は芳しいものではない。後継者が決定している企業のうち、事業承継計画の策定に向けた「支援を受けるつもりはない」と答えた企業は半数を超え、2019年から2023年にかけてその割合はさらに高まっている。後継者が未定の企業や廃業予定の企業のうち、事業売却先の選定に向けた「支援を受けるつもりはない」と答えた企業の割合も、この4年の間にやはり上昇している。つまり、支援に前向きな企業はすでに支援を受けて承継が進む一方で、残された企業はそのまま時間だけが過ぎている、という二極化が起きている可能性がある。事業承継問題を解決に導くためには、支援を受けようと考えていない層の意識をどれだけ変えることができるかにかかっている。

　第5章「子どもの事業承継」では、当研究所が実施した「子どもの事業承継意欲に関する調査」の結果を用いて、承継予備軍の視点から、中小企業の事業承継問題を検証し直した。子どもの事業承継意欲に大きく影響を及ぼすのは、本人に親の事業を行う能力があるか、親の事業に魅力があるかの2点であることが明らかとなった。子どもの適性を見極めるには、まずは職場に連れてきて仕事をしている姿をみせたり、事業を手伝ってもらったりして接点をつくることが第一歩となる。これはひいては、親の事業への愛着を高めることにもつながる。そして子どもの承継意欲を高めるためには、魅力的な事業であると子どもに思ってもらえるよう、自社の業績を上げる努力を重ね、親自身が経営に対して常に前向きな姿勢でいることが肝要である。

　第6章「経営資源の引き継ぎ」では、当研究所が実施した「経営資源の譲り渡しに関するアンケート」と「経営資源の譲り受けに関するアンケート」の結果を用いて、廃業企業における経営資源の引き継ぎの状況の変化を分析した。引き継ぎの時期を2010年以前、2011～2019年、2020年以降の三つに区分して分析したところ、従業者規模の大きい企業の間にも経営資源の引き継ぎが増えてきていること、譲受企業にとって引き継いだ相手は多様化していることなどの変化がみられた。事業承継か清算かという極端な二者択一ではなく、その間にある第三の選択肢が広がってきていることがうかがえる。また、2020年以降の譲渡企業はそれよりも前の譲渡企業と比べて経営状況がかなり良いこと、事業承継の意向はなくとも事業を継続してきた経営者がコロナ禍を契機に廃業を決意し、経営資源を譲り渡したケースが少なからずあることがわかった。パンデミックは、何事もなければ事業継続ができたはずの企業に対しても、退出を迫る。経営資源の引き継ぎは、そうした不測の事態においても、廃業のインパクトを抑え、ハードランディングを防ぐことに寄与したといえる。

　第7章「廃業の社会的影響」では、第4章で紹介した「中小企業の事業承継に関するインターネット調査」の結果とマクロ統計を組み合わせ、中小企業の廃業が日本経済全体にもたらすインパクトの変化を推計した。廃業によって影響が及ぶ先は販売先・受注先や仕入先・外注先など幅広く、最悪の場合は代替品を入手することができなくなったり、連鎖的に廃業を余儀なくされたりすることもあり得る。こうした状況は、2019年調査と2023年調査の間で変化してい

ない。さらに、廃業により失われる企業数や従業者数、付加価値額、売上高を推計したところ、2019年時点に比べて2023年時点の方が拡大しており、かつその影響が出る時期が早まっていることがわかった。第4章で中小企業における事業承継問題が深刻さを増していると述べたが、そのマイナスの影響は経済全体に波及しつつある。

　第8章「コロナ前とコロナ後の廃業企業の経営状況」では、当研究所が実施している「全国中小企業動向調査・小企業編」の結果を用いて、コロナ前後における廃業企業の経営状況の変化について分析した。そこから得られた示唆は、次の4点である。第1に、コロナの前後ともに相対的に経営状況が悪い企業が廃業しており、企業は自然淘汰されている。ただし、業種や業態などによって競争環境や存立条件は異なるため、経営環境の悪化が廃業に直結するとは限らない。第2に、コロナ禍のような突発的なショックで経営状況が悪化しても、その後に回復する企業は存在する。一時的な業績の悪化だけで廃業すべきだと判断するのは早計で、変化した経営環境に適応できるかを見極めることが重要である。第3に、廃業を考えている企業は経営資源の調達に消極的で、事業規模を徐々に縮小する傾向がある。第4章で事業承継への支援を受ける意向がない企業が多いと言及したが、こうした企業はただ手をこまねいているわけではなく、手じまいに向けて静かに行動を起こしている可能性がある。第4に、コロナ禍が起きたことで、経営に問題がなくとも事業の継続を断念した企業が存在する。後継者は不在であっても、すぐにやめることまでは考えていない経営者は多い。ところが、先行きへの不安が高まるような出来事があると、気持ちが切れてしまうのであろう。

　第9章「コロナ禍における引退廃業の実態」では、当研究所が実施した「経営者の引退と廃業に関するアンケート」の結果を用いて、コロナ前後における引退と廃業の状況の変化について分析した。コロナ前と比較したコロナ後の廃業の特徴について明らかになったのは、次の4点である。第1に、コロナ禍による経営状況の悪化は、明確な廃業の理由とはなっていないものの、廃業時期を早める方向に作用している。第2に、規模が小さい企業の廃業が増えている。規模が大きい企業では事業が承継される割合が高まる一方で、小さい企業の取り組みが遅れている可能性がある。第3に、コロナ前と同様に、廃業後の

生活において収入の確保は重要な課題となっている。特に60歳未満の元経営者のなかには、廃業後に勤務収入を得られていない人の割合が高まっている。第4に、収入の減少や病気の治療などにより、廃業後の生活の満足度は低下している。コロナ禍で廃業した元経営者のなかには、中小企業の経営者として働くことに魅力を感じなくなった人も少なからずいる。

　経済社会の構造変化は多岐にわたるが、相互に関係しているものも少なくない。そして、それらが複雑に絡み合いながら、大小さまざまな波となって、企業の行動や属性に影響を及ぼしている。さかのぼることおよそ130年、アルフレッド・マーシャルは『経済学原理』のなかで、中小企業の存在意義について、森のアナロジーを用いて表現した（Marshall, 1890)。森には若い木もあれば、古く背の高い木もある。陽光は巨木にさえぎられ、地表にはほとんど届かないため、若い木の多くは淘汰される。それでも一部の木は生き残り、成長していく。他方、陽光を浴びて繁茂していた大木も、やがて成長が止まり、衰えをみせ始める。そして最後は、寿命を迎えた大木が朽ち、後から伸びてきた若い木に取って代わられる。森が繁栄を続けるには、若い木々が次々に生まれ、伸びていくことが必要である。

　このアナロジーを援用するなら、本書で述べてきた経済社会の構造変化は、さしずめ森を取り巻く気候や地質の変化のようなものであろう。こうした外部環境の変化は、木々の育ち方に影響を及ぼす。そして長い時間をかけ、森のあり方自体を変えていく。同様に、経済社会の構造変化は、個々の企業のライフイベントに影響を与え、やがて企業の集合体である産業構造や経済構造を変えていく。序章の冒頭で筆者は、「企業は、社会を映す鏡である」と書いた。その言葉の真意はここにある。

参考文献

Marshall, Alfred（1890）*Principles of Economics,* Macmillan and Co.（アルフレッド・マーシャル著、馬場啓之助訳（1966）『経済学原理 Ⅱ』、東洋経済新報社）

ライフイベント別に読み解く中小企業
—創業・承継・廃業の変化と社会背景—

2024年7月16日　第1版第1刷発行

編　者　日本政策金融公庫
　　　　総合研究所
発行者　脇　坂　康　弘

発行所　株式会社同友館
〒113-0033　東京都文京区本郷2-29-1
渡辺ビル1F
電話 03-3813-3966
FAX 03-3818-2774
https://www.doyukan.co.jp/
ISBN978-4-496-05720-5

Ⓒ JAPAN FINANCE CORPORATION　2024

Printed in Japan
＊本書の全部または一部の複写・複製・転訳載および磁気または光記録媒体
への入力等を禁じます。